GRöLS Verlage

„BÜCHER SIND WIE FALLSCHIRME. SIE NÜTZEN UNS NICHTS, WENN WIR SIE NICHT ÖFFNEN."

Gröls Verlag

Redaktionelle Hinweise und Impressum

Das vorliegende Werk wurde zugunsten der Authentizität sehr zurückhaltend bearbeitet. So wurden etwa ursprüngliche Rechtschreibfehler *nicht* systematisch behoben, denn kleine Unvollkommenheiten machen das Buch – wie im Übrigen den Menschen – erst authentisch. Mitunter wurden jedoch zum Beispiel Absätze behutsam neu getrennt, um den Lesefluss zu erleichtern.

Um die Texte zu rekonstruieren, werden antiquarische Bücher von Lesegeräten gescannt und dann durch eine Software lesbar gemacht. Der so entstandene Text wird von Menschen gegengelesen und korrigiert – hierbei treten auch Fehler auf. Wenn Sie ebenfalls antiquarische Texte einreichen möchten, finden Sie weitere Informationen auf www.groels.de

Viel Freude bei der Lektüre wünscht Ihnen das Team des Gröls-Verlags.

Adressen

Verleger: Sophia Gröls, Im Borngrund 26, 61440 Oberursel

Externer Dienstleister für Distribution & Herstellung: BoD, In de Tarpen 42, 22848 Norderstedt

Unsere „Edition | Werke der Weltliteratur" hat den Anspruch, eine der größten und vollständigsten Sammlungen klassischer Literatur in deutscher Sprache zu sein. Nach und nach versammeln wir hier nicht nur die „üblichen Verdächtigen" von Goethe bis Schiller, sondern auch Kleinode der vergangenen Jahrhunderte, die – zu Unrecht – drohen, in Vergessenheit zu geraten. Wir kultivieren und kuratieren damit einen der wertvollsten Bereiche der abendländischen Kultur. Kleine Auswahl:

Francis Bacon • Neues Organon • **Balzac** • Glanz und Elend der Kurtisanen • **Joachim H. Campe** • Robinson der Jüngere • **Dante Alighieri** • Die Göttliche Komödie • **Daniel Defoe** • Robinson Crusoe • **Charles Dickens** • Oliver Twist • **Denis Diderot** • Jacques der Fatalist • **Fjodor Dostojewski** • Schuld und Sühne • **Arthur Conan Doyle** • Der Hund von Baskerville • **Marie von Ebner-Eschenbach** • Das Gemeindekind • **Elisabeth von Österreich** • Das Poetische Tagebuch • **Friedrich Engels** • Die Lage der arbeitenden Klasse • **Ludwig Feuerbach** • Das Wesen des Christentums • **Johann G. Fichte** • Reden an die deutsche Nation • **Fitzgerald** • Zärtlich ist die Nacht • **Flaubert** • Madame Bovary • **Gorch Fock** • Seefahrt ist not! • **Theodor Fontane** • Effi Briest • **Robert Musil** • Über die Dummheit • **Edgar Wallace** • Der Frosch mit der Maske • **Jakob Wassermann** • Der Fall Maurizius • **Oscar Wilde** • Das Bildnis des Dorian Grey • **Émile Zola** • Germinal • **Stefan Zweig** • Schachnovelle • **Hugo von Hofmannsthal** • Der Tor und der Tod • **Anton Tschechow** • Ein Heiratsantrag • **Arthur Schnitzler** • Reigen • **Friedrich Schiller** • Kabale und Liebe • **Nicolo Machiavelli** • Der Fürst • **Gotthold E. Lessing** • Nathan der Weise • **Augustinus** • Die Bekenntnisse des heiligen Augustinus • **Marcus Aurelius** • Selbstbetrachtungen • **Charles Baudelaire** • Die Blumen des Bösen • **Harriett Stowe** • Onkel Toms Hütte • **Walter Benjamin** • Deutsche Menschen • **Hugo Bettauer** • Die Stadt ohne Juden • **Lewis Caroll** • *und viele mehr….*

Heinrich Mann

Lidice

Roman

Die Landstraße nach Prag führt durch das Dorf Lidice.

Es ist ein schöner Sonntagmorgen im Frühling. Die meisten Einwohner ergehen sich draußen.

Der älteste Teil des Dorfes umrandet in Winkeln und Ausbuchtungen launisch die Straße, die keine Verbreiterung zuläßt, außer, die alten Häuser, Höfe, Gärten würden abgerissen.

An dem einen Ende steht aus Urzeiten die Dorflinde mit weiter Krone und jungem Laub. Die Wiese dahinter ist von Gänsen bevölkert, der Teich, auch ein Gemeindegut, von Enten. Auf den Bänken im Umkreis der Linde sitzen Frauen, die zerarbeiteten Hände liegen im Schoß, die Stimmen sind laut, die Gemüter sonntäglich still. Sie tragen bunte Stoffe. Hell gekleidete, blonde Kinder spielen.

Das andere Ende der bebauten Straße wird von der längst schon geschlossenen Tankstelle bezeichnet. Die Mitte bildet die gestreckte weiße Front des Wirtshauses, zu seinen Seiten öffnen sich Lauben aus Geißblatt, Rosen, wildem Wein.

Zwischen Linde und Tankstelle halten und gehen die Männer von Lidice, alte und junge, die Mehrzahl sind Bergarbeiter in möglichst farbigen Anzügen, da die Woche über ihre Tracht dunkel ist. Die anderen Leute, Bauern, Gewerbetreibende, Handwerker, bewohnen die angrenzenden Häuser oder nächsten Gehöfte. Jede Gruppe hat spannende Neuigkeiten zu besprechen, ohne daß jemand seine Erregung hervorkehrt.

Jenseits dieser kleinen Ansammlung von Trachten und Gesichtern, über den blühenden Büschen, keimenden Obstbäumen, Vorväterbehausungen im Grünen, erhebt sich die Landschaft. Vom Dorf aus links erscheint droben die kahle schwarze Platte der Kohlengruben, die aufgereihten Arbeiterhäuser haben dort den grellsten Anstrich, je rauchiger die Luft, die sie umgibt. Hinter dem letzten Rauch, nicht weniger dunkel als er, verschwimmt der Umriß eines Waldes.

Aus der Gegend der Linde sind Wege gesenkt nach dem Tal und seinen Fruchtfeldern. Drüben, rechts des Dorfes, wird der Blick begrenzt von heiteren Hügeln, die wohlhabenden Villen lehnen an ihnen. Der Himmel ist nach dieser Richtung hoch und mildblau. Freie Zwischenräume der Landschaft zeigen weithin kurze Strecken der Fahrstraße.

Dies ist eine kleine Welt, wie sie dastand, bevor sie unterging, ein böhmisches Dorf, Abriß tschechischen Lebens, alle Arbeit und Mühe der vielen Geschlechter und dieses letzten. Es enthält die menschlichen Leidenschaften, dazu den einheimischen Witz. Ihm fehlen sowenig die Narren wie die Nachdenklichen und Belasteten, wer wäre nicht belastet, wo der Feind im Land über jede eurer Regungen wacht! Kein Schmerz, kein Glück ist abwesend von Lidice.

Nicht zu vergessen, die Verliebten. Zwei von ihnen erheben die Köpfe über die sanfte Talsenkung. Jetzt tauchen sie in ganzer Gestalt bei der Linde auf.

1

Pavel Ondracek, mit seiner Braut Lyda: „Da ist etwas nicht in Ordnung."

Lyda: „Die Kinder spielen wie sonst."

Pavel: „Die Frauen tratschen wie alle Sonntage, aber woran denken sie? An dasselbe wie wir?"

Lyda: „Stell dich nicht dumm, Pavel, du weißt, worauf die Leute neugierig sind."

Pavel: „Dann hab ich es, meiner Seel, vergessen über deinem Anblick, Lyda."

Lyda: „Wirklich wahr?"

Pavel: „Mit dir in blumigen Wiesen sitzen, dich Kränze flechten sehen, ringsum versinkt die Welt. Nur leider war ich nicht kühn genug."

Lyda: „Ich will dich nicht kühn. Sei gut und treu!"

Pavel: „Ich kann doch nur treu sein. Nach den Schrecken von Prag, bei dir die Ruhe und dein liebes Herz!"

Lyda: „Wie klug, daß du zu uns herauskämest aus der Stadt, bevor die Universität geschlossen wurde!“

Pavel: „Als meine Kameraden demonstrierten und erschossen wurden.“

Lyda: „Du hast den Deutschen nichts getan, du bist in Sicherheit.“

Pavel: „Und du verachtest mich.“

Lyda: „Ich – dich verachten?“

Pavel: „Wer flieht, verdient es. Aber ich werde etwas tun, daß keiner mich schief ansieht.“

Lyda: „Rede nicht sinnlos! Alle müßten sich voreinander schämen, wenn es darauf ankäme, nutzlos zu demonstrieren gegen einen Sieger, der die Macht hat.“

Pavel: „Es kommt darauf an, im vollen Ernst etwas auszurichten, und dieser falsche Sieger muß es spüren. Es muß auf ihm sitzenbleiben untilgbar.“

Lyda: „Was könnte das sein? Du wirst es nicht tun, mein Pavel, sieh mich an, wir haben nur einander.“

Papel: „Die Leute auf der Straße blicken alle nach den Hügeln drüben.“ Er sucht in derselben Richtung.

Lyda: „Nicht dorthin, mich sieh an!“

Pavel: „Drunten waren wir wundervoll allein. Schade, jetzt läßt es sich nicht länger übersehen.“

Lyda: „Was? Die kleinen Wagen, manchmal durchstreifen sie einen Ausschnitt zwischen den Bäumen, so weit dahinten.“

Pavel: „Werden schon näher kommen, das zählt nach Minuten. Ein Protektor fährt schnell.“

Lyda: „Was kümmert er dich – gerade dich, wenn Lidice ihn nichts angeht?“

Pavel: „Lidice, nichts? Da könntest du irren. Er ist der neue deutsche Protektor von Böhmen-Mähren, wie sie es nennen.“

Lyda: „Der alte soll noch in Prag sitzen. Uns hat der alte Protektor ziemlich in Ruhe gelassen.“

Pavel: „Die Studenten sprechen anders, wenn sie noch sprechen.“

Lyda: „Sei vorsichtig! Laß uns zurückkehren auf unsere stille Wiese!"

Pavel: „Es wäre nicht mehr dasselbe." Er will gehen.

Lyda: „Halt! wohin?"

Pavel: „Auf der Straße sind sie unruhig."

Lyda: „Du mußt wohl mittun."

Pavel: „Warnen will ich sie."

Lyda, hängt bis jetzt an seinem Arm: „Du bist neugierig, du läßt dich zu dummen Streichen hinreißen, früher als die anderen."

Pavel: „Ein vernünftiger Mensch wie ich! Mein Vater ist unter den Leuten, siehst du ihn? Beim Vater werd ich mich wohl erkundigen dürfen."

Er verläßt Lyda am Rande der Straße.

Sie kann es nicht ändern, will lieber nichts wissen, sie spielt mit den Kindern.

Pavel, bei seinem Vater: „Was haben die guten Leute?"

Jaroslav Ondracek: „Gut schon, aber zornig."

Pavel: „Weil ein neuer Protektor hier durchkommen soll? Auch ein Grund, sich zu erzürnen."

Jaroslav: „Mit dem neuen soll nicht zu spaßen sein." Bevor Pavel antworten kann: „Den alten kannte man. Der Ruf des neuen ist noch schlimmer."

Pavel: „Darum das Getümmel. Ihm den Weg versperren." Er ruft: „Die Straße räumen!"

Der Gemeindevorsteher, tritt zu Ondracek Vater und Sohn: „Das hab ich ihnen schon geraten. So ein Protektor fährt mir nichts dir nichts in die Leute hinein. Es juckt sie nun einmal."

Pavel: „Holen wir die Frauen! Machen wir bunte Volksmenge, festlichen Empfang! Eine Fahne!"

Jaroslav: „Was für eine Fahne?"

Der Gemeindevorsteher: „Jung ist dein Sohn, Ondracek. Seine Laune wünsch ich mir."

Pavel, bei einer Gruppe von Bergarbeitern: „Ihr habt gewiß eure Musikinstrumente dabei, herzhaft aufspielen muß man dem Herrn Protektor. Heil werden wir rufen, oder wer es besser kann, ruft nazdar!“

Ein Bergarbeiter: „Ein Spaßvogel, der junge Doktor Pavel.“

Ein anderer: „Schön möchten wir aussehen, dem Deutschen ein Ständchen bringen.“

Der dritte: „Während alle nur an das Bier denken.“

Pavel: „Welches Bier?“

Der vierte Bergarbeiter: „Die Fässer im Keller unter der Tankstelle.“

Der fünfte: „Wir möchten wissen, ob er das vergrabene Pilsener findet.“

Pavel: „Wenn das seine Sorge ist.“

Vorüber gehen gute Bekannte.

Der Lehrer hält an: „Schlau sind unsere Leute. Ein jeder kehrt der Tankstelle seinen Rücken zu.“

Pavel: „Schlauer war es, ins Wirtshaus zu gehen und aus leeren Gläsern zu trinken. Ist wenigstens ein volles für den hohen Gast übrig?“

Der Barbier: „Der wird unser Bier nicht haben wollen. Alles nur Jux.“

Der Schneider: „Er wird denken, unser Dünnbier säuft er nicht, und anderes gibt's keines, denkt er.“

Der Schmied: „Da irrt er gewaltig. Mit diesem neuen Herrn wird man fertig werden wie mit dem alten.“

Zunehmender Lärm von Motoren, bevor sie auf der Straße sichtbar werden.

Ein Bergarbeiter: „Mir ist immer, als hört ich was.“

Ein anderer: „Mir scheint sogar, im Wirtsgarten war es die nächste Zeit behaglicher.“

Mehrere: „Ein guter Einfall. Sag, hast du oft so gute Einfälle?“

Sie begeben sich unter die Laube neben dem Wirtshaus.

Ein Motorrad erscheint auf dem freiliegenden Teil der Straße.

Der Barbier: „Ich wäre der Meinung, das nächste nicht abzuwarten.“

Der Schneider: „Wird eh eine Kolonne sein."

Pavel: „Eine Panzerdivision – der werden wir keinen heldenhaften Widerstand leisten."

Er nimmt seinen Vater beim Arm. Mit dem Gemeindevorsteher und anderen guten Bekannten suchen auch sie eine Laube auf. Der Garten zu beiden Seiten des Wirtshauses ist bald besetzt.

Am Ende des Dorfes haben möglichst viele Männer die leere Tankstelle als Unterkunft benutzt.

Die Frauen schützen sich, wie es geht, mit dem überhängenden Geäst der Linde, auch hinter den Bänken und im Rasen verbergen sie sich. Die Kinder, obwohl zur Ruhe gerufen, bleiben unbefangen, gleich den Gänsen.

Lyda, späht durch das Laub der Linde, über die jetzt entvölkerte Straße ruft sie, aber zu schreien wagt sie nicht: „Schnell, kommt schnell! Ein Unglück wird geschehen."

Die Strecke zwischen der Linde und dem Wirtshaus drüben ist etwas zu weit für den schwachen Ruf. Die Frauen wollen von Lyda wissen, was sie gemeint hat, aber da ist es schon geschehen.

Der Hund des Wirtshauses stürzt, die Stimme machtvoll erhoben, aus dem Gebäude und wirft sich dem ersten der Motorräder entgegen. Dieses bildet die Vorhut, für den Augenblick ist es allein und ohne Beistand gegen den feindlichen Überfall. Der gewaltige Fleischerhund ist nicht nur stark, er hat auch Erfahrung, er hütet sich, unter das Rad zu geraten. Er will den Fahrer umwerfen. Er springt ihn seitlich an, bringt ihn ins Schwanken und hätte ihn genötigt zu halten, aber der Soldat vermag es nicht mehr.

Ein schöner wohlgenährter SS-Mann, der er ist, beleidigt ihn um so mehr die Auseinandersetzung mit einem Hunde, ihm aufgezwungen im Bereich einer abwesenden, aber übelwollenden Bevölkerung. Nicht nur, daß zweifellos alle die Tschechen dieses „Kaffs" – so sagt er für Ortschaft – ihn heimlich belauschen. Der Protektor kommt, sogleich ist er hier, es handelt sich um Sekunden! Schon hat hinter dem ersten eine Reihe von Motorrädern die Fährt eingestellt, sie mögen ihren Kameraden nicht überholen, könnten es auch nur mit eigener Gefahr, der Hund ist zum Äußersten entschlossen.

Als es eigentlich zu spät und der angegriffene Fahrer schon im Kippen ist, faßt er nach seiner Revolvertasche. Der Hund, dies erkennen und den Mann beißen ist eins. Er beißt in die Gegend der Revolvertasche, etwas tiefer, wo es weich ist. Mann und Maschine fallen um, der eine schreit, die andere rattert, beide zusammen decken die Straße und machen sie fortan unpassierbar. Der Hund als Sieger ist nicht stolz, er zieht die Flucht vor. Die Wege hinab in das Tal, auch die Verstecke, die es bietet, sind nur ihm bekannt, nicht seinen rachsüchtigen Feinden. Diese laufen und schießen ganz vergebens, die Zwecklosigkeit leuchtet ihnen übrigens ein. Aber der Protektor hat befohlen.

Reinhard Heydrich, Protektor von Böhmen-Mähren, ist in Lidice eingetroffen.

Sein Wagen, der erste des Zuges, steht, da vor ihm seine motorisierte Mannschaft steht. Es findet statt zwischen Dorflinde und Wirtshaus, näher bei diesem, und die Wahrscheinlichkeit spricht dafür, daß von den Laubengästen einige, wenn nicht alle, um die Ecke schielen, nur merken soll man es nicht. Da sind die Frauen kühner. Nun das angekündigte Unheil ausgebrochen ist, zeigen sie sich offen, auch ihre offenen Stimmen benutzen sie wieder. Sie sagen ihre betrübte Meinung über den Unglücksfall der Deutschen, indessen sind diese in der Übermacht, gewiß zweihundert Deutsche und nur ein Hund, da kann es am Endsieg nicht fehlen.

Ob sie reden oder nicht, sie haben kaum zu befürchten, daß der Protektor oder sein Gefolge ihre Sprache verstehen. Eher wird ein Lachen verstanden, und eine hat gelacht.

Lyda spielt mit den kleinen blonden Kindern: Schau dich nicht um, der Wolf geht um!

Hier hat sie den Protektor noch gar nicht gesehen, er sitzt in seinem geschlossenen Wagen, vom Fenster vorsichtig zurückgezogen. Als das Lachen aufklingt, vergißt er die Grundsätze eines Chefs, der sich nicht aussetzen darf, er neigt sich aus dem Fenster, er erblickt den lachenden Mund eines Mädchens. Lyda schließt ihn sofort. Sie läuft davon, mit den Kindern an ihren Händen läuft sie um den Teich. Die Kinder schreien, nur weil sie laufen.

Lyda: „Seid still, der Wolf!"

Die Kinder verlangen, ihn zu sehen: „Wo ist der Wolf? Zeig ihn uns!" Ihre Neugier unterliegt Zweifeln, lieber würden sie sich verstecken, wie vorher der Hund.

Lyda ist sehr ernst geworden, der kurze Anblick, der sie überraschte, war furchtbar. Mehr könnte sie hierzu nicht sagen.

Reinhard Heydrich, Protektor von Böhmen-Mähren, sieht furchtbar aus, ob von Natur oder weil es seine Waffe ist, wer weiß über ihn Bescheid. Lyda nicht. Die anderen in Lidice, wenn er nachher seinen Wagen verläßt und sein Gesicht zeigt, werden auch nur staunen und erschrecken, wie es ihre Schuldigkeit ist.

Bis jetzt hat allein sein Adjutant, Oberst Schalk, den Wagen verlassen, er steht neben dem anderen Fenster, durch das Heydrich noch nicht ausgeblickt hat, und meldet ihm die Vorgänge, wie sie eintreten.

Oberst Schalk: „Wir haben einen Verwundeten. Der Mann ist dick und fett und schlägt um sich, wenn man ihn aufheben will."

Heydrich, metallene Stimme, hier ohne Nachdruck: „Fesseln!"

Oberst Schalk: „Exzellenz befehlen?"

Heydrich: „Fesseln, sage ich. Aufladen. Losfahren."

Oberst Schalk beeilt sich, den Befehl weiterzugeben. Er kehrt zurück und bedauert: „Der Mann blutet unsinnig, wer ihn anfaßt, beschmutzt sich, außerdem haut er."

Heydrich, ohne Nachdruck: „Mit Fußtritten aus dem Weg räumen. Ich habe genug von dem Kaff. Die Bevölkerung macht sich wieder mal unsichtbar."

Oberst Schalk: „Melde gehorsamst, die Bewohner sehen zu, was wir tun. Sie schielen um die Ecken."

Heydrich: „Auch Lachen hörte ich schon. Als ich hinsah, war keine es gewesen."

Oberst Schalk: „Das will ich glauben. Es ist natürlich Angst, daß die Straße leer steht."

Heydrich: „Daß die Bevölkerung schielt, lacht und Hunde auf uns hetzt."

Oberst Schalk: „Wenn Exzellenz mir eine unmaßgebliche Vermutung erlauben, der Hund ist selbständig vorgegangen." Um sich zu entschuldigen: „Eure Exzellenz wünschten schnell von hier fortzukommen."

Heydrich: „Nachgerade bekomme ich Lust, mir die Leute anzusehen." Er macht Miene auszusteigen, scheinbar läßt die Tür sich nicht öffnen.

Oberst Schalk deutet einen Griff an, als wollte er die Tür von außen aufmachen. Er läßt es dabei: „Die Bevölkerung wird die Ehre haben, Eure Exzellenz zu begrüßen."

Links und rechts des Wagens stellt er einen Mann und ein Maschinengewehr auf. Ein Kommissar der Geheimen Staatspolizei überwacht die Vorbereitungen und „schaltet sich ein".

Der Geheime: „Möchte nicht verfehlen, Herr Oberst, mich einzuschalten. Die Eingeborenen fordern jeden Verdacht heraus, ich halte Leibesvisitation für unerläßlich."

Oberst Schalk: „Das ganze Dorf bis aufs Hemd entkleiden? Sie halten den Protektor bis heute abend auf. Herr Blumentopf, das geht nicht."

Der Geheime: „In fünf Minuten ist alles erledigt."

Er pfeift. Sogleich ist er umgeben von mehreren Gestalten seiner Art. Mit Sturmstoßtruppen zu ihrer Verfügung besetzen sie blitzartig die drei strategischen Punkte, den Wirtsgarten, die Dorflinde, die Tankstelle. Jede vorgefundene Person wird beklopft und abgetastet. Frauen, die Einspruch erheben, werden mit Entkleiden bedroht, aber dabei bleibt es. Ihre Pflicht allein leitet die Beamten.

Von der Tankstelle treiben die wohlgenährten SS-Männer ein großes Rudel magerer Tschechen mühelos vor sich her. Anfangs stellt wohl einer sich an, als strauchelte er im Gedränge, ihn überzeugt ein Gewehrkolben von der Vergeblichkeit seiner List.

Die meisten Schwierigkeiten bietet der Wirtsgarten mit seinen verschiedenen Ausgängen nach der Küche und anderen hinteren Räumlichkeiten. Auch in die Felder flüchten mehrere, die Ankündigung, daß geschossen wird, veranlaßt sie umzukehren.

Verlassen unter einem der Tische schnarcht ein Mann. Der Geheime selbst, der einen letzten Blick auf den Garten wirft, entdeckt Pavel, er weckt ihn mit dem Fuß.

Der Geheime: „Deine Waffe her!"

Pavel, sucht schlaftrunken am Boden, bietet dem Geheimen einen Zigarettenstummel an: „Mehr hab ich gerade nicht, der Herr muß abends wiederkommen."

Der Geheime: „Du sollst dich untersuchen lassen."

Pavel: „Ich bin nicht krank." Er schielt auf seine Nase, sein Gesicht ist gutmütig verblödet.

Der Geheime sieht nach Beistand um, aber seine Mannschaft führt draußen dem strengen Herrn die Herde der Eingeborenen vor, man darf nicht stören. Den Geheimen drängen die Zeit und der Vorgang, ein Mann, der bisher als harmlos nicht erwiesen ist, liegt eingeklemmt zwischen den Tischbeinen. Der Kommissar entschließt sich, er kriecht unter, er macht an dem Mann die vorgeschriebenen Griffe, nur daß der Mann kitzlig ist.

Pavel lacht, bis er stöhnt, er wirft die Arme um den neuen Freund, er verlangt zu wissen: „Wie heißen der gnädige Herr Deutsche, daß ich mir einen so lustigen Herrn merke?"

Der Geheime muß seinen Namen angeben, damit er mit seiner Person nur loskommt: „Blumentopf."

Pavel: „Das duftet. Daran kann man in Gedanken riechen."

Der Geheime, steht endlich auf eigenen Füßen: „An dir, mein Junge, hoffe ich nie wieder zu riechen. Wer bist du eigentlich?"

Pavel, erstaunt, blöder als je: „Das haben Sie nicht gewußt? Ich bin doch der Dorftrottel."

Der Geheime, stampft auf, er fühlt sich hereingefallen, er eilt von dannen, den Gegenstand seines soeben erlittenen Mißerfolges wird er gleich vergessen haben, wie noch jeden seiner Fehler.

Draußen zeigt der Protektor sich nunmehr in ganzer Größe der Bevölkerung, von dem ersten Erschrecken hat sich noch keiner erholt. Sie sind gehörig umstellt und bewacht, ein Schritt vorwärts wäre niemandem anzuraten, aber das Gesicht Heydrichs genügt, sie einzuschüchtern, wie vorher ein Mädchen, das gelacht hatte. Sie finden sein Gesicht furchtbar, während Heydrich findet, daß sie es ein für alle Male betrachten müssen, für ihre weitere Führung.

Mit stelzendem Gang umschreitet er den vorderen Teil seines Wagens, er trägt Sorge, daß er auf jeder Seite des Schauplatzes zur Geltung kommt. Wenn er sich den Frauen bei der Linde vorführt, lacht wahrhaftig keine mehr. Die Leute, deren Zuflucht die Tankstelle gewesen war, fassen den Gedanken an Sicherheit überhaupt nicht mehr beim Anblick des Protektors.

Der schwersten Prüfung indessen sind die Insassen des Wirtshauses ausgesetzt, die Laubengäste sowohl wie auch die alte Wirtin mit ihrem Personal.

Oberst Schalk sucht befehlsgemäß festzustellen, wer auf den motorisierten Soldaten den Hund gehetzt hat. Er kann es nicht, vor allem, weil er seine Fragen nur scheinbar mit Energie stellt, die innere Überzeugung fehlt. Der Protektor unterstützt ihn allerdings, wenn er sein Gesicht herwendet. Dann aber verstummen alle ganz.

Dem Geheimen genügt die kürzeste Beobachtung, um zu wissen, daß es ohne ihn nicht geht. Er beschließt auch hier wieder „sich einzuschalten“. In militärischer Haltung vor Oberst Schalk: „Herr Oberst gestatten, daß ich mich einschalte.“

Oberst Schalk: „Bedienen Sie sich!“ Die Erlaubnis kommt etwas zu schnell, der Adjutant tritt eine verlorene Sache ab.

Der Geheime, in die gestaute Menge beim Wirtshaus, mit der Absicht, stimmlich Eindruck zu machen, aber er krakeelt nur: „Wem gehört der Hund? Wenn der Betreffende sich nicht meldet, wird er gleich mitgenommen.“

Verblüfftes Schweigen, obwohl die Leute denken, in einiger Entfernung sogar flüstern: „Mitnehmen wird er ihn, eh daß er ihn hat. Ein Künstler!“ Bei der Linde wagt eine Frauenstimme hell aufzulachen, worauf auch in Richtung der Tankstelle und beim Wirtshaus mehrfach Äußerungen von Heiterkeit stattfinden. Sie werden alsbald unterdrückt, beklommene Gesichter bereuen den Fehltritt, aber fortan ist kein Zweifel, daß der Gestapokommissar nicht völlig ernst genommen wird.

Der Geheime hat die Eingebung, selbst mitzulächeln. Er will überdies scherzen: „Der Eigentümer des Hundes hat keinen Soldaten gebissen. Nun denn?“

Die alte Wirtin, erhebt die gerungenen Hände: „Gnädiger Herr! Ich bin eine biedere Wittib.“

Der Geheime wiederholt seinen Scherz: „Haben Sie den Soldaten gebissen?“

Der Hausknecht, anstatt der Wirtin: „Der Hund kommt allweil fressen, was sonst sein Herr frißt.“

Der Geheime: „Da haben wir's. Wer ist der Herr?“

Der Hausknecht: „Mich hat die Frau erst gestern eingestellt.“

Gemurmel in der Bevölkerung: „Wahr ist es. Der Bursche kennt den Herrn überhaupt nicht, und den Hund ganz flüchtig.“

In dem Maß, wie sie ihre eigenen Äußerungen vernehmen, werden die Leute kühner.

Stimmen, kaum noch gedämpft: „Der Hund hat den Hintern von der Gans gern. In den Soldatenhintern beißt er aus Not, die Gans war noch nicht knusprig.“

Dies verträgt offenbar keine Nachsicht mehr. Der Witz der Tschechen ist ermutigt worden, weil die deutsche Behörde scherzhaft sein wollte. Der geheime Kommissar sieht seine Autorität bedroht. Schlimm genug. Oberst Schalk schüttelt entrüstet den Kopf, immerhin darf eine innere Belustigung bei ihm vermutet werden. Unvergleichlich gefährlicher läßt der Protektor sich an.

Nicht nur, daß er aufgehört hat zu stelzen, vielmehr hinter der Schulter des Kommissars aufpaßt, was noch erfolgt. Ausschließlich diesem, bis jetzt unglücklichen Beamten gilt im gegebenen Zeitpunkt sein furchtbares Gesicht. Der Kommissar, sonst an die Maske Heydrichs gewöhnt und abgestumpft gegen ihr Höchstmaß, möchte ihr hier nicht begegnen, er hütet sich, den Hals zu zucken. Er keift die Wirtin an, warum gerade sie, könnte er selbst nicht sagen.

Der Geheime: „Sie werde ich mitnehmen zum Verhör, biedere Wittib! Heraus da!“

Die Wirtin, unter ihrer Haustür, schwankt. Sie trifft Anstalten, als wollte sie dem Befehl gehorchen, aber die Umstehenden lassen sie nicht. Unter dem Vorwand, sie zu stützen, verbieten sie ihr jeden Platzwechsel. Aus allen den gewundenen Leibern hervor reckt sie als klassische Zeugin ihrer Unschuld die kurzen Arme. Eine erstaunliche Geläufigkeit der Zunge ist ihr plötzlich zuteil geworden.

Die Wirtin: „Der Herr vom Hund ist ein so alter Gast, unser ältester, aus den Zeiten meines seligen Mannes. Aus Pietät, nichts wie fromme Sitte, bekommt der Hund die Portion, was sein Herr übrigläßt.“ Das Gesicht nach oben, weint sie laut.

Eine hilfreiche Magd, die sie stützt: „Der läßt viel übrig.“

Ein hilfreicher Mann: „Der frißt fast nichts mehr.“

Der nächste: „Weil er gestorben ist.“

Noch einer: „Schon lang bevor die Deutschen uns befreit haben.“

Wieder einer, diesmal aus der ferneren Umgebung: „Ein geschickter Mensch war er, hat nicht abgewartet, bis daß er befreit wird."

Einer von der Tankstelle: „Hatte, hör ich, im voraus seinen Hund auf den Mann dressiert."

Ein anderer, weiter rückwärts: „Auf den Soldaten."

Hinter der Linde kreischt eine Frau: „Für einen Herrn Protektor hat er ihn scharfgemacht!"

Eine zweite Frau, kreischt: „Wenn ein Herr Protektor uns jemals die Ehre erwiese!"

Eine große Stille tritt ein, die Rufer sind, vor sich selbst erschrocken, untergetaucht.

Jemand spricht in die Stille, eher leise, aber durchdrungen von einer weisen Milde: „Nicht glauben, Euer Gnaden! Sind blöde Tschechen."

Woher kam dies? Jaroslav Ondracek befürchtet, daß es sein Sohn war.

Was immer Heydrich glaubt oder bezweifelt, er hat sich hinter seinen Wagen zurückgezogen. Hier decken ihn der zweite Wagen und eine motorisierte Mannschaft.

Oberst Schalk gibt vor, er habe seinen Chef zu dem Rückzug genötigt: „Exzellenz besitzen nicht das Recht, Ihre hohe Person dem Feind als Ziel zu bieten, noch dazu bei der Untüchtigkeit des Kommissars Blumentopf."

Heydrich: „Nicht gerechnet Ihre eigene Untüchtigkeit, Oberst Schalk. Ich sehe die Sabotage von Seiten eines gewöhnlichen Dorfes, wie heißt es überhaupt, nicht mehr lange an."

Gleichwohl folgen beide Herren gespannt dem Vorgehen des Kommissars. Er läßt seine Beamten überall in den Haufen greifen, nach den Urhebern der aufrührerischen Äußerungen. Jedesmal stoßen sie auf einen Betrunkenen, einen Heiseren oder ein halbes Kind. Die Nachbarn, ja, auch die wachthabenden SS-Männer bezeugen regelmäßig: der war es nicht.

Der Geheime, unter den Blicken des Protektors, entschlossen, den eigenen Ruf zu retten: „Dann sage ich glatt, er war es doch. Fesseln! Mitnehmen!"

Dies wiederholt sich oft, zuletzt haben die Soldaten wohl dreißig Leute an der Wirtshausmauer zusammengetrieben, diese sollen alle vereint fünf, sechs aufrührerische Bemerkungen gemacht haben. Die verdächtigen Frauen sind abgerechnet, ihre planwidrige Flucht ins Tal hat sie dem Zugriff entzogen.

Der Geheime: „Gemeindevorsteher!" Er verlangt auf gut Glück einen derartigen Funktionär, nach den bisherigen Erfahrungen wird keiner dasein.

Der Gemeindevorsteher: „Haben nur zu befehlen." Der ältere Mann ist fügsam, er grüßt militärisch. Der Kommissar sieht in ihm den passenden Gegenstand seiner Strenge.

Der Geheime, so scharf er kann: „Sofort ein Lastauto!"

Der Gemeindevorsteher, betrachtet ihn sinnend, nicht ohne Ehrfurcht.

Der Geheime: „Verstanden? Gefangenentransport, Sie sind mir verantwortlich."

Der Gemeindevorsteher: „Herr, es ist schon lange, daß wir kein Lastauto mehr haben, und hätten wir's, wäre kein Benzin da, die Tankstelle hat zugemacht." Bei der Tankstelle fallen ihm die dort versteckten Bierfässer ein. „Bier bekommen wir auch nicht, weil es nicht transportiert werden könnte, wenn es welches gäbe."

Der Geheime: „Wenn Ihre Tante Räder hätte, war sie 'n Omnibus. Herr! Hab ich Sie gebeten, mir Schwanke aus Ihrem Leben zu erzählen? In zwei Minuten fährt das Lastauto an, oder –."

Der Gemeindevorsteher greift an seine Mütze, er stellt jedes beliebige Oder anheim.

Der Geheime, faßt den Mann beim Knopf. Vertraulich: „Oder ich ließe Sie kurzweg niederschlagen. Einzig und allein die persönliche Anwesenheit Seiner Exzellenz des Herrn Protektors bewahrt Sie davor."

Der Gemeindevorsteher, bekundet seinen Respekt vor der hohen Anwesenheit: „Da kann man leider nichts machen."

Der Protektor selbst, der dort hinten unmöglich gehört hat, in demselben Augenblick befiehlt er: „Niederschlagen!"

Es ist sein erstes Wort, und ist eine erstaunliche Stimme, von so metallischer Härte, daß man erwartet, sie müßte zurückgeworfen werden, wo sie anprallt, sie müßte nachklappen, und tatsächlich klappt sie nach. „Niederschlagen!" Das

Wort ertönt noch einmal, etwas hohl, aus unbestimmter Entfernung, aber es ist die Stimme, sie hat zweimal geschlagen.

Alles horcht auf, die Gefangenen, die Bewachten und ihre Wächter, sie wenden die Hälse, sie suchen, aber ungläubig, denn der zweite Anschlag kann überall gefallen sein, von einem Dach, sogar aus einer Wolke.

Der Geheime, schon gewöhnt, sich mit dem Gemeindevorsteher zu beraten, fragt ihn: „Sie haben jemanden im Verdacht, wer es ist?"

Der Gemeindevorsteher, vertraulich: „Einen Gemeindebullen haben wir immer noch, der ist imstand und dort unten auf seiner Wiese brüllt er, wenn es am wenigsten gestattet wäre."

Der Geheime begegnet auf seiner Umschau nur einem einzigen Blick, und der schielt, was die Begegnung ungewiß macht. Schon wieder der Dorftrottel! Der Geheime gibt unwillig diesen Standort auf, infolge neuer, beunruhigender Umstände unterläßt er es, den Gemeindevorsteher niederzuschlagen.

Der Protektor selbst ist nur beschäftigt zu lauschen. Sein Oberst Schalk lauscht mit ihm.

Heydrich, bemerkt zum ersten Mal die kleinen blonden Kinder, wie sie, mit Augen voll Neugier, sich bei den Händen halten oder aufeinander hocken, die kleinsten im Nacken der etwas größeren. Ihm kommt ein Gedanke: Die Kinder als Geiseln wegführen! Er bewundert seine Geistesgegenwart. Geiseln wirken immer günstig auf das Verhalten der Bevölkerung, Kinder noch günstiger. Dabei wird sich zeigen, ob auch dieses Wort zweimal fällt, ob sogar bei diesem Wort seine Stimme nachklappt!

Heydrich, metallener Befehlston: „Die Kinder als Geiseln wegführen!"

Seine Stimme, seine eigene, wiederholt in der Art wie vorher: „Die Kinder als Geiseln wegführen!"

Heydrich und Oberst Schalk sehen sich an.

Heydrich: „Was war das?"

Oberst Schalk: „Ein Echo, melde Eurer Exzellenz gehorsamst."

Heydrich: „Meine –" er betont: „Meine Stimme?"

Oberst Schalk: „Das Echo hält unbedingt auf Ähnlichkeit."

Heydrich: „Nicht bei mir. Ich verbitte mir das."

Der Geheime, ist zur Stelle: „Befehlen Exzellenz, daß ich die Leute, jeden einzeln, Stimmübungen machen lasse?"

Heydrich: „Danke. Damit Sie mich hier noch eine Stunde unnütz aufhalten. Herr Blumentopf, Sie können nur durch auffallenden Eifer meine Ungnade von sich abwenden." Zugleich hat er noch einen Einfall: „Rufen Sie Heil Hitler! Wer nicht mitruft, wird niedergeschlagen."

Der Geheime ruft in die versammelte Menge: „Heil Hitler!"

Die Antwort betäubt die Ohren, nach der Stärke des Geschreies kann kein einziger sich enthalten haben.

Heydrich, lauscht: „Meine Stimme war nicht dabei."

Oberst Schalk: „Zu Befehl. Exzellenz hatten nicht gerufen."

Heydrich: „Sie bestehen auf Ihrem Echo, das nur mich allein nachmacht. Mir mißfällt dieses Dorf, wie heißt es."

Der Geheime greift endlich durch. Da ohnedies alle Heil Hitler gerufen haben, fragt er nicht erst, er läßt die SS-Männer zusammen mit der motorisierten Mannschaft jeden achten Eingeborenen niederschlagen. Die SS strecken ihre Erwählten gewissenhaft hin, die jungen Soldaten haben Gesichter zwischen Wut und Lachen, ihre Schläge sind selten nachhaltig.

Heydrich, betrachtet den Vorgang, er murmelt: „Mir ist ganz so, als wäre unser Besuch kein Erfolg gewesen. Jedenfalls habe ich genug von diesem –." Laut, für Oberst Schalk: „Wie heißt das Dorf?"

Oberst Schalk: „Lidice."

Heydrich, im Begriff seinen Wagen zu besteigen, erhebt drohend die Stimme: „Lidice sieht mich nicht so bald wieder."

Seine Stimme noch einmal: „Lidice sieht mich bald wieder."

Heydrich, fährt zurück, er war nicht mehr vorbereitet. Er wird ganz leise: „Ihr Echo, Oberst Schalk. Es kann Worte weglassen."

Oberst Schalk, sorgenvoll: „Hier scheint wirklich eine Untersuchung geboten." Er winkt den Geheimen herbei.

Heydrich: „Ich will nichts wissen. Meine Befehle, Geiseln betreffend, sind aufgehoben. Nur fort! Hier gibt es Geheimnisse, die mir kein Glück bringen."

Oberst Schalk und der Geheime tauschen einen Blick, er bedeutet: dies läßt man gut sein. Unsere großen Herren sind abergläubisch.

Heydrich sitzt schon, Oberst Schalk steigt zu ihm ein und befiehlt abzufahren, sobald es geht. Im Weg sind die Soldaten, mit den Niedergeschlagenen, die sie beiseite tragen, aber die Niedergeschlagenen erschweren es ihnen nach Möglichkeit, alle wollen schwer getroffen sein, sie seufzen erbärmlich. Die längsten Seufzer enden mit einem innigen Heil Hitler!

Der Protektor ist abgefahren, die Tankstelle, zugleich das Dorf, liegen hinter ihm, als der Geheime, sein Wagen, seine motorisierte Truppe nur erst aufbrechen. Der Geheime hat Eile nachzukommen, von der Bevölkerung und ihrem Treiben nimmt er keine Kenntnis mehr.

Der Wagen des Geheimen und seiner Mitarbeiter erreicht nun auch die Tankstelle. Um die Ecke, wo vom Wirtshaus nichts mehr sichtbar ist, schwingt ein Mann den Arm – kein vertrauenerweckender Mann, aber er grüßt mit Heil Hitler und will eine wichtige Meldung machen.

Der Geheime, bei verlangsamter Fahrt: „Was gibt es? Schnell!"

Der Mann, läuft nebenher, schwingt immer den Arm, seine Blicke lechzen: „Gnädiger Herr! Ich bin ein Spion, ich weiß, wo sie ihr Bier versteckt haben."

Der Geheime, durchaus nicht bei Laune: „Dann geh und sauf es!" Auf seinen Wink bekommt der Mann einen Schlag auf den Kopf, er taumelt und bleibt endgültig zurück.

Der Mann, wirft dem Wagen eine Faust nach: „Ihr Gesindel, das soll euch gereuen. Der Eger Franticek bin ich, daß ihr's wißt! So ein braver Spion gegen die Tschechen, der alte Herr Protektor kennt mich – telefonisch. Der neue verleugnet meine wichtige Person, aber gerade ihn krieg ich! Wird lang brauchen, wird in der Zeit ein Stündchen sein, bis daß ich den Faden anziehe, daran hängt ein Protektor, er fährt im Schwung zum Eger Franticek!"

Der Besessene tanzt für sich allein, hierauf telefoniert er in der Tankstelle – nach Prag, nach der Burg. Einem Hörer, den er für den Protektor Neurath selbst hält, berichtet der Spion, wieviel sein Nachfolger Heydrich hierorts fertiggebracht habe: einige niedergeschlagen, Kinder als Geiseln genommen, Empörung herausgefordert, Hohn erregt – und gefangen nicht einmal den Hund!

Die Bevölkerung zwischen Wirtshaus und Linde hat sich inzwischen nur unbedeutend verschoben. Auch die Niedergeschlagenen behalten vorsichtig ihren Platz am Boden, solange noch Gefahr ist. Der furchtbare Protektor und sein blutiger Polizist könnten allenfalls umkehren.

Ein schwer Getroffener sagt dem Arzt, der ihn behandelt: „Glück hab ich gehabt! Nehmen wir, nur spaßeshalber, an, sie hätten das Bier gefunden, schön möchten wir ausschauen."

Der Barbier, der zusieht: „Wo sie auf Bier so scharf sind."

Der Schneider: „Auf Geiseln noch mehr, haben aber keine bekommen."

Ein Bergarbeiter: „Den Hund auch nicht."

Ein anderer: „Den Herrn vom Hund schon gar nicht. Aber wir haben ihn pflichtgemäß angezeigt."

Doktor Holar, hat an mehreren Niedergeschlagenen seine Arbeit beendet, er steht auf: „So sorgt man sich um das Bier, nachher ist es vielmehr ein Hund, und der ist es auch nicht."

Der dritte Bergarbeiter: „Sondern das Echo."

Der vierte: „Das Echo war noch niemals da, gerad heute muß es sich hören lassen."

Der fünfte: „Einmal kommt sogar das schlagende Wetter."

Doktor Holar: „Jeden Morgen fahrt ihr ein und denkt an das schlagende Wetter. Zum Schluß werd ich gerufen, weil einer den Fuß verstaucht hat."

Er geht weiter.

Der schwer Getroffene: „Mit den Deutschen ist es nicht viel."

Einer, der seufzt: „Weil sie fürs erste nur dich getroffen haben."

Doktor Holar, sucht vergebens Pavel Ondracek, endlich wendet er sich an den Gemeindevorsteher: „Noch sind einige zu verbinden. Der junge Mann könnte mir helfen, hat mehr als das gelernt."

Der Gemeindevorsteher, sagt dem Doktor etwas ins Ohr.

Doktor Holar, erstaunt: „Das lernt er nicht auf der Universität. Sind Sie sicher, daß er es war?"

Der Gemeindevorsteher: „Das Echo war kein anderer als er. Sehen Sie nur hin!"

Tatsache ist, daß Pavel von den Seinen gedeckt und den Blicken entzogen wird. Sein Vater Jaroslav und Lyda, seine Braut, reden leis und dringend auf ihn ein.

Jaroslav: „Wie konntest du plötzlich eine fremde Stimme machen? Noch dazu diese!“

Pavel: „Hab ich sie wirklich getroffen?“

Lyda: „Ja. Aber es blieb doch deine. Von der Linde her hab ich sie erkannt.“

Pavel: „Nur du, oder noch andere? Wenn Lyda allein mich heraushört, bin ich gut, sonst muß ich besser werden.“

Jaroslav: „Sei überzeugt, daß viele es wissen. Sie halten gegen die Deutschen zusammen und schweigen.“

Lyda: „Pavel, ich bitt und beschwöre dich, fang dir mit den Deutschen nichts an!“

Jaroslav, fährt im Satz fort: „Wären sie nicht so gute Tschechen, sie könnten noch mehr erzählen als vom Echo.“

Lyda: „Was denn?“

Pavel, versucht sich zu besinnen: „Ja, was?“

Jaroslav: „Gehört hat man, und vielleicht –.“

Lyda: „Gesehen? Ich sah nichts.“

Jaroslav: „Weil ich früh genug vor ihn hintrat und mein Rücken breit ist. Keine Furcht, die Feinde sind diesmal darum betrogen.“

Lyda: „Aber was war es? Sprich, Vater!“

Pavel: „Laß, ich machte ein wenig den Blöden, Dummheit entwaffnet.“

Jaroslav: „Was du Furchtbares tatest, sag ich – nicht hier. Bei der Tankstelle ist niemand.“

Sie gehen in Richtung der Tankstelle.

Lyda: „Pavel! Was tatest du?“

Pavel: „Darauf bin ich neugierig.“

2

Die Ansammlung der Einwohner von Lidice löst sich auf. Die Niedergeschlagenen werden fortgetragen. Kleine Gruppen sprechen erst in einiger Entfernung.

Ein Bergarbeiter: „Ein sehr gnädiger Herr Protektor ist das."

Ein anderer: „Wird's auch lange machen bei uns."

Ein dritter: „Ein Unglück, bei uns hält keiner vor."

Ein vierter: „Der alte tut es nicht mehr."

Ein fünfter: „Wenn es wahr ist, daß er gehen muß."

Der dritte: „Wozu sonst der neue?"

Der vierte: „Du hättest lieber zwei Protektoren."

Der fünfte: „Mir werden sie nie zuviel."

Der erste: „Einen so gnädigen Herrn Protektor wie diesen haben wir noch keinen gehabt."

Der zweite: „Den lassen wir nicht so einfach fort wie den bisherigen."

Der dritte: „Du denkst dir wohl, du wirst ihn fangen und einsperren."

Der vierte: „Du möchtest am Ende ein Held werden."

Der fünfte: „Wie sehen aber die Helden aus, möcht ich wissen."

Der erste: „Das weiß niemand heutzutage." Er lacht: „Vielleicht wie der Pavel, der das Echo macht."

Der zweite: „Er macht noch mehr, ich hab's gesehen."

Der dritte: „Rede nicht, was man nicht hören soll!"

Die Bergarbeiter wenden sich von der Straße nach der Arbeitersiedlung, ihren gleichförmigen Häuschen.

Es ist eine Stunde vor dem Mittagessen, alle Schornsteine im Dorfe rauchen, das Wirtshaus und sein Garten sind weit geöffnet. Auf der Straße bewegt sich außer den Gänsen nichts mehr.

Im Schatten der verlassenen Tankstelle steht noch immer der Bauer Jaroslav Ondracek bei seinem Sohn Pavel. Der Vater hält Pavel an der einen Hand, seine Braut Lyda hält ihn an der anderen.

Lyda, innig: „Pavel, bitt dich, so wahr wir uns lieb haben, mit den Deutschen darfst du dir nichts anfangen."

Pavel: „Das will ich doch gar nicht. Weil ich ihnen in aller Unschuld einen Blöden mache?"

Jaroslav: „Die Unschuld haben sie dir geglaubt. Darauf konntest du das Echo wohl lassen, mein gewitztes Söhnchen, mein ausstudierter Pavel."

Pavel: „Ausstudiert, nicht aber absolviert. Nachdem die Deutschen unsere Universitäten zusperren, was tu ich mit der verlorenen Zeit."

Lyda: „Deswegen mußt du kein Echo machen. Als die Studenten demonstrierten, bliebst du sehr gescheit davon weg und kamst zu uns."

Pavel: „Vielleicht bereu ich."

Jaroslav: „Was? Daß du nicht auch, wie einige, tot auf dem Gehsteig liegst?"

Pavel: „Auf dem Gehsteig in Prag liegen sie, hör ich, noch heute."

Lyda, umarmt ihn: „Mach kein Echo mehr!"

Jaroslav: „Und nicht das andere?"

Pavel: „Welches andere?"

Jaroslav, flüstert: „Die Fratze."

Pavel: „Eine Fratze hätt ich geschnitten?"

Lyda: „Nein, davon sah ich nichts."

Jaroslav: „Aber ich – und war gewiß nicht der einzige." Er betritt die Tankstelle und sieht sich darin um.

Lyda: „Pavel! Sprich, welche Fratze?"

Pavel: „Ich weiß von keiner."

Lyda: „Oh! Pavel, du traust mir nicht."

Pavel: „Lyda, mein Bräutchen! Wenn ich dir nicht trauen könnte, wem dann. Mir selbst – nicht mehr ganz, wie es scheint."

Jaroslav, kehrt zurück: „Niemand da."

Paval: „Suchst du noch, Vater? Den Mann und das Öl, alles haben die Deutschen."

Jaroslav: „Sie haben auch Horchposten. In der Tankstelle ist ein Telefon."

Pavel: „Zu spät. Der Franticek wird es schon benutzt haben."

Lyda, will Zuversicht dartun: „Uns kann er nichts Böses nachsagen."

Pavel: „Der lügt auch in den Apparat. Wozu war er der Franticek Eger, ein Deutschböhme."

Lyda: „Die meisten Deutschböhmen sind treu und brav."

Jaroslav: „Dieser vielleicht auch, ich werde nur nicht klug aus ihm."

Lyda: „Ihr behaltet ihn im Dienst."

Jaroslav: „Pavel will nicht, daß ich ihn fortschicke."

Pavel: „Spione müssen in Reichweite sein."

Lyda: „Bei uns auf dem Hof gibt es nichts auszuspionieren."

Pavel, ihr ins Ohr: „Außer dem Waffenlager – fast nichts."

Jaroslav: „Gehen wir endlich!"

Lyda: „Das Essen ist auf dem Feuer." Sie entfernt sich mit Jaroslav. Pavel bleibt hinter ihnen.

Jaroslav: „Nehmen wir die Abkürzung über das Bergwerk!"

Lyda: „Damit das Essen nicht schlecht wird."

Jaroslav: „Und der Eger uns keinen Streich spielt. Finden wir ihn noch nicht zu Hause, dann werf ich ihn diesmal wirklich auf die Straße."

3

Sobald alle drei außer Sicht sind, verläßt Franticek Eger sein Versteck in der Tankstelle. Er rollt die Augen, seine Bewegungen sind unbeherrscht, er redet mit sich selbst.

Franticek Eger: „Viel muß man sich sagen lassen, die Deutschböhmen sollen treu und brav sein. War ich sonst nichts! Was tut denn ihr Tschechen, habt ihr schon einen Protektor geschlachtet? Ich aber! Ich meld ihm alles, der Herr Protektor persönlich kommt ans Telefon, eine seltene Auszeichnung."

Er macht einen Freudentanz. Zwischen Luftsprüngen, im Takt singt er: „Hab ich den guten Herrn erst mal hierher gelockt nach Lidice, wird er wie ein Hühnchen abgekragelt. Wie ein Hühnchen!"

Er stampft und schlägt sich auf die Lederhosen.

Hinter ihm auf der Straße erscheint ein Fahrrad mit einem Gendarmen.

Der Gendarm steigt ab: „Sie da! Was treiben Sie für Dinge?"

Franticek Eger: „Mit behördlicher Genehmigung freue ich mich auf den Sonntagsbraten. Nehmen Sie mich mit, Herr Wachtmeister, sonst krieg ich nichts mehr."

Der Gendarm, zögert.

Franticek Eger: „Sie sehen mir wie ein Eingeweihter aus. Kennen sicher den Eger Franticek."

Der Gendarm: „Sie haben mit uns schon zu tun gehabt?"

Franticek Eger: „Mit Ihrem Herrn Protektor. Ich bin sein Vertrauter."

Der Gendarm: „Sie wollen ein Spitzel sein?" Er führt den Zeigefinger an die Schläfe: „Na sitzen Sie auf! Ein Verrückter mehr oder weniger. Aber vorn! Hinten könnten Sie Dummheiten machen."

Das Rad mit den beiden Männern folgt der Landstraße.

4

Von der Landstraße abgewichen, gelangen Jaroslav und Lyda, Pavel ein Stück hinter ihnen, auf den Weg zum Bergwerk, das sonntäglich still liegt.

Jaroslav: „Wir gehen hinüber und durch den Wald. Daß Pavel uns nicht verliert! Armer Junge, ich mag ihn nicht stören, wenn er sich wieder versenkt hat in das Sinnen über sein unterbrochenes Studium. Die ganze Medizin studiert, bis dicht vor dem Doktor!"

Lyda: „Seiner toten Freunde gedenkt er. Aber ich hör ihn nicht mehr." Sie wendet sich nach Pavel um.

Pavel, ist stehengeblieben, das Gesicht vorgestreckt, unbekannt gegen wen, aber es ist durchaus verwandelt ins Furchtbare und Böse.

Lyda, schreit auf: „Pavel!"

Pavel, metallene Stimme: „Die Kinder werden als Geiseln mitgenommen."

Er beginnt zu schreiten, er setzt die Füße wie Stelzen.

Jaroslav: „Sagen wir ihm nichts! Er wird sich besinnen."

Lyda, läuft Pavel entgegen, mit ihrer Hand bedeckt sie seine Augen: „Tu das nicht! Pavel, tu's nicht, es ist furchtbar."

Jaroslav: „Das war sie, die Fratze."

Pavel, spricht natürlich: „War sie schon besser?"

Jaroslav: „Kann nicht noch besser werden. Jetzt laß es genug sein!"

Pavel: „Was du von mir verlangst, Vater! Das sind Anfälle – nicht gerade epileptoider Art, von dem Typ bin ich nicht, fehlen auch die meisten Symptome. Aber das erste Mal, als du mich dabei ertapptest, hab ich wirklich nichts gewußt."

Lyda: „Jetzt hast du die Fratze mit Fleiß gemacht!"

Pavel: „Nicht eigentlich. Der Anfang ist unbewußt, muß es auch sein. Folgt eine Strecke der Beobachtung und Kritik. Man vergleicht und vertieft."

Jaroslav: „Da hast du eine neue Wissenschaft."

Pavel: „Oh! neu ist gar nichts. Im späteren Zustand scheint man sich selbst zu vergessen. Soweit bin ich noch nicht."

Lyda: „Vergessen könntest du, daß du Pavel bist? Mein Pavel!"

Pavel, umarmt sie: „Der bleib ich! Dein Pavel unter jedem Gesicht."

Lyda: „Mach nie wieder das andere! Versprich es mir!"

Jaroslav abgewendet: „Versprechen, versprechen."

Lyda, hat den Zweifel des Vaters gehört: „Pavel, was willst du mit der Fratze?"

Pavel, ehrlich: „Nichts."

Lyda: „Aus bloßer Narrheit machst du keine mehr."

Pavel: „Gewiß werd ich kein Narr sein."

Das Paar geht Arm in Arm voran.

Jaroslav folgt allein: „Mein gelehrter Junge, was daraus werden soll, hat er noch nicht gelernt.“

Sie betreten den Wald, dahinter liegt der Hof der Ondracek.

5

Der Wagenzug des neuen Protektors, umgeben von der motorisierten Begleitmannschaft, fährt durch Prag.

Heydrich sitzt nicht mehr im ersten Wagen, ein Mann mit möglichst vielen Orden, Litzen und dem Hoheitsabzeichen nimmt statt seiner den Platz ein, wo man den Protektor erwarten könnte. Aber weder auf den Straßen noch an den Fenstern wartet jemand. Heydrich bemerkt die Leere nicht, da er sich tief in seine Ecke drückt.

Heydrich: „Ein hoher Chef hat nicht das Recht, sich zu exponieren.“

Oberst Schalk sieht den Zustand der Stadt und sucht seinen Chef in angenehmer Art darauf vorzubereiten.

Oberst Schalk: „Ob der zurückgetretene Protektor eine Absicht damit verfolgte?“

Heydrich: „Womit? Erstens ist Neurath nicht zurückgetreten. Der Führer befiehlt, daß ich ihn ersetze.“

Oberst Schalk: „Daß Sie ihn in den Schatten stellen. Der Führer hat immer recht.“

Heydrich: „Sowieso.“

Oberst Schalk: „Als der schwächliche Herr von Neurath zuletzt doch einen kleinen Aderlaß vornahm – belanglos, aber von ihm war man es nicht gewohnt –, vielleicht wollte er Eure Exzellenz um Ihren ersten Erfolg bringen.“

Heydrich: „Sie meinen?“

Oberst Schalk: „Erreicht hat er, daß die Bevölkerung sich heute nicht auf die Straße wagt.“

Heydrich, beugt den Kopf vor: „Niemand da. Ich wußte es. Die Frage bleibt offen, ob auch die Dächer nach Schützen abgesucht sind.“ Er zieht sich so tief wie möglich zurück.

Oberst Schalk: „Ihrer Gestapo ist es zuzutrauen.“

Heydrich: „Vertraue keinem blind! Mit den erschossenen Demonstranten, darüber kann ich Sie aufklären, hat der arme Neurath nichts zu tun. Die Geheime Staatspolizei und ihr zweithöchster Chef –.“

Ein Schuß fällt.

Oberst Schalk: „Ein geplatzter Reifen, melde gehorsamst.“

Heydrich, aus seiner Deckung, aber metallene Stimme: „Anhalten! Untersuchen! Im Kugelregen die Flucht ergreifen, das erlebt dies Nest nicht von dem zweithöchsten Chef der Gestapo.“

Oberst Schalk: „Protektor von Böhmen-Mähren, zu Befehl, Exzellenz.“

Wo der Wagen hält, liegen auf dem Gehsteig sieben Leichen. SS-Männer stehen bei ihnen Wache.

Heydrich hat nur einen Blick hingeworfen. Alles Weitere spricht er aus dem entgegengesetzten Fenster, für die Posten, die auch dort stehen. Einen SS-Mann fragt er: „Was tut ihr hier?“

Der SS-Mann: „Passanten vertreiben, melde gehorsamst.“

Heydrich: „Vertreiben auch noch? Herschaffen sollt ihr sie. Wer hat den blödsinnigen Befehl erlassen?“

Ein Offizier, eilt von der anderen Seite herbei: „Direkter Befehl des Herrn Protektors.“

Heydrich: „Der bin ich, und Sie melden an der zuständigen Stelle, daß ich Sie wegen Unfähigkeit fortgeschickt habe.“

Der Offizier: „Zu Befehl.“ Er marschiert schon.

Heydrich: „Die Toten haben wenigstens den Anstand, mich zu begrüßen. Sie sind die einzigen.“

Oberst Schalk: „Sehr gut, Exzellenz.“

Heydrich: „Es kommt noch besser.“ An die Wachmannschaft gewendet: „Ihr glaubt, ihr seid auf Urlaub. Waldeinsamkeit. Deutsche Romantik. Ich will euch helfen. In fünf Minuten ist die Straße voll von Tschechen, sie steigen in den Blutlachen umher, besonders die Damen, und singen Deutschland über alles. Sonst holt euch alle der Henker."

Er gibt das Zeichen weiterzufahren.

Oberst Schalk: „Die erschossenen Studenten liegen mindestens seit gestern dort, es war in der Tat kein verlockender Anblick. Alte Leute sind mir in diesen Fällen lieber."

Heydrich: „In der Tat – soll heißen, ich hätte weggesehen? Merken Sie sich, daß ich mehr vertrage als Sie."

Oberst Schalk: „Zweifel liegen mir fern, und die Jungen sind Eurer Exzellenz lieber, was ich nur bewundern kann."

Ankunft im großen Hof der Burg. Allein der Wagen des Protektors fährt bis vor das Hauptportal des Gebäudes. Im Schatten eines Seitenflügels nehmen Soldaten einen Imbiß.

Heydrich, begleitet von Oberst Schalk und Herren des Gefolges, stelzt dorthin: „Die Burgwache – wie ich sie mir gedacht hatte, bei Bier und Würstchen!"

Die Soldaten stehen stramm, bis auf mehrere, die sitzen bleiben.

Heydrich: „Das übertrifft allerdings meine Erwartungen."

Ein Offizier, stürzt aus der Wachstube, er reißt die Sitzengebliebenen von der Bank.

Einer der Soldaten fällt auf die Bank zurück, ein anderer will fortlaufen.

Heydrich: „Betrunken. Ich wundere mich über nichts mehr."

Der Offizier: „Beide nur Slowaken, melde gehorsamst, Exzellenz."

Heydrich: „Sie aber sind deutsche Herrenrasse – gewesen. Kassiert, degradiert, drei Tage Fasten, dann an die russische Front."

Der Offizier: „Zu Befehl. Heil Hitler!"

Heydrich: „Wie viele Gefangene haben Sie heute gemacht?"

Der Offizier schüttelt wütend die beiden betrunkenen Slowaken: „Gefangene sollt ihr machen!" Mit der linken und der rechten Hand schleudert er je einen Slowaken in Richtung des Ausganges. Sie torkeln, der Offizier befördert sie mit

Fußtritten weiter. Er selbst springt bald vor, bald hinter ihnen, er feuert sie an: „Wen wir kriegen, fangen wir dem neuen Herrn Protektor. Heil Hitler!“

Oberst Schalk: „Melde Eurer Exzellenz gehorsamst, der Leutnant ist der Bezechteste von allen.“

Heydrich: „Dafür wird er als erster nüchtern werden.“

Hinter dem Ausgang des großen Hofes hat Publikum sich angesammelt, fast nur Frauen und Kinder. Der Offizier und die beiden Soldaten greifen in den Haufen. Widerstand und Flucht, ein Schuß geht los.

Heydrich, nach Oberst Schalk umgewendet: „Wieder ein Autoreifen. Nehmen Sie selbst den Leutnant gefangen! Sein Revolver war es, und er hat nach mir gezielt.“

Oberst Schalk, gibt es auf, eine andere Meinung zu äußern. Er geht.

Heydrich, ruft ihm nach: „In Eisen legen, den Leutnant!“

Worauf er das Haus betritt.

6

Oben auf der Treppe hält ein Posten sein Gewehr quer über den Absatz: „Verboten!“

Heydrich: „Der Kerl ist verrückt geworden!“

Oberst Schalk: „Erlauben Exzellenz! Füsilier, was hast du zu tun, wenn du einen Obersten siehst?“

Der Posten: „Front machen.“

Oberst Schalk: „Ich bin ein Oberst.“

Heydrich: „Ich bin der Protektor, was hast du zu tun?“

Der Posten: „Nicht durchlassen.“

Heydrich, nähert sich, als hätte er etwas zu erklären. Ganz unverhofft tritt er den Soldaten in den Bauch.

Schmerzensschreie des Soldaten, er rollt die Treppe hinunter.

Die Herren des Gefolges weichen auseinander, um den Körper durchzulassen. Nach stummer Verständigung bleiben sie unten und erwarten den nächsten.

Heydrich behält den Vortritt, er stelzt durch die unbekannten Korridore, die Türen übersieht er.

Oberst Schalk, hinter ihm: „Befehlen Exzellenz, daß ich Hilfe hole?"

Heydrich: „Man hat mir ohne besondere Aufforderung entgegenzukommen – mein Vorgänger persönlich. Ich will doch sehen –." Er verschwindet um die Ecke.

Oberst Schalk ist zurückgeblieben, er öffnet kurz entschlossen eine Tür, dahinter noch eine. Er ruft hinein: „Geheimrat Rumfutsch!"

Geheimrat Rumfutsch: „Oberst Schalk!"

Oberst Schalk: „Sie freuen sich nicht über Gebühr. Kommen Sie jedenfalls heraus und führen Sie den Protektor Heydrich zu dem Protektor Neurath!"

Geheimrat Rumfutsch: „Leider unmöglich, Herr von Neurath hat eine Unterredung."

Oberst Schalk: „Wichtiger als mit seinem Nachfolger?"

Geheimrat Rumfutsch: „Das habe ich nicht zu entscheiden. Der Besucher ist ein tschechischer Gelehrter."

Oberst Schalk: „Ach so! Sie haben gewiß aus Ihrem Fenster beobachtet, daß der neue Herr sich wirksam einführte. Wie drunten im Burghof, kann es auch hier oben zugehen."

Geheimrat Rumfutsch, weniger forsch als bisher: „Es muß etwas geschehen." Er zögert, bevor er sich entschließt: „Unterhalten wir den neuen, bis der alte für ihn Zeit hat!"

Oberst Schalk: „Sind Sie unterhaltend genug?"

Geheimrat Rumfutsch: „Oh, nicht ich. Die Lage erfordert drastische Mittel."

Oberst Schalk: „Gewagte?"

Geheimrat Rumfutsch: „Kommen Sie!"

Die beiden Herren suchen mehrere Seitengänge ab, in einem entlegenen finden sie den verirrten Protektor.

Geheimrat Rumfutsch: „Habe die Ehre, mich Eurer Exzellenz vorzustellen, Geheimrat Rumfutsch, Kanzler des Herrn Protektors von Böhmen-Mähren."

Heydrich: „Sie sind zu bescheiden, ich kenne Sie, und schätze Sie nicht."

Geheimrat Rumfutsch: „Meine Ergebenheit für die einzigartige Persönlichkeit Eurer Exzellenz wird von niemandem übertroffen." Er zwinkert: „Manche, Ihrem Vorgänger verdankte Einrichtung wird bei Eurer Exzellenz das höchste Staunen erregen."

Heydrich: „Das wäre?"

Geheimrat Rumfutsch: „Die letzte Tür, bitte. Herr von Neurath hat es nötig befunden, Arbeitsräume für eingeborene Frauen zu eröffnen."

Heydrich: „Tschechinnen? In der Burg?"

Geheimrat Rumfutsch, öffnet die Tür: „Der Augenschein erlaubt leider keinen Zweifel."

7

In dem Saal, den die drei Herren betreten, sind Frauen mit der Anfertigung von Trikotagen beschäftigt.

Oberst Schalk: „Scheinbar stricken sie."

Heydrich: „Ich verstehe, der Harem meines Vorgängers. Das kommt zum Übrigen. Der eingerissene Zustand spottet der Beschreibung, ich werde ihn trotzdem zu beschreiben wissen." Nach Geheimrat Rumfutsch umgewendet: „Ihr Exprotektor kann sich auf etwas gefaßt machen."

Geheimrat Rumfutsch, hat sich hinausgeschlichen: „Gestatten Exzellenz, daß ich ihn schonend vorbereite." Er drückt hinter sich die Tür zu.

Oberst Schalk, hat sich bei der Aufseherin erkundigt: „Melde gehorsamst, daß der Scharfblick Eurer Exzellenz untrüglich ist. Die Frauen arbeiten für die russische Front."

Heydrich: „Meine traumwandlerische Sicherheit führt mich beim ersten Schritt an einen Mittelpunkt des Hochverrats." Er schmettert den Arbeiterinnen entgegen: „Den Russen strickt ihr wollene Jacken!"

Verwunderte oder ironische Seitenblicke, aber keine Antwort.

Oberst Schalk: „Eure Exzellenz nehmen richtig an, daß dieses Volk lieber für die Russen stricken würde. Wohl oder übel strickt es für uns."

Heydrich, bemerkt Ironie, sogar bei seinem Adjutanten. Er hilft sich aus der Verlegenheit mit einem Gewaltstreich. Er schmettert: „Ausziehen!“

Das Verhalten der Frauen wird unverkennbar, sie nehmen den furchtbaren Herrn komisch.

Oberst Schalk, möchte das Unglück aufhalten: „Eure Exzellenz beliebten zu befehlen, daß die Frauen ihre Sachen packen und verschwinden. Zweifellos richtig, wenn ein Skandal vermieden werden soll.“

Heydrich: „Ich sagte „Ausziehen“. Die Weiber werden mir ihre Nationaltänze vorführen. Alle wilden Völkerschaften haben Nationaltänze.“

Oberst Schalk: „Ich bewundere die folkloristischen Erfahrungen des Protektors.“ Vorsichtig: „Auch, daß er die Würde seines hohen Amtes mit beispielloser Strenge wahrt.“

Heydrich: „Hüten Sie sich, wenn ich furchtbar werde! Sie haben meinen Befehl gehört. Ich warte.“

Oberst Schalk, für die Aufseherin: „Der Herr Protektor wünscht den Volkscharakter zu studieren. Daher sollen die Arbeiterinnen tanzen, ohne störende Bekleidung natürlich.“

Die Aufseherin, erklärt den Arbeiterinnen: „Der Deutsche will, daß ihr euch nackt auszieht.“

Die Frauen hatten schon vorher verstanden, sie sehen jetzt, daß sie gehorchen müssen. Sie tun es sachlich, wie eine ihrer Pflichten. Wer einen Teil seiner Bekleidung abgelegt hat, erkundigt sich mit einem Blick bei Oberst Schalk, ob es genug ist.

Oberst Schalk, erkundigt sich: „Exzellenz befehlen eine kleine Pause?“

Die Aufseherin, wendet sich nur an Oberst Schalk, ihr Ton ist neutral: „Soll ich den Arbeiterinnen sagen, daß der Scherz zu Ende ist?“

Heydrich: „Scherzen, ich? Dies Protektorat wird nicht lange brauchen, bis es eines besseren belehrt ist.“ Er beachtet die Frauen nicht mehr und vergißt sie.

Die Frauen verlangsamen ihre Bewegungen, sie bleiben halb angekleidet.

Die Aufseherin warnt sie im Tonfall völliger Gleichgültigkeit: „Gebt acht, Mädeln, daß ihr nicht wie die Studenten drei Tage auf dem Gehsteig liegen müßt! Wie ihr dann aussehen werdet, ist alles eins, ob Kleider oder keine.“

Heydrich, stelzt hin und her. Er spricht für Oberst Schalk, noch mehr für sich: „Die sieben Studenten auf dem Gehsteig haben mir gefallen, sonst gar nichts. In Brünn sollen Studenten sein, hoffentlich noch anderswo. Ich bin entschlossen, Revolten überall blutig niederzuschlagen." Er erinnert sich der Arbeiterinnen, er schmettert: „Ausziehen!"

Oberst Schalk: „Melde gehorsamst, Exzellenz. Ich auch?"

8

Arbeitszimmer des bisherigen Protektors Konstantin von Neurath. Bei ihm ist der Sektionschef im tschechischen Ministerium, Professor Napil.

Professor Napil: „Ich versuche auf Ihrem Gesicht zu lesen, meine Augen lassen nach. Dennoch würde ich jederzeit bezeugen, daß die Ermordung der Studenten auch Sie unvorbereitet und schmerzlich getroffen hat."

Neurath: „Sie irren, Professor Napil. Sie irren zweifach. Die Aufständischen sind nicht ermordet, sie verdienten die schwerste Strafe."

Professor Napil: „Die nicht Sie verhängten. Ihren Schmerz um die jungen Leute leugnen Sie nicht."

Neurath: „Ich leugne ihn nicht, aber ich hätte mich mitschuldig gemacht, wenn ich das Verhängnis aufhielt."

Professor Napil: „Ihre Geheime Staatspolizei, ein Verhängnis! Sie ist es, und kann nur immer verhängnisvoller werden. Sie, Neurath, verlassen uns jetzt. Ihr Zurückweichen vor der Organisation, der Ihr Nachfolger angehört, war falsch, und Sie handelten vergeblich falsch."

Neurath: „Ich handelte meinen Wünschen entgegen. Hätte ich aber die Studentenrevolte unbestraft gelassen, morgen stände dieses ganze Volk auf, und unsere Vergeltung müßte unabsehbar sein."

Professor Napil: „Sie wären daran unbeteiligt. Sie wären abberufen, etwas ungnädiger als jetzt, aber Ihr Gewissen wäre rein."

Neurath: „In dieser Stellung verzeichne ich nur Mißerfolge. Den Frieden mit euch herzustellen – jeder Ausweg in den Frieden wurde mir verlegt durch den bösen Willen – eurerseits, nur eurerseits, wie ich betone."

Professor Napil: „Denn unmöglich können Sie die Bosheit auf einer anderen Seite suchen. Ihr Nachfolger, der Gestapomann, genießt den Ruf, daß er den Frieden hierzulande aufbauen wird, in der Form von Galgen."

Neurath: „Die Kritik meines Nachfolgers muß ich mir verbitten. Auf einen Neurath folgt ein Heydrich, weil –." Er sucht. Er hat gefunden: „Weil der Führer immer recht hat."

Professor Napil: „Auch hier unter vier Augen?"

Neurath: „Ich bin ein Deutscher."

Professor Napil: „Daher zur Raserei verpflichtet. Ich bedaure meine armen Landsleute mehr als die Ihren. Sie persönlich haben mein Mitgefühl."

Neurath: „Wenig Ursache, lieber Napil."

Professor Napil: „Für Sie, den gebildeten Mann, war es keine Kleinigkeit, unsere Prager Universität zu schließen. Die Demonstrationen der jungen Leute konnten natürlich nur zunehmen."

Neurath, schweigt.

Professor Napil: „Nachher gestanden Sie ein, was Sie anders nicht zugeben durften, Sie besuchten meine privaten Vorlesungen."

Neurath: „Was war noch zu verlieren?"

Professor Napil: „In der Tat. Die erste dieser Kleinigkeiten bedingt schon die nächste. Als Sie, Neurath, mir verboten, unsere volkstümlichste Oper zu spielen."

Neurath: „Und als Sie, Napil, die Leitung des Nationaltheaters niederlegten."

Professor Napil: „Da begann eigentlich der Schrecken. Oh! es erscheint unbedeutend, eine Oper zu verbieten. Die Leute werden von der Bühne nicht länger hören, was in ihren Herzen klingt. Die Kinder kann man ohne sichtbaren Nachteil anhalten, das Abc in einer fremden Aussprache herzusagen. Mit ungeheurer Folgerichtigkeit aber werden eines Tages die nackten Getöteten daliegen, und unseren Frauen wird handgreiflich bewiesen, daß sie das Abc deutsch aufsagen, nein, daß sie in das Blut steigen müssen!"

Neurath: „Als vorhin die Nachricht eintraf, sahen Sie mich erschüttert. Meine ganze Erschütterung sahen Sie nicht!"

Professor Napil, senkt die Stirn: „Wir werden uns nie wiedersehn. Wir achteten einander."

Neurath geleitet ihn nach dem Ausgang hinter der Bibliothek, sie ist zu einem großen Teil schon in Kisten verpackt.

Professor Napil, reicht zum Abschied die Hand.

Neurath, nimmt sie noch nicht: „Was ich für euch tun kann, ist euch zu warnen. Alle eure Intellektuellen mögen sich hüten, auf sie ist es abgesehen."

Professor Napil: „Ich versichere –."

Neurath: „Ersparen Sie sich die Unwahrheit, sie ist unserer nicht würdig. Auf die Stunde, eure Waffen auszugraben, wartet dieses ganze Volk, den Intellektuellen aber gehört sein Vertrauen. Die Tschechen legen zuviel Wert auf das Wissen – eine unzeitgemäße Nation, mit ihren Denkern, die gezählt, gezeichnet sind und auf Todeslisten stehen."

Professor Napil: „Der uns rächen soll, ist vielleicht auch schon vom Schicksal ernannt."

Neurath: „Warum denn sterben? Gewöhnt eurem Volk die Ehrfurcht ab! Macht euch ihm verächtlich, verratet es! Das ist die einzige Wohltat, die ihr ihm erweisen könnt."

Professor Napil: „Wie bitter müssen Sie scheiden! Ich gehe getrost durch meine dunkle Tür. Welcher unbekannte Wagehals tritt statt meiner herein?"

Sie geben einander die Hand.

9

Neurath, wieder in seinem Arbeitszimmer. Er sieht sich um, von den fortgeräumten Gegenständen ist nur Staub übrig.

Neurath, spricht in den Apparat: „Geheimrat Rumfutsch, bitte."

Geheimrat Rumfutsch, ist sogleich da: „Verzeihung, Exzellenz, der neue Herr Protektor wird ungeduldig."

Neurath: „Bringen Sie etwas hierher zurück, vertrauliche Akten, die ich Herrn Heydrich übergeben kann."

Geheimrat Rumfutsch: „Wenn Sie mir glauben wollen, Herr Heydrich ist nicht in der Laune."

Neurath: „Kennen Sie meine Laune?"

Geheimrat Rumfutsch: „So peinlich die Meldung mir ist, der neue Herr Protektor verlangt, daß Sie ihn abholen."

Neurath: „Wo?"

Geheimrat Rumfutsch: „Ich darf Eure Exzellenz dorthin führen."

Neurath: „Ich könnte nein sagen. Aber die Situation ist heiter, ich sage ja."

Geheimrat Rumfutsch: „Mit jedem Augenblick werden Exzellenz die Situation heiterer finden."

10

Der Arbeitssaal der Strickerinnen.

Geheimrat Rumfutsch läßt Herrn von Neurath ein, er selbst bleibt vorsichtig draußen.

Oberst Schalk, benutzt die Gelegenheit, zusammen mit Geheimrat Rumfutsch verschwindet er.

Heydrich, sitzt rittlings auf einem Stuhl, vor Gruppen mehr oder weniger entkleideter Frauen, die lebende Bilder stellen oder tanzen. Heydrich leitet die Vorführung mit seinem Revolver.

Neurath: „Zufällig komme ich vorbei."

Heydrich, bleibt sitzen: „Endlich, wollen Sie sagen."

Neurath, Blick auf die Veranstaltung: „Man kann das witzig nennen. Mir scheint es traurig."

Heydrich: „Ich beabsichtige nicht Humor, sondern Belehrung. Vor Ihrer Abreise werfen Sie einen Blick in das landesübliche Tierleben."

Neurath läßt ihn reden.

Heydrich: „Geistig angesteckt, wie Sie von früher her sind, lassen Sie sich von so einem Intellektuellen anlügen und radebrechen tschechisch. Mich kostet es höchstens einen Schuß an die Zimmerdecke, und alles liegt platt am Boden. Soweit die Körperteile nicht rund sind."

Neurath: „Wer sind Sie eigentlich?"

Heydrich: „Drollige Frage."

Neurath: „Bei mir führt man sich ein."

Heydrich: „Tu ich. Mit Tanz und Gesang." Er steht auf. „Stelle mich Eurer Exzellenz als den Protektor von Böhmen-Mähren vor. Sie – sind es gewesen."

Neurath, geht vor Heydrich aus der Tür: „Auch Sie, Exzellenz, werden es bald gewesen sein."

Heydrich: „Sie zweifeln, daß Großdeutschland ewig dauert."

Neurath, auf dem Wege nach seinem Arbeitszimmer: „Sie sollten handeln, als ob es ewig dauert. In Wirklichkeit handeln Sie wie ein Deutscher, der sich nicht ernst nähme."

Heydrich: „Ich verwahre mich ganz entschieden gegen die unerhörte Herausforderung. Wenn Sie noch in dem geeigneten Alter wären, würde ich Ihnen antworten wie dem Feldmarschall Rommel."

Neurath: „Wie antworteten Sie ihm?"

Heydrich: „Als Rommel noch Türhüter beim Führer war, wollte er mich nicht reinlassen. Ich gab ihm einen Fußtritt, meinen berühmten Fußtritt, der Anfang meiner Erfolge."

11

Im Zimmer Neuraths wird das Gespräch fortgesetzt.

Neurath: „Ich gebe zu, daß eine jüngere Kraft als die meine hier gebraucht wird. Übrigens sehe jeder, wie er's treibe."

Heydrich: „Und wer steht, daß er nicht falle. Sie haben es hier getrieben, bis Sie gefallen sind."

Neurath: „Man kann noch anders fallen. Ich habe Ihnen die Geschäfte zu übergeben. Das Hauptgeschäft in diesem Lande ist, eine besonders reizbare Nation nach Möglichkeit zu schonen."

Heydrich: „Nation nennen Sie das? Und schonen wollen Sie das!"

Neurath: „So schonen Sie Deutschland und den deutschen Namen! Ihrer Jugend sehe ich vieles nach. Unter diesen Fenstern ist allerdings selten ein auffallender Lärm gewesen, wie bei Ihrer Ankunft."

Heydrich: „Es kommt noch besser!"

Neurath: „Ihr Auftritt mit der deutschen Mannschaft! Die vergißt auch nichts."

Heydrich: „Mir ganz ergeben! Ich erlaube ihr einfach zu plündern."

Neurath: „In Prag?"

Heydrich: „Warum nicht. Aber ich denke besonders an Brünn, wo ein Aufstand gärt."

Neurath: „Mir neu."

Heydrich: „Wie die ganze Regierungstechnik. Einen Aufstand bringt man zum Gären, wenn man ihn braucht. Verstanden?"

Neurath: „Sie forcieren Ihr Talent. Die Szene der entkleideten Tänzerinnen wird schon heute durch die Stadt getragen werden."

Heydrich: „Ich bin stolz darauf."

Neurath: „Auch auf Ihr Debüt in Lidice werden Sie sich etwas einbilden."

Heydrich: „Wenigstens haben Sie einen Spionagedienst, wenn auch nur gegen die Vertrauensperson des Führers."

Neurath schweigt.

Heydrich: „Mit Mühe verkneife ich es mir, Sie einen Verräter zu nennen. Sie haben die Tschechen wie eine Nation behandelt; das sind einfach verkommene Deutsche. Sie sollen nicht versöhnt werden, sondern umgeschult – oder aufgehängt und erschossen. Studenten, Professoren, Intellektuelle überhaupt dürfen nur als nackte Leichen vorkommen. Das haben Sie zu spät begriffen."

Neurath: „Ich übernehme die Verantwortung für die Hinrichtungen."

Heydrich: „Ein alter liberaler Beamter wie Sie, schließt schweren Herzens die tschechische Universität; dann geht er selbst zu den privaten Vorlesungen der Staatsfeinde. Die Intellektuellen sind Abfallprodukte."

Neurath: „Sehr richtig – Herr Doktor."

Heydrich: „Ich bin stolz darauf, daß ich beim Examen durchfiel.“

Neurath: „Ein verkrachter Kandidat sind Sie geblieben.“

Heydrich: „Und herrlich jung!“

Neurath: „Meinen Sie. Aber Sie haben nur ein Gesicht ohne Alter, und eine Maske unbekannter Herkunft, aber sehr in Mode. Sie kommt jetzt so häufig vor, daß man sie wohl nachahmen kann.“

Heydrich: „Bei Ihnen lohnt sich das kaum. Sie können abgehen.“

Neurath: „Legen Sie Wert darauf, daß ich Ihnen die Geschäfte übergebe?“

Heydrich: „Nicht den geringsten.“

Neurath: „Das dachte ich mir.“

Heydrich: „Mir genügt meine unfehlbare Intuition. Die Geschäfte sind das Geld der Tschechen. Das beste Geschäft ist, sie auszurotten. Ich kenne meinen Weg.“

Neurath: „Auch sein Ende?“

Heydrich: „Er hat kein Ende. Es verschwimmt im Licht der Gestirne.“

Neurath: „So weit weg? Wenn Sie nicht abergläubisch wären, würden Sie die nahe gelegenen Orte beachten, zum Beispiel Lidice.“

12

Das Wirtshaus im Dorf Lidice.

Es ist noch derselbe Sonntag, am Abend haben besonders viele Einwohner sich versammelt. Die Bergarbeiter und die Kleinbürger sitzen an denselben Tischen beim Bier. Einige haben ihre Frauen oder Bräute mitgebracht, nicht aber Pavel Ondracek.

Die beiden Ondracek Vater und Sohn nehmen den Platz beim Ofen ein, die anderen Tische stoßen im Winkel an den ihren.

Zu beiden Seiten des Ofens hängen Bilder, ein Marienbild und eines, das gegen die Wand gekehrt ist.

Franticek Eger hält die Mitte, zusammen mit dem Gendarmen, der ihn heute morgen hatte auf das Rad steigen lassen. Die beiden sind nicht gerade ausgesondert, aber man behält sie im Auge.

Ein Bergarbeiter: „Der Subdirektor Matuschka ist, hör ich, verrückt geworden."

Ein anderer: „Heute auf den Schlag Mittag hat er den Verstand verloren."

Der dritte: „Am Sonntag braucht er keinen Verstand, der Subdirektor. Erst Montag punkt acht Uhr muß er ihn wiederhaben."

Der vierte: „Das möcht ihm auch nicht helfen, denn sie haben ihn schon abgeliefert."

Der fünfte: „Dahin kommt es mit einem zornmütigen Subdirektor. Immer hat er getobt und geschrien; ihm war es nie genug, was wir Kohlen förderten."

Der erste: „Der Matuschka hat aber gesoffen."

Der fünfte: „Von seiner großen Macht über die Leute war er besoffen."

Der zweite: „Das ist ungesund."

Der dritte: „Es muß ein hübsches Gefühl sein, so umherfahren und jedesmal anhalten, wenn mir die Lust kommt, arme Tschechen anzubrüllen und niederzuschlagen."

Der vierte: „Was sagst du da, in dieser Art hat der Subdirektor es getrieben?"

Der fünfte: „Seht ihr, dafür ist er jetzt zu den Narren abgeliefert."

Der erste: „Auch ein Subdirektor muß achtgeben auf die Gesundheit."

Franticek Eger: „Herr Gendarm, entweder sind wir beide blöd, oder hier fallen hochverräterische Anspielungen."

Der Gendarm: „Ich bitt mir's aus, Sie allein sind blöd."

Franticek Eger: „Daß ich auch immer falsch versteh! Es ist ein Geburtsfehler."

Der Gendarm, trinkt aus und steht auf: „Kehrt nur ruhig das Bild wieder auf die richtige Seite, ich seh es ja nicht." Er verläßt die Gaststube.

Pavel Ondracek, hebt das Bild ab und dreht es um, das ernste Gesicht des Präsidenten Masaryk blickt auf die Versammlung nieder.

Bei den Kleinbürgern sagt der Kaufmann: „Der ist viel über achtzig gewesen, als wir ihn verloren."

Der Schneider: „Der Präsident Befreier hat so lang gelebt, wie für unsere Republik noch Hoffnung war.“

Der Schreiner: „Wir haben damals noch nicht bemerkt, daß es schlimm stand.“

Der Schneider: „Er. aber, er hat's vorhergewußt, ist ungern von uns gegangen.“

Der Kaufmann: „Damit einer so weise wird, muß er alle Bücher kennen, muß Doktor und Professor sein.“

Der Schneider: „Und ein Herz muß er haben für alle Armen, Ungelehrten.“

Pavel, macht Platz für den Arzt, der eingetreten ist: „Doktor Holar, ist das Herz noch mehr als eine Pumpe?“

Doktor Holar: „Die Meinung unserer Mitbürger scheint mir zu sein, daß großes Wissen über die Menschen erst das wahre Mitgefühl mit ihnen ergibt.“

Pavel: „Wer aber das Notwendige erkennt und es tut, damit in der Republik weniger Unglück sei, denkt er an die Menschen? Oder will er, daß seiner eigenen Vernunft gedient sei?“

Doktor Holar, hinauf zu dem Bildnis: „Ihn können wir nichts fragen.“

13

Alle haben stumm hingehört, was die beiden Studierten sprechen.

Jaroslav Ondracek, für die benachbarte Gruppe: „Mein Junge redet klüger, als er bis jetzt sein kann. Die Prüfung kommt nach dem Lernen.“

Doktor Holar: „Die Prüfungen, die uns heute zugemutet werden, machen aus uns, ich weiß nicht was. Erwachte ich morgen mit einem fremden Gesicht, mich sollte es nicht wundern.“

Jaroslav, erschrickt: „Fremdes Gesicht!“

Pavel: „Aus mir wird nichts, ich habe noch nicht einmal das Staatsexamen.“

Jaroslav: „Nur die Deutschen müssen fort, und du bestehst es.“

Der Barbier: „Wer fort muß, das hab ich in meinem Laden gehört, heute nach dem hohen Besuch. Siebenundzwanzig Kunden sagten mir's siebenundzwanzigmal, genau gezählt.“

Der Schneider: „Schön was von staatsverräterischer Gesinnung wirst du in deinem Laden gehört haben."

Der Barbier: „Genug für siebenundzwanzig mal siebenundzwanzig Jahre Konzentrationslager und zwangsweise Verschickung nach deutschen Waffenfabriken."

Mehrere: „Pst!"

Ein Bergarbeiter: „Immer beim Barbier, dort öffnet man das Maul."

Ein anderer: „Weil sie das Gesicht voll Seife und die Augen geschlossen haben, glauben sie, man hört's nicht."

Der dritte: „Hier dagegen achtet jeder auf den anderen."

Der vierte: „Vor allem wir."

Der fünfte: „Müssen wir nicht? Von uns Bergarbeitern sind viele verschleppt, und Fremde haben wir bekommen, die passen auf."

Der erste: „Obwohl sie selbst keine echten Deutschen sind."

Franticek Eger rückt nahe zu ihnen: „Hat heut am Morgen keiner von euch eine Handgranate gehabt?"

Der fünfte Bergarbeiter: „Sieh in meinen Taschen nach!"

Franticek Eger: „Mir hat nur die Handgranate gefehlt. Der Heydrich war mir nicht entkommen, mir nicht."

Der zweite Bergarbeiter: „Wen meint er?"

Der dritte: „Der Eger hat am lautesten Heil Hitler gerufen."

Franticek Eger: „Schlau muß man sein."

Jaroslav Ondracek: „Wenn du schlau bist, Franticek, machst du, daß du nach Haus und ins Bett kommst."

Franticek Eger, will nichts gehört haben: „Dem alten Protektor Neurath hab ich einen Streich gespielt, wie er durch Lidice gefahren ist. „Exzellenz!" hab ich gerufen. „Nicht weiter! Straße ist unterminiert, werden Sie in die Luft fliegen.""

Doktor Holar: „War denn die Straße unterminiert?"

Franticek Eger: „Keine Spur. War er aber ausgestiegen, hätt ich ihn erwürgt."

Doktor Holar, für Pavel: „Auch ein interessanter Fall." In diesem Augenblick sieht er die Veränderung, die mit Pavel vorgeht.

Pavel bekommt stufenweise ein krankhaft böses Gesicht. Seine Augen werden verkniffen und unheimlich, die Wangen verlängern sich, in die kurze Stirn fällt die Schmachtlocke, die krumme Nase senkt sich über die schlaffen Lippen. Der Hals ist eingezogen, die Haltung der Schultern lauernd und geduckt.

Jaroslav, untröstlich: „Die Fratze!"

Doktor Holar: „Macht er sie nicht das erste Mal?"

Jaroslav: „O nein. Doktor Holar, sagen Sie ihm, was er tut!"

Doktor Holar: „Trösten Sie sich, er weiß es."

Einige sind erschrocken und zurückgewichen. Andere beobachten gespannt.

Ein Bergarbeiter: „Genau wie heute am Vormittag."

Ein anderer: „Aber es ist noch besser geworden."

Der dritte: „Verteufelter Pavel!"

Der vierte: „Ich weiß nicht, wen er vorstellt." Er sagt es für Franticek Eger, der auf Pavel starrt.

Der fünfte: „Ein Echo hat auch niemand gehört am Vormittag, nur die Deutschen."

Pavel, mit der Stimme Heydrichs: „Ihr seid unverbesserliche Staatsfeinde, ich erkenne euch mit traumwandlerischer Sicherheit. Mein Subdirektor Matuschka sitzt im Irrenhaus, weil er euch auf der Spur war, ihr hattet euch verschworen, den Schacht zu ersäufen."

Ein Bergarbeiter spielt mit, obwohl er sich fürchtet: „Exzellenz, bittschön, von dem Schacht leben unsere Frauen und Kinder."

Pavel: „Ihr Tschechen haßt fanatisch wie nur Untermenschen. Die Arbeiter der Skodawerke sprengen sich selbst in die Luft."

Franticek Eger, schreit unbändig: „Recht haben sie!"

Pavel, gegen Franticek Eger: „Niederschlagen! Aufhängen! Ins Lager bringen!" Er spricht kalt und genußsüchtig.

Der Lehrer ist soeben eingetreten: „Wer ist denn das? Doch nicht der Pavel Ondracek."

Franticek Eger: „Haben Sie keine Augen, Schulmeister? Das ist der Protektor, daß Sie ihn auch einmal kennen lernen! Heut am Vormittag war's der falsche, da sitzt der echte!“

Er ist zwischen den Schultern und Armen, die ihn zurückhalten wollen, auf den Tisch gesprungen, sogleich wird er über Pavel herfallen.

Der Lehrer, ein kräftiger Sechziger, holt ihn herunter: „Ist das ein Spaß, von wem dann? Den Pavel Ondracek hab ich das Abc gelehrt, Dummheiten verübte er schon damals selten, Verrätereien gar nicht.“

Franticek Eger ringt, aus den Fäusten des Lehrers loszukommen: „Ich soll ein Verräter sein, ich? Ein Deutschböhme bin ich.“

Der Schneider: „Er sagt es selbst.“

Franticek Eger: „Wir Deutschböhmen haben es von dem Feind ganz anders erfahren. Uns betrügt man nicht zum zweiten Mal. Jetzt, da hockt er, wartet nur auf mein langes Messer.“

Er hat einen Arm frei und scheint mit der erhobenen Faust ein eingebildetes Messer zu schwingen.

Der Schreiner: „Wo ist dein langes Messer? Lange Ohren hast du böser Bube, und bist ein Spitzel.“

Der Barbier ruft den Lehrer an: „Nicht loslassen, Herr Mancal! Ihr Bruder der Kaplan möcht um die verlorene Seele beten, aber festhalten tät er ihn.“

Der Lehrer: „Er wird schon matt.“

Einige lachen erleichtert.

Pavel: „Das Verhör ist für heute beendet. Abführen, den Angeklagten!“

Das Gelächter greift um sich.

Pavel, läßt die Maske fallen: „Wenn ihr lacht, war's schlecht. Nicht furchtbar genug.“

Doktor Holar: „Zu furchtbar, Kollege Ondracek. Das glaubt man Ihnen nicht.“

Jaroslav: „Er ist kein Schauspieler.“

Pavel, nachdenklich: „Aber der Heydrich ist ein Schauspieler, deshalb sollte man ihn kopieren können.“

Franticek Eger, setzt sich auf seinen vereinsamten Platz unweit der Tür: „Ich hab es ihm geglaubt. Der Kluge bin ich allein, und der Protektor ist dieser." Er hält die Kellnerin am Kleid zurück: „Weißt du schon, Mädchen, der Herr Protektor beehrt uns heute das zweite Mal, er gibt sich für den Pavel Ondracek aus."

Die Kellnerin: „Schön gibt er sich aus. Du machst uns weis, du wärst der Franticek Eger."

Franticek Eger: „Dir will ich mich anvertrauen, Schönheit, ich bin ein geheimer Agent, ein ganz geheimer."

Die Kellnerin: „Der Deutschen."

Franticek Eger: „Von wem, das sag ich nicht. Wenn du aber hören wirst, den Protektor hat's erwischt, so denk an mich, den heimlosen Knecht, den alle verachten."

Die Kellnerin: „Mach dich nicht so klein, du bist nicht so groß."

Sie geht weiter, hinter ihr stiehlt Franticek Eger sich hinaus.

14

Bei den Ondracek und den anliegenden Tischen wird leise verhandelt.

Ein Bergarbeiter: „So gut hab ich lange nicht mehr gelacht."

Ein anderer: „Ganz bleich sahst du aus."

Der dritte: „Du nicht?"

Der vierte: „Wir alle, aber es bleibt eine grausige Erheiterung."

Der fünfte: „Ein Spaß muß recht furchtbar sein, dann wird er erst zum Lachen."

Der erste: „Solang man uns nicht aufhängt."

Pavel, aus seinem Gespräch mit Doktor Holar: „Wer wird euch schon aufhängen. Seid vernünftig!"

Viele lachen.

Jaroslav, betrübt: „Sie lachen dich aus, Pavel. Denn vernünftig – du warst es immer, nur gerade hierbei nicht."

Der Lehrer: „Ihr Sohn, Herr Ondracek, wird sich etwas denken, er hat sich oftmals mehr als die anderen gedacht."

Pavel: „Ich denke mir gar nichts, wenn das die Sache schlimmer macht."

Doktor Holar: „Sie üben Ihre Maske ohne Zweck und Vorsatz. Dem Talent, das keinen Ehrgeiz hat, steht nichts im Wege, weder fremder Neid noch eigene Schüchternheit."

Pavel: „Sie geben mir zu verstehen, daß ich ein Idiot bin."

Doktor Holar: „Wenn ich Sie sonst nicht kennte. Übrigens liest man von erfinderischen Genies, die, allerdings in jüngeren Jahren als Sie, alle Merkmale der Minderwertigkeit zeigten."

Pavel: „Herzlichen Dank."

Doktor Holar: „Ich erlaubte mir einen schlechten Scherz, nach Ihrem vorzüglichen."

Der Schneider, hat sich mit seinen Freunden besprochen: „Lustig, was kann's kosten. Ich fertige dem jungen Herrn eine schöne schwarze Uniform, soll nichts kosten. Kommt er in dem Kleid daher, wird er alle täuschen."

Jaroslav: „Das könnte sehr viel kosten."

Pavel: „Ich, jemanden täuschen?"

Der Lehrer: „Der hat sich nie verstellt. Ein neues Gesicht, wenn er es hätte, macht noch keinen Protektor."

Doktor Holar: „Wie es bei uns jetzt zugeht, hätte ich selbst mich nicht gewundert, daß ich mit einem neuen Gesicht aufwache."

Der Schneider, von seinen Freunden ermutigt: „Sagen Sie ja, Pavel! Nur, daß wir unsere Schande rächen mit einem Jux."

Alle Angeheiterten trinken Pavel zu: „Vergilt ihnen, Pavel, mit einem Jux!"

Jaroslav: „Daraus kann mehr entstehen, als ihr denkt. Nachher sprecht ihr, „ach, Pavel, hättest du uns nie gerächt!""

Pavel: „Ein neues Gesicht – gibt mir niemand. Ihr seht nur überall den Heydrich."

Der Schreiner: „Franticek Eger glaubt sogar, Pavel und Heydrich wären eins."

Pavel: „Ihr habt wohl vergessen, daß ich blond bin, und unser neuer Protektor hat dunkle Haare, wie unser Führer Hitler und wie alle Deutschen."

Der Barbier: „Seit meiner Lehrzeit kann ich Perücken machen. Die letzte war für den Subdirektor Matuschka."

Ein Bergarbeiter: „Der ist verrückt geworden."

Pavel: „Sehr richtig, und ich hab ein harmloses Gemüt. Die böse Fratze muß ich ins Komische ziehen, ihr alle habt mich ausgelacht."

Der Barbier: „Mit meiner Perücke gibt's keinen Spott mehr!"

Jaroslav: „Mein Sohn Pavel ist ein tüchtiger Mediziner. Hab ich recht, Doktor Holar?"

Doktor Holar: „Er ist tüchtig und ist gütig, beides zusammen macht den Arzt."

Jaroslav: „Aber es macht nicht den Helden."

Überzeugte Stimmen: „Oh! ja."

Jaroslav, sehr gedämpft, aus Vertraulichkeit und Scham: „Andere Studenten haben deutsche Soldaten angegriffen, er nicht. Seine Freunde liegen in ihrem Blut, und er sitzt hier."

Der Lehrer: „Gut, daß wir ihn haben, aber in Sicherheit sind weder er noch wir."

Allgemeine Zustimmung.

Jaroslav, beschwörend: „Soll er jetzt als Heydrich über die Dorfstraße gehen, bis die Gestapo den armen Jungen abholt?"

Der Schneider, mit ausladenden Gesten, die ihn verständlich machen sollen: „Aber Herr Ondracek, das ist nicht vergleichbar."

Mehrere, bei den Kleinbürgern und Arbeitern, reden durcheinander.

Die Kellnerin wiederholt klar: „Das können Sie nicht vergleichen, Deutsche angreifen, das erlebt ein jeder noch. Aber einen Protektor machen!"

Der Lehrer: „Was das Mädchen spricht, wahrhaftig hab ich mir's schon gedacht."

Doktor Holar: „Nur nach dem Sinn frag ich bis jetzt vergebens."

Jaroslav: „Nicht wahr?"

Doktor Holar: „Pavel allein wird den Sinn kennen, obwohl er schweigt."

Jaroslav, legt die Hand auf den Arm Pavels. Verhaltener Stolz: „Die Taten müssen gut ausgehen, ihr Sinn stellt sich schon ein."

Beifall. Ein Bergarbeiter ruft Heil Hitler! Alle stimmen lärmend ein, der Lehrer und Doktor Holar mit verbissenen Gesichtern.

Plötzlich tritt Stille ein. Jaroslav hat den Kopf nach dem Bildnis über ihm erhoben.

Jaroslav: „Mir ist, als hörte er. Wir waren zu laut."

Der Schreiner: „Er hört uns nicht allein." Der Schreiner wendet den Hals nach dem Platz, wo Franticek Eger saß: „Da sind auch Spitzel mit langen Ohren."

Die Kellnerin: „Der ist lange fort. Wie, Herr Pavel? Wir beide haben achtgegeben, als der Eger sich drückte."

Pavel: „Freunde! Merkt's euch, unachtsam konspiriert man nicht."

Doktor Holar, nickt dem Vater Pavels zu: „Sehr merkwürdig, Ihr Sohn ist gleichzeitig abwesend und zugegen. Der verspricht."

Die Kellnerin war hinausgegangen, sie kehrt mit der Wirtin zurück.

Die Wirtin: „Der Eger schlich auf dem Flur umher, er wollte euch behorchen. So hab ich ihn in die Küche genommen und ihm zu essen gegeben."

Pavel: „Umsichtig, Frau Klepetar. Es muß wahr sein, wir Tschechen verstehen uns ohne Worte."

Die Wirtin: „Seid ihr fertig? Dann laß ich ihn laufen."

Pavel: „Wir sind fertig." Er steht auf und veranlaßt auch seinen Vater aufzustehen.

Die Wirtin: „Gleich bring ich selbst euch den Kaffee, auch Nußbeugerln, frisch gebacken."

Pavel: „Mein Alter und ich, wir müssen leider eilen. Sie verstehen."

Die Wirtin: „Ob ich verstehe." Sie geht hinaus.

Ein Bergarbeiter: „Frau Klepetar ist nicht die einzige."

Zustimmung.

Pavel: „Seht ihr.“ Er nimmt Jaroslav beim Arm: „Mein Alter war der Gescheite. Ich hätte den armen Narren –.“

Unterbrechungen: „Bösartig! Gefährlich!“

Pavel: „Wie ihr wollt. Ich hätt ihn längst schon fortgeschickt, dann wäre jetzt nichts zu machen mit ihm.“

Die Kellnerin: „Daß du ihn sicher verwahrst, Pavel!“

Der Lehrer: „Die Unschuld hat gesprochen.“

Ein anderer Bergarbeiter: „Wir werden nicht bemerken, daß einer verschwindet.“

Stummes Einverständnis der Versammlung.

Doktor Holar: „Denn geschehen ist ihm bestimmt nichts.“

Pavel und Jaroslav verlassen die Gaststube und das Wirtshaus.

15

Jaroslav und Pavel Ondracek verfolgen auf der dunklen Dorfstraße ihren Knecht Eger, der sich häufig umwendet. Sie nehmen Deckung, bis er weitergeht. Zeitweise läuft er. „Diesmal hat er Eile“, sagt Pavel. Der Vater meint: „Er hat uns gesehen.“ – „Telefonieren darf er trotzdem nicht“, sagt der Sohn. Er erklärt: „Das ist sein zweites Gespräch, seit der Protektor hier war. Einmal hat er nach Prag gemeldet, wie das zuging, mit Heydrich in Lidice.“

Jaroslav: „Wem hat er es gemeldet?“

Pavel: „Dem alten Protektor Neurath. Das ist nicht schlimm. Der glaubt, mit uns wäre friedlich auszukommen; wir könnten seine tschechischen Engelchen sein, und er der deutsche Herrgott, vorn und hinten die Gestapo.“

Jaroslav trabt schneller: „Mit dem Heydrich darf er nicht sprechen. Ihm erzählen, was für Gesichter du schneiden kannst, das fehlte noch. Ich wollte schon längst den Eger fortschicken.“

Pavel: „Nein, ich, und ich hatte unrecht.“

Jaroslav: „Jetzt kann ich ihm nur den Kragen umdrehen.“

Pavel: „Das täte schon die Lyda, wenn er zu Haus den Apparat benutzt. Aber er geht nicht auf den Hof; kommt wohl nie wieder."

Franticek Eger lenkt in den Feldweg nach dem Bergwerk. Langer Aufenthalt des Verfolgten in einem Graben, zur Täuschung der Verfolger.

Sie umgehen den Graben, sie sind früher als der Verräter beim Eingang des Bergwerks: sie verständigen sich unhörbar mit dem Aufseher, der tiefes Schweigen verspricht. Wer ein Tscheche und Patriot ist, kann schweigen.

Als Eger kommt, wird er abgefangen und an einen Stuhl gefesselt. Er soll eingestehen, wen und was er den Deutschen schon angegeben hat. Eger behauptet, daß er die Deutschen für ihr Geld betrügt, mit Fabeln von englischen Flugzeugen und Attentätern, die im Fallschirm niedergehen. Die Fremden sollen sich fürchten.

Jaroslav hat Pavel nach dem Wagen geschickt. Er versucht aus dem Deutschböhmen herauszubringen, daß er von Pavel und seinen Fratzen telefonisch Meldung erstatten wollte.

Franticek Eger: „Ich war betrunken, da sieht man überall den Heydrich."

Der Aufseher: „Hör, Franticek, auch wir könnten melden, wir wissen wohin, und noch heute nacht wirst du verschwunden sein, wird niemand wissen, wo."

Pavel tritt ein, mit Gesicht und Stimme des neuen Protektors. Eger schreit auf und verliert das Bewußtsein.

Die drei anderen kommen überein, daß der Mensch nicht gesund ist; man soll ihn nicht anzeigen, sondern verwahren.

Die beiden Ondracek bringen ihn in ihrem Marktwagen nach dem Hof.

Der Aufseher, beim Abschied, zu Pavel: „Da kannst du etwas Schönes. Geh als Grimassenschneider mit einem Wanderzirkus – nach Jugoslawien, dort führst du deine Glanznummer vor."

16

Alter Bauernhof, das Haus unübersichtlich durch Anbauten. Ein verfallener runder Turm. Grelles Mondlicht auf den Wiesen vorn, und hinten dunkler Wald.

Lyda steht in der Haustür. Sie hat erwartet, daß „sich etwas tut“. Sie geht darauf ein, den Eger zu verstecken, aber wo? In dem Turm: er ist innen eingestürzt, nur unten hält die Mauer noch.

Eger selbst muß eine hohe Leiter hineintragen und bis unter das Dach klettern.

Franticek Eger ist sanft und willig: „So hab ich es lieber. Dort oben gibt es kein Telefon, und nicht mehr die Versuchung, die mich so lange gequält hat. Ausgedachte Geschichten, die niemand glaubt, Unbekannten erzählen, wie konnt ich nur! Sogar den Führer hab ich schon anrufen wollen!“

Von dem oberen Turmzimmer hängt nur ein Rest des Fußbodens ins Leere. Der Gefangene bekommt Stroh als Lager, und die Leiter wird aus seiner Reichweite entfernt.

Der alte Jaroslav ist schlafen gegangen.

Pavel und Lyda mögen sich nicht trennen, sie stehen unter dem Turm.

Die Stimme Franticek Egers. von oben: „Da wart ich nun auf den Protektor, und eines Tages kommt er, sich meinen goldenen Ehrendolch besehen. Vom Reichsmarschall hab ich ihn und hab ihn selbst bronziert, ist nur die Spitze weg.“

Lyda und Pavel gelangen zu der Meinung, daß Eger völlig verrückt war.

Lyda: „Er weiß selbst nicht, will er die Leute denunzieren, oder sie ausrauben, wie ein Deutscher?“

Pavel: „Die meisten sind jetzt geneigt überzuschnappen. Das tun die Unsicherheit, die Wut, und weil so viele hergelaufene Lumpen bei uns die Herren sind. Ihre Rolle ist zu dankbar, wenigstens jetzt noch.“

Lyda, legt ihm ihre Hände auf die Schultern, fragt ihn nahe in die Augen: „Pavel, warum hast du das getan?“

Pavel: „Was?“

Lyda: „Du willst mir nicht antworten.“

Pavel: „Ich kann nicht. Nichts Neues, es kommt von selbst, du hast es gesehen.“ Er möchte scherzen: „Das Talent bricht aus. Aber lassen wir's! Vom Reden fühl ich wieder den – inneren Befehl. Dir hab ich versprochen, daß ich's nicht wieder tu.“

Lyda: „Du tatst es seitdem wieder. Ich kann nichts gegen deinen – inneren Befehl. Liebst du mich denn?“

Sie sind vor dem Haus im Mondlicht. Weite Wiesen, mit hingelagerten Kühen.

Pavel: „Liebst du mich, ist alles gut. Ich werde brav sein."

Lyda: „Ein braver Gatte oder braver Tscheche? Je nachdem, tötet einer den Menschen, mit dem er dasselbe Gesicht hat."

Pavel: „Was sprichst du! Keinen Gedanken an Töten hatte ich. Einer, der als Heydrich ginge, müßte darum nicht töten. Viel eher, wer weiß, könnte er – retten."

Lyda: „Die Deutschen lehren uns nur töten. Diese Nacht war es dir selbst eingefallen. Liebster, wir müssen fliehen."

Pavel: „Mit einem Wanderzirkus nach Jugoslawien! Dort darf ich meine Grimassen schneiden." Immer lustiger: „Die Leute freut es. Der Dorfschneider fertigt mir zum Vergnügen den Anzug. Aus Freundschaft klebt der Barbier die Perücke."

Lyda: „Schrecklich, wie das alles dich glücklich macht! Wirst du je bei mir so glücklich sein?"

Pavel, ganz ernst: „Was wäre denn im Wege? Mein Alles, Lyda, bist du, und ich sehe in meiner Zukunft gar nichts, nur dich. Du, auf dem Hof, du, so umarme ich dich, und an deiner Schürze hängen unsere Kinder."

Lyda: „Ich sehe mehr. Dein bin ich, und will mit dir haben, was du unbekannt noch in dir trägst."

17

An der Landstraße zwischen Lidice und Prag, ein Schuppen, wo mehrere Personen auf den Autocar warten.

Einer von ihnen: „Ein gutmütiger Herr, trinkt einfach mit den Leuten sein Pilsener."

Ein zweiter: „Leutselig auch, er fragt den Kindern die neueste deutsche Landkarte ab. Als ob sie ihm ein Märchen hersagen sollen."

Eine Frau: „Man tut es, man darf ihn nicht reizen, alsbald käme der Deutsche zum Vorschein."

Ein freundlicher Alter: „Was will aber der einzelne Mann gegen uns alle machen? Im Notfall, hör ich, schlägt er sich auf das Knie, und aus dem Fußboden wächst die Gestapo."

Der Autocar legt an. Hinter dem Schuppen tritt ein Mann hervor. Er ist im Regenmantel bis über den Kopf. Er läßt die Leute einsteigen. Die letzten erkennen ihn, entsetzt machen sie Platz; eine Verzögerung entsteht, der Wagenführer droht abzufahren. Ihm wird etwas zugeflüstert: er erstarrt.

Der Wagen ist fast ganz besetzt. Der Fremde geht auf einen freien Platz zu, während die Abfahrt verschoben ist, bis er sitzen wird. Er legt in ganzer Größe seinen Mantel ab. Die Uniform! Das Gesicht, das die Zeitungen gebracht haben! Er hat gemessene Bewegungen, über Neugier und Schrecken der Fahrgäste sieht er unbeteiligt hinweg.

Aus seiner Nähe flüchten alle. Sie stehen hinten eingekeilt. Pavel Ondracek unterdrückt die Genugtuung über den Erfolg seiner Maske. Mit der schneidenden Stimme, die er in der Rolle von selbst bekommt, befiehlt er: „Kinder und Mütter, sitzen bleiben!" Da niemand deutsch versteht, wiederholt er es tschechisch.

Die eingekeilten Fahrgäste verständigen sich insgeheim. Einer: „Ausgeschlossen, daß der hier ist, der ist in Brünn."

Ein anderer: „Er sitzt aber da."

Verständnisvoll blickt einer den anderen an.

Der Wagen rollt, unter tiefem Schweigen. Das Wort hat Pavel allein, und richtet es an die Kinder: „Wie heißen diese Weiler und Gehöfte? Wer wohnt da? Kennt ihr wohl das Dorf Lidice?"

Ein kleines Mädchen: „Dort wohnt der Pavel Ondracek."

Pavel: „Dort sind, hör ich, Leutchen, die mich kennenlernen möchten. Kann geschehen. Sagt mir, ihr unschuldigen Kleinen, was der Deutsche gewöhnlich im Sack mit sich führt. Einen Strick, zum Hängen? Ein Beil, ihr wißt wozu? Ich – habe Zuckerln für euch, und für mich die Zigarre. Im Wagen soll man nicht rauchen; mich aber schiert kein Verbot. Darum bin ich euer Herr, und ihr seid brave Kinder, mit Zuckerln im Maul."

Die eingekeilten Stehgäste hören Drohungen heraus.

Eine Frau: „Solche Kinderfreunde sind oft tückisch."

Der dürre Bauer: „Um das arme Volk zu ängstigen, macht er seine Ausflüge in das tschechische Land allein – hat aber gewiß seine Leibwächter überall am Weg versteckt."

Der Alte: „Nur Geduld bis zu der Ankunft in Prag! Wird das ein Glück sein!"

Mehrere fragen: „Was für ein Glück wird sein in Prag?"

Der Alte: „Wer mit zerbläutem Rücken davonkommt."

In Prag fährt der Wagen durch die Straße mit den entkleideten Toten. Niemand will sie bemerken.

Plötzlich wendet der Gefürchtete den anderen das Gesicht zu, überrascht ihre haßerfüllten Mienen, und spricht eiskalt.

Pavel: „Ich rate euch, eure Pfeifen anzuzünden, das Rauchen besänftigt die Gemüter." Furchtbarer Blick: „Ihr Tschechen seid ein sanftes Volk, eure Waffen habt ihr begraben, bis man euch selbst begräbt – nach hundert Jahren stillen Erduldens."

Die Angeredeten versuchen habtacht zu stehen.

Als er wegsieht, werden sie kleiner.

Zwei Männer vertrauen einander an: „Der Pavel Ondracek, dummer Kerl, den hier will er nachmachen! Wer spielt auch den leibhaftigen Teufel. Der ist nur einmal erfunden. Dieser Deutsche schenkt uns das Leben, damit wir um so länger ein Dreck sind!"

18

Ankunft auf dem Prager Altmarkt. Die Reisenden des Autocars wagen sich nicht zu rühren, bis ihr furchtbarer Mitreisender ausgestiegen ist. Er zeigt sich auf dem Trittbrett hoch aufgerichtet. Zuerst erblicken ihn die Marktfrauen, sie verlassen ihre Kunden und tauchen unter. Die großen Schirme der Gemüsestände haben den SS-Mannschaften die Aussicht verstellt. Sobald sie das erstaunliche Auftreten des Protektors erfassen, stürmen alle nach vorn, bilden eine schwarze Front, grüßen mit Heil Hitler!

Pavel, schneidend: „Ihr seid mir ein schöner Sturmbann. Meine Entdeckungen muß ich allein machen. In diesem Wagen fuhr einer mit, der mich nachahmen kann, Gesicht und alles. Den Protektor in zweiter Besetzung spielen, das schadet eventuell dem deutschen Ansehen."

Der Sturmbannführer: „Melde gehorsamst, wen befehlen Exzellenz zu verhaften? Am besten alle, nach meiner Meinung."

Pavel: „Ich verbitte mir Ihre Meinung. Ein deutscher Soldat denkt nicht. Diese Tschechen sind Komödianten und Verschwörer. Mich nachmachen? Ich bin unnachahmlich. Aber sie rühmen sich, und keiner verrät den anderen."

Der Sturmbannführer: „Zu Befehl, ich nehme ein scharfes Verhör vor."

Pavel: „Sehr gut, die Wasserprobe. Die dummen Tschechen stehen jeder in seinem Wasserfaß, bis sie untertauchen und überhaupt stumm sind. Was wissen wir alsdann?"

Der Sturmbannführer lacht devot.

Pavel: „Morgen, spätestens übermorgen liegt die ganze Gesellschaft quer über den Gehsteig, und schwül wie dieses verdammte Moldautal das halbe Jahr ist, schon riecht man etwas. Ich will mir nicht die Pest holen, aber vielleicht Sie."

Der Sturmbannführer, erschrocken: „Zu Befehl."

Pavel: „Nein? Dann lassen Sie den vorhandenen Bestand vom Gehsteig räumen! Begriffen? Zwanzig Mann abkommandiert. Sie selbst sind mir verantwortlich."

Dem Offizier fährt der Befehlston in die Glieder. Er hebt sich auf die Fußspitzen, fällt auf die Absätze, macht kehrt.

Einem Gestapobeamten gibt Pavel den Befehl, die Insassen des Autocars, die immer noch ihr Schicksal erwarten, gehen zu lassen und sie zu verfolgen, jeden einzeln, jeden mit vier Mann.

Der Gestapobeamte: „Melde gehorsamst, so viele Soldaten sind nicht zur Stelle."

Pavel: „Dann her mit ihnen! Ein deutscher Offizier denkt und handelt selbständig. Morgen der Bericht! Was jeder der Leute getrieben hat, alle ihre Zusammenkünfte und Reden, das ganze tschechische Geheimnis. Sie kommen ihm auf die Spur, oder auch Sie ereilt die Säuberungsaktion."

Ab, der verstörte Kommissar.

Pavel stelzt in der Art des Protektors, nahe vorbei an dem Wagen, vor und hinter der Tür drängen sich die Mitangekommenen. „Zu schlau die Tschechen“, spricht Pavel, ohne sie anzusehen, aber in Wahrheit nur für sie. „Nicht das kleinste Wörtchen wird aus ihnen hervorkriechen, vom Pavel Ondracek.“

Die Tschechen haben verstanden; um so verstockter sind ihre Gesichter. Keine Spur von Erkennen, von Schrecken oder Freude. Was sie nunmehr sprechen oder tun, ist ausschließlich den Deutschen bestimmt, obwohl an sie nicht gerichtet. „Der neue Herr Protektor ist ein ganz großer Deutscher; den haben wir, hör ich, herbekommen, damit wir endlich die rechte Verehrung erlernen für die deutsche Nation. Da gibt's fortan keine Würsteln, nur die stärkste Verehrung.“

Ein SS-Mann, der nicht verstanden hat, verbietet ihnen, den Herrn Protektor zu beleidigen. Aus bloßer Fügsamkeit können auf einmal mehrere der Tschechen sich deutsch ausdrücken; sie verlangen, jeder einzeln, von vier deutschen Herren verfolgt zu werden. Befehl ist Befehl. Ob genug Polizeiherren da sind oder nicht. Sie, als biedere Tschechen, weichen nicht, bis sie ordnungsgemäß verfolgt werden.

Ein ländlicher Bürger mit Familie verlangt sechzehn Mann: sie sollen ihn über den Platz begleiten zum Zahnarzt Michalek, der schon wütend sein wird vom langen Warten.

Der Zug setzt sich wirklich in Bewegung. Der Bauer ächzt unter den Händen des Dentisten, Frau und Kinder bejammern den Vater, die deutschen Beamten passen auf und notieren die tschechischen Flüche. Die Patienten im Vorzimmer erzählen von einem deutschen Soldaten, den ein Gänserich gebissen hat. Das war kein tschechischer Gänserich, die beißen nicht.

Auf dem Altmarkt geht jeder der Fahrgäste unter der vorgeschriebenen Bedeckung an seine Geschäfte. Ein Alter flüstert seinen vier Soldaten hinter der Hand etwas zu. „Sie Schwein“, ist die Antwort. „Das können Sie ohne Zuschauer abmachen.“

„Wir vergehen uns, wenn wir uns trennen“, erklärt der Biedermann. „Aber bleibt doch lieber da! Ohnehin seid ihr am Altmarkt allein übrig von eurer ganzen Nation, und die Obstweiber machen gern Aufstand.“

19

Pavel, an der Ecke nach dem ehemaligen Ghetto, hat zwei SS zu sich kommandiert: es sind die stärksten Männer der Truppe, der Sturmbannführer und ein anderer Mann. Pavel fordert drohend seinen Wagen: an diese Ecke habe er ihn befohlen. Der Sturmbannführer erschrickt, faßt sich schnell und behauptet, den Befehl an diesen anderen Mann weitergegeben zu haben.

Pavel, fragt den anderen Mann: „Was sagen Sie dazu?"

Der andere Mann: „Heil Hitler!"

Der Wagen des Protektors bleibt dennoch unsichtbar.

Pavel: „Ich äußere mein stärkstes Befremden."

Der Sturmbannführer: „Melde Eurer Exzellenz gehorsamst, daß ich dachte –."

Pavel: „Gedacht wird nicht."

Der Sturmbannführer: „Exzellenz sind eigentlich heute in Brünn, Exzellenz überraschen alle."

Pavel: „Außer Ihnen. Sie sind verantwortlich für den Wagen, der nicht da ist. Ich bin blitzartig da."

Der Sturmbannführer: „Zu Befehl, Exzellenz. Melde gehorsamst, daß ich nicht überrascht bin."

Pavel: „Ein Regiment soll unverzüglich nach Brünn abgehen."

Der Sturmbannführer, schwillt rot an vor Bestürzung. Verspätet brüllt er: „Zu Befehl!"

Der andere Mann entfernt sich hinter dem Rücken des Sturmbannführers.

Pavel: „Der Aufstand in Brünn ist gefährlich, den Einwohnern der Hauptstadt darf er nicht bekannt werden, deshalb zeig ich mich diesem unverbesserlichen Volk. Es soll den Protektor heil und gesund sehen."

Während Pavel spricht, ist der andere Mann nach der öffentlichen Telefonzelle gelaufen. Nur Pavel bemerkt es, der Scharführer steht angedonnert stramm.

Pavel zuckt die Achseln und kehrt ihm den Rücken zu: „Beim Wirtshaus Altgeld soll mein Wagen vorfahren. Ihr Gesicht sehe ich mir schon die längste Zeit an."

Er geht in die Gasse.

Der Sturmbannführer kommt nur schwer zur Besinnung. Dem abgehenden Protektor ruft er nach: „Befehl, Exzellenz!" Für sich äußert er hörbare Zweifel: „Das Regiment schickt er fort!" Anlauf, um dem Protektor zu folgen. „Ich darf meinen Posten nicht verlassen." Der Anlauf stockt. „Den Protektor muß ich mit meinem Leibe schützen." Neuer Anlauf, der auch wieder stockt: „Wohin ist der andere Mann geraten?"

Der Sturmbannführer dreht sich, einsam und ratlos, auf dem leeren Altmarkt: „Sogar die Gemüsestände sind verlassen. Hier manövrierte doch eine Truppe mit Tanks, Maschinengewehren – bin ich verrückt geworden? Ich allein, unter den feindlichen Augen der Eingeborenen, die hinter ihren Fensterläden lauern! Ein Schuß wird fallen!" Er schwenkt gegen die Häuser seine erhobene Faust; ruft verzweifelt Heil Hitler!

„Heil Hitler!" antwortet der andere Mann, der zurückkehrt. Der Sturmbannführer fällt ihm in die Arme. „Wir sind zwei!"

Der andere Mann bleibt sachlich. Er meldet, daß er die Befehle des Protektors nach der Burg übermittelt habe.

Der Sturmbannführer: „Welche Befehle?"

Der andere Mann: „Ein Regiment geht ab. Der Telefonverkehr nach Brünn ist gesperrt. Der Aufstand findet streng geheim statt."

Der Sturmbannführer: „Das sollen Befehle Seiner Exzellenz sein? Sie haben geträumt."

Der andere Mann: „Ein deutscher Soldat träumt nicht, melde gehorsamst."

Der Sturmbannführer: „Der Protektor erwartet seinen Wagen im Altgeld. Das ist das einzige, was ich behalten habe."

Der andere Mann: „Zu Befehl. Habe seinen Wagen nach dem Altgeld bestellt."

Der Sturmbannführer: „Als er das sagte – jetzt fällt mir's ein, Sie haben das nicht gehört."

Der andere Mann: „Der deutsche Soldat weiß, was er wissen soll. Mit uns wird Exzellenz nicht hier den Nachmittag verbringen, und das nächste Wirtshaus ist das Altgeld."

Der Sturmbannführer: „Ich hatte mich schon etwas gewundert, daß ein Protektor ins Altgeld gehen soll. Sie haben es ihm also angesehen. Finden auch nicht weiter merkwürdig, daß er als einzelner Mann hier aus der Bauernkutsche steigt, und weilt amtlich in Brünn, wo befehlsgemäß Aufstand ist? Erklären Sie das alles, oder nur die Hälfte!"

Der andere Mann: „Melde gehorsamst, ich war im Zivilverhältnis ein Intellektueller. Wer erklärt, verfängt sich, sackt ab und ist für den Führer verloren. Ich glaube alles."

Der Sturmbannführer: „Auch, daß ich Ihnen befohlen habe, an diese Ecke den Wagen des Protektors zu bestellen?"

Der andere Mann: „Sehr wohl. Das waren Ihre Worte."

Der Sturmbannführer: „Du verdammter Gehirnmensch machst mich verrückt." Er dringt auf den anderen Mann ein.

Der andere Mann, während des Ringkampfes: „Ich stelle fest, daß ich die Ehre des Führers verteidige." – Als der Sturmbannführer bewußtlos am Boden liegt: „Das Maul eingehauen. Der redet nicht."

20

Wirtshaus zum Altgeld. Mittelalterliches Gebäude, an einer Ausbuchtung der engen Gasse. Im Schenkzimmer viel dunkles Holz, die Tische abgewetzt. Das schwache Tageslicht sammelt sich auf Pavel, der einen langen Tisch allein einnimmt. Die wenigen Gäste halten von ihm Abstand. Die alte Kellnerin verliert sich an die entsetzte Betrachtung seiner Maske.

Pavel verzehrt Würstchen und Bier. Ihm gegenüber flüstern die Tschechen in einem geschlossenen Haufen: „Der Deutsche frißt, als ob es tschechische Kinder wären."

Die Kellnerin, mit falscher Stimme: „So ein volkstümlicher Herr, so ein herablassender! Das ist selten heutzutage, ein Protektor beim Altgeld!"

Der älteste Gast: „Solln auch geheime Verliese unten sein. Vor hundert Jahren hab ich es selbst mit angesehen, wie einer hinabgestoßen wurde. Wird immer noch drinnen sitzen."

Ein anderer: „Und Marischka läßt ihm das Pilsner und die Klobatschen am Seil hinab."

Die Kellnerin: „Ihr sollt den armen Herrn nicht erschrecken. Am End versteht er euch, obschon er, hör ich, ein Deutscher ist."

Der älteste Gast vertraut ihr etwas an. vor Schreck muß sie sich setzen.

Laut spricht der älteste Gast: „Der versteht jedes Wort." Er sieht Pavel an: „Schon im Omnibus hat er die Ohren gespitzt."

Pavel erkennt den Alten, dem es gelungen war, seine vier SS-Spione loszuwerden. Er fragt scharf: „Wie kommst du daher? Deine vier Soldaten wolltest du in ein schlechtes Haus führen."

Der Alte steht habacht und macht Heil Hitler!

Pavel: „Merkt's euch, es ist ein strenges Geheimnis, daß ich hier bin. Wer redet, wird erschossen."

Alle jammern durcheinander: „Das war ein Unglück!"

Pavel: „Was war ein Unglück?"

Der Alte: „Wie die Armen ihr Geld verloren."

Die Kellnerin halblaut: „Und die Geschichte vom Pavel Ondracek."

Pavel: „Endlich werd ich euch auf eure tschechischen Geheimnisse kommen. Gerade heute, wo ich in Brünn bin."

Sie tuscheln: „Sitzt hier und ist eigentlich in Brünn. Das kann nur ein unbesieglicher Deutscher."

Der Alte: „Halten zu Gnaden, der in Brünn wird der Ondracek sein."

Pavel: „Zum Teufel euer Ondracek. Hat einer ihn gesehen? Existiert er?"

Der Chor: „Nein."

Pavel zeigt ihnen plötzlich sein zurückverwandeltes, ehrliches Gesicht. Niemand scheint es zu bemerken. Sie verstummen durchaus.

Pavel, Maske und Befehlston: „Er existiert nicht. Niemand kennt seinen Namen."

Der Chor: „Meinen eigenen hab ich vergessen!"

Sie stellen sich in einer Reihe auf, die Hände erhoben, das Gesicht nach der Wand.

Draußen fährt ein motorisiertes Kommando an. Der „andere Mann“ vom Altmarkt stampft herein.

Der andere Mann: „Melde gehorsamst, Aufstand am Altmarkt niedergeschlagen. Sturmbannführer schwer verwundet, ein Mann leicht.“

Pavel: „Der Mann sind Sie! Meine hohe Anerkennung. Der Führer wird Ihren Namen erfahren.“

Der andere Mann: „Zu Befehl, Krach.“

Pavel: „Hauptmann Krach.“

Er begibt sich ins Freie, Hauptmann Krach hinter ihm.

Pavel, zu den Offizieren und Mannschaften, die strammstehen: „Dieser Mann hat unter meinen Augen eine feindliche Menge in die Flucht geschlagen. Ich befördere ihn zum Hauptmann, für hervorragende Tapferkeit vor dem Feind. Meinen Glückwunsch, Hauptmann Erwin Krach.“

Hauptmann Krach, tief erschüttert: „Erwin! Woher hat er den Vornamen; ich heiße August.“

Pavel: „Erwin ist richtig.“

Hauptmann Krach: „Zu Befehl. In meiner Sippe heißen wir von jeher Erwin.“

Pavel: „Mit traumwandlerischer Sicherheit sah ich Ihnen dreihundert Jahre Erwin an.“

Ein Offizier zu einem anderen: „Traumwandler? Daran erkenn ich ihn. Der ist nicht in Brünn.“

Der andere Offizier: „Hatten Sie gezweifelt?“

Der erste, entrüstet: „Wieso?“

Pavel: „Der verwundete Sturmbannführer!“

Aus einem Panzerwagen wird die Bahre mit dem Verwundeten gezogen.

Pavel: „Heil Hitler!“

Alle: „Heil Hitler!“ und stumme Ehrenbezeugung.

Pavel: „Der Held, dies edle Opfer tückischer Tschechen, besteigt mein eigenes Auto!"

Der Sturmbannführer wird hineingelegt.

Pavel: „Hauptmann Krach, zu mir!"

Abfahrt. Pavel zwischen der Bahre und Hauptmann Krach. Der Sturmbannführer verdreht die Augen nach dem Protektor.

Pavel: „Endlich wach. Sie Schlafmütze lassen sich von ein paar Tschechen verhauen. Hören Sie mich?"

Hauptmann Krach: „Melde Eurer Exzellenz gehorsamst, ihm ist nur das Mundwerk eingeschlagen. Die Ohren sind ihm noch nicht abgeschnitten." Er beugt sich über den ganz und gar verbundenen Kopf des Sturmbannführers: „Hören Sie zu, Herr Kamerad! Wir beide haben den Aufstand niedergekämpft. Exzellenz geruhten mich zum Hauptmann zu befördern. Sie sind ein Held und haben eine Gehirnerschütterung. Ihnen glaubt kein Mensch."

Der Sturmbannführer, mit Mühe, unter seinem Verband: „Ich bin geheilt. Ich glaube alles."

21

Pavel und seine motorisierte Bedeckung treffen auf der Burg ein.

Die Wachen treten ins Gewehr. Scharfe Kommandorufe. Trommelwirbel. Pavel grüßt mit der vorgestreckten Hand. Zwei Offiziere kommen im gleichen Marsch tritt auf Pavel zu. Sie „melden gehorsamst: alles in Ordnung". Eigentlich wollen sie ihn genau betrachten.

Pavel zeigt ihnen seine Maske; sie schrecken zurück und wären geflüchtet. Pavel bannt sie mit Blick auf die Stelle: „Erstens, meine Herren, befehle ich selbst, ob gemeldet wird und was. Außerdem war hier gar nichts in Ordnung. Ich persönlich habe auf dem Altmarkt einen Aufstand im Keim erstickt. Er war vorauszusehen. Aber wenn ich nicht blitzartig aus Brünn zurückgekehrt wäre –! Was dann?"

Die beiden Offiziere strecken die Brust heraus, bis sie platzt. Vor der Stimme Pavels schließen sie die Augen.

Pavel: „Hiermit soll für diesmal der Fall abgeschlossen sein, was er nicht immer sein wird – Herr Major – Heda!"

Hauptmann Krach sagt ihm von hinten ein: „Hedalski!"

Pavel: „Stimmt, Major Hedalski!" Rückwärts gewendet: „Glück gehört auch dazu. Sie, Hauptmann Krach, hatten Glück, daß Sie am Altmarkt waren." Zu den beiden Offizieren: „Ein Sturmbannführer tot, oder beinahe. Hauptmann Krach, von mir außer der Reihe befördert. Ich danke, meine Herren."

Die beiden Offiziere schlagen die Absätze zusammen, sie marschieren im Takt nach ihrem Standort ab.

Pavel: „Hauptmann Krach, Sie sind für meine persönliche Sicherheit verantwortlich. Vorwärts!"

Hauptmann Krach geht dem Protektor voran, durch den richtigen Eingang, die richtige Treppe hinauf und nach dem richtigen Zimmer. Vor der Tür drückt er sich flach gegen den Pfosten. Er spricht gedämpft: „Eure Exzellenz kennen Geheimrat Rumfutsch als einen Defätisten. Dieser Rumfutsch unterstützt aus Übereifer die unsinnigsten Gerüchte, wie Exzellenz am besten wissen." – Er öffnet die Tür, und dahinter noch eine.

Pavel stelzt drohend hinein: „Heil Hitler!"

Geheimrat Rumfutsch mitsamt dem Sekretär und der Stenotypistin erheben sich von den Sitzen: „Heil Hitler!" Alle drei erstarren in der Haltung des Grußes, die Maske Pavels überwältigt sie.

Pavel bewegt sich heftig durch das Zimmer, scheint nichts zu beachten außer seinen eigenen Gefühlen: „Das war ein Tag aus dem Leben des Protektors Heydrich! Intuitiv wie immer, bin ich pünktlich von Brünn zurück. Brünn war eine Komödie, gewisse Herren" – schrecklicher Seitenblick auf Rumfutsch – „wollten sich wichtig machen. Der wirkliche Aufstand war in Prag geplant. Ich erscheine am Altmarkt, Hauptmann Krach und der tote Sturmbannführer sind befehlsgemäß am Altmarkt, erbarmungslos wird durchgegriffen."

Er scheint den verstörten Zustand der Beamten zu bemerken: „Geheimrat Rumfutsch, Ihr Gewissen läßt zu wünschen, ich seh es. Bei euch hat es wieder mal nicht geklappt, ihr laßt mich ohne Informationen. Mich rettet meine traumwandlerische Sicherheit."

Geheimrat Rumfutsch, jung und forsch, hat sich wiedergefunden: „Exzellenz sind immer derselbe. Ihr gefährliches Leben läßt auf Ihrem deutschen Gesicht keine Spur. Höchstens sitzt das Bärtchen schief."

Favel, kalt: „Rasieren Sie sich gerade, wenn Sie sonst nichts tun! Geheimrat Rumfutsch, für Ihre Nachlässigkeit im Dienst kann ich Sie an die Wand stellen."

Geheimrat Rumfutsch: „Zu Befehl. Exzellenz haben Grund, den Skandal nicht ausarten zu lassen."

Favel, so furchtbar, daß der andere schlottert: „Geheimrat Rumfutsch, Sie sabotieren den Führer – Befehl! Das Telefon ist überallhin zu sperren. Noch schöner, wenn der Feind mithören könnte bei Ihrem defätistischen Gewäsch. Ich allein spreche – und will mit dem Führer verbunden werden."

Zu Hauptmann Krach: „Vorwärts die Leibwache! So schlecht wie die hier aufpassen, sitzt womöglich ein Tscheche mit der Bombe auf meiner Toilette."

Hauptmann Krach wählt den richtigen Ausgang.

22

Geheimrat Rumfutsch bricht an seinem Tisch zusammen. Der Sekretär und die Stenotypistin helfen ihm in seinen Sessel.

Der Sekretär, zu der Stenotypistin: „Dienstlich überlebt er es nicht. Ich rücke an seine Stelle. Schatz, wir können heiraten."

Die Stenotypistin: „Schatz, ich frage lieber erst deine Frau und deine Kinder, ob die Sache in Ordnung geht."

Geheimrat Rumfutsch liegt mit dem Gesicht auf seinen gefalteten Händen: „Aber in Brünn war doch wirklich Aufstand! Die letzte Nachricht kam von Exzellenz selbst, da befanden Exzellenz sich am Altmarkt, aber vielleicht wieder anderswo. Den Blitz kontrolliert man nicht. In der Blüte meiner Jahre öffnet sich mir das Grab. Meine arme Mutter hätte niemanden mehr, nur ihren Bankier und ihren Kanarienvogel. Nein, Fritz, nicht sterben! Liefere dem Protektor dreihundert Tschechen aus seinem Aufstand am Altmarkt, er kann sie abschlachten."

Der Sekretär: „Weichmütig. Ein Werther, sobald etwas schiefgeht."

Die Stenotypistin: „Hat deine Frau keinen rassefremden Umgang? Laß sie einfach ins Lager sperren!"

Der Sekretär spricht in den Apparat: „Die Telefonzentrale? Jeden Verkehr sperren! Allein ausgenommen, für den Protektor persönlich. Seine Exzellenz wünscht mit dem Führer verbunden zu werden." Zu der Stenotypistin: „Immer den geraden Weg gehen! Der Führer läßt Verräter erschießen. Diese Garantie haben wir, Schatz."

Geheimrat Rumfutsch, richtet sich auf: „Der Anruf führt mich mit achtzig Prozent Sicherheit vor die Gewehre des Erschießungskommandos." Steht stramm, blickt nach der Decke hinauf. Brüllt, damit es im weiten Umkreis gehört werden kann: „Mein Führer! Ein stolzer Mann von reinster Rasse ist bereit, Ihnen voraus nach Walhall zu eilen, um Sie dereinst zu grüßen mit dem Ruf der Treue: Heil Hitler!"

23

Pavel, hinter Hauptmann Krach, durchwandert einige Verbindungsräume und Vorzimmer. Er bleibt stehen, als Geheimrat Rumfutsch brüllt.

Pavel: „Geheimrat Rumfutsch fürchtet den Tod. Er sollte ihn lieben, wie jeder echte Deutsche."

Hauptmann Krach: „Zu Befehl. Aber dreihundert Tschechen ans Messer liefern, ist auch etwas."

Pavel: „Ich wetze es schon. Mein Ruf als Bluthund steht hoffentlich fest."

Hauptmann Krach: „Wer wollte zweifeln!"

Pavel: „Mein Leibwächter muß eingeweiht sein: ich kann kein Blut sehen. Dem Vollzug des Aufhängens wohne ich ungleich lieber bei. Machen Sie nicht dies intellektuelle Gesicht!"

Hauptmann Krach: „Ich bin durch und durch Kadavergehorsam."

Angelangt in der Zimmerflucht des Protektors, sehen beide sich angelegentlich um.

Pavel: „Wo hat die Ordonnanz meine Uniformen versteckt?"

Hauptmann Krach hat das Ankleidezimmer gefunden: „Wo sie am wenigsten hingehören, in der Garderobe."

Pavel: „Der Kerl ist nicht zu brauchen, treibt sich umher."

Hauptmann Krach: „Es sieht aus, als zöge auch Oberst Schalk einen anderen Aufenthalt vor, während der Protektor über Prag triumphiert."

Pavel stürzt sich auf eines der Kleidungsstücke: „Das Hoheitsabzeichen! Das hat mir den ganzen Tag gefehlt; nur seinetwegen habe ich eigentlich Brünn seinem scherzhaften Aufstand überlassen und reiste ab. Helfen Sie mir in die Uniform!"

Hauptmann Krach ist behilflich.

Pavel: „Oberst Schalk?"

Hauptmann Krach: „Ihr Adjutant, Exzellenz."

Pavel: „Ich habe ihn vergessen. Er verdient es nicht besser."

Hauptmann Krach hat hinter den Kleidern eine geheime Tür entdeckt: „Der Notausgang, Exzellenz wollen sich erinnern."

Pavel: „Da war immer schon der Notausgang. Richtig, die tschechische Geheimarmee könnte in die Burg dringen und mir nachstellen. Mein Notausgang ist vor ihr sicher."

Hauptmann Krach: „Zu Befehl, das meinte ich ergebenst."

Pavel gibt ihm seinen abgelegten Rock: „Ziehen Sie den an! Schwarz ist schwarz, aber meiner entsprach den Vorschriften, bis auf das Hoheitsabzeichen. Trennen Sie ab, was für einen Hauptmann zuviel ist!"

Er läßt den anderen allein. Unter der Tür, ohne sich umzusehen: „Ein deutscher Offizier vergißt den Kittel des einstigen Gemeinen niemals im Ankleidezimmer des Protektors. Er behält ihn am Leibe und knöpft das Prachtstück darüber."

Hauptmann Krach, für sich: „Außerdem gewinnt die Figur an Kraft und Fülle."

24

Pavel, mit dem natürlichen Gang des Protektors, in seinem Arbeitszimmer. Er prüft sich im Spiegel über dem Kamin. Er berichtigt den Sitz des Bärtchens.

Zum Schreibtisch; ein unbedeutendes Werkzeug öffnet ihn spielend. Pavel entnimmt ihm Papiere: „Das Ernennungsschreiben des Führers. Ein Brief, mit der entschiedenen Anerkennung meines treudeutschen Wirkens. Da steht es: ein Wald von Galgen möge zum Himmel ragen. Und stinken! Auf mich ist Verlaß, mein Führer!"

Er steckt die Dokumente in die Tasche. Zwei weitere verdienen aufmerksam gelesen zu werden. Es dunkelt, aber er macht kein Licht.

Pavel: „Natürlich. Geheimrat Rumfutsch und Oberst Schalk denunzieren sich bei mir gegenseitig. Jeder der beiden läßt Tschechen, die bar bezahlt haben, bis zur Grenze entkommen, wo, versteht sich, eine Kugel hinterdreinfliegt. Mehrere sind dennoch drüben, dank dem Verräter Schalk, wenn nicht durch Schuld des Verräters Rumfutsch, und die Beweise bringt immer der andere."

Das Bildnis des Führers sieht ihn an.

Pavel: „Der Führer kennt seine Leute und verdient sie, am meisten mich. Ich bin der Protektor, dem sein Herz gehört."

Er geht vor dem lebensgroßen Bildnis des Führers auf und ab, zeigt sich ihm von allen Seiten, grüßt, erwartet die Ansprache. Anstatt ihrer naht das Rollen des Donners.

Pavel: „Gewitter. Dauert jetzt meistens stundenlang. Wer aus Brünn nicht hier wäre, käme vor morgen nicht. Ich bin hier."

Es surrt im Apparat.

Pavel nimmt den Hörer: „Ich befehle der Zentrale, alle Anschlüsse der Burg mit einzuschalten. Die Worte des Führers sind stenographisch aufzunehmen, durch den Druck zu vervielfältigen und bei sämtlichen Stellen der Regierung noch heute abend auszuhängen. Ich bleibe am Apparat."

Warten. Es wird dunkler.

Pavel reißt sich in die Höhe: „Heil Hitler!" Er beantwortet die Anrede des Führers: „Zu Befehl, mein Führer. Ihre Stimmung?" Er hört. „Ihr Gemüt zeigt heute Nordnordost; das muß man wissen, es ist das Wichtigste." Er hört. „Sie sind von Ihrer Größe gerührt. Heute ließen Sie Ihren Schädel für die Nachwelt wissenschaftlich messen und wiegen! Der heutige Tag und Ihr niedrigster Knecht Heydrich legen Ihnen sechshundert ordinäre Schädel von Tschechen zu Füßen." Er hört. „Das ist zu viel, sagen Sie? Verstehe, Sie haben gemeint: zu viel Glück. Nur so viel meinem Führer gebührt!"

Während der Führer zu ihm spricht, äußert Pavel die verschiedenen Laute des Erstaunens und Entzückens, der Hingerissenheit und Anbetung.

Pavel: „Mein Führer, Sie lassen alles Menschliche weit hinter sich. Wer faßt die märchenhaften Gaben, die Sie ohne weiteres im Busen wälzen. Sie haben wieder einmal alles von selbst gewußt. Daß der Aufstand in Brünn fast heiter und ernst nur der in Prag war. Befehlen Sie Bericht!"

Statt zu hören, redet der Führer. Pavel begleitet seine Reden mit Gebärden, wie sie vom Führer mit Recht zu erwarten wären. Endlich kommt Pavel zu Wort.

Pavel: „Mein Führer! Melde untertänigst, der Sieg in Brünn war nicht meiner. Der Ausfluß Ihrer Persönlichkeit war es, sonst gar nichts. Im Café des Grand Hôtel saßen immer noch zwei, drei alte Juden. Das Grand Hôtel mit Bomben belegt, zertrümmert das Zimmer Nummer zwei mit dem Bett von Ebenholz, worin weiland Kaiser Franz Josef übernachtet hatte. Ein Sieg über Franz Josef, das schien Ihrem Stellvertreter zu wenig. Insgeheim, nur Ihrem Geiste sichtbar, reiste ich nach Prag ab."

Er horcht. Es blitzt und donnert. Auch der Apparat stößt donnerähnliche Geräusche aus.

Pavel: „Ich höre bei Blitzen, die Ihnen, mein Führer, es gleichtun möchten, und inmitten des Donners, der Sie verwandtschaftlich umgibt. Ich höre: Sie aßen heute mittag Spinat –. Ich hätte falsch gehört? Salat aßen Sie. Ich bin nur ein Sterblicher, vor mir hat das Schicksal noch Geheimnisse."

Donner aus Wolke und Apparat.

Pavel: „Nach Ihrer Mahlzeit nahmen Sie zwei Gläschen Enzian, eine Folge des russischen Winters, und nickten ein; nur zwei Minuten nickten Sie und sahen mich von tschechischen Knüppeln getroffen, daliegen als grünlichen Kadaver, immer denselben Kadaver Ihres unvergeßlichen – wie war das Wort?"

Er hat verstanden: „Henkers Heydrich. Ja, der bin ich und werde es noch ganz anders sein, nachdem am Prager Altmarkt, wo ich schon gefallen war, mein Führer persönlich mich von den Toten abkommandiert hat. Sie befahlen mir zu leben. Ich lebe. Ihr Enzian! Ihr hellseherisches Genie! Der tschechische Knüppel traf meinen Kopf, als ich den tückischen Aufstand niedergeworfen hatte. Nach Brünn waren wir tückisch verlockt worden, damit der Feind ungehindert in Prag losschlagen konnte. Schon beherrschte er den Altmarkt. Mein Adjutant Oberst Schalk war mit der Truppe in Brünn zurückgeblieben. Ich verfügte nur über zufällige Kräfte, keine Sturmwagen, die einzige Deckung ein alter Omnibus, auch der ganz voll von Tschechen. Mein Unterführer war Hauptmann Krach, ich wiederhole: Krach, K wie Köln, R wie Rostock, ach wie Air Force." Er hört. „Nein, gewiß nicht. Krach wahrte die Grenzen, nie wird er seinen Führer verdunkeln wollen."

Donner im Apparat. Rede des Führers; Pavel, sein Schattenriß im Dunkeln, vollführt die zugehörigen Bewegungen; zeitweilig erhellt ein Blitz seine Maske.

Pavel: „Mein Führer! Ihre Verfügungsgewalt über Tod und Leben jedes einzelnen liegt beschlossen in der Geschichte." Er hört. „Die Namen Krach und Heydrich sollen in der Geschichte fortleben, dies Ihr Befehl. Die Geschichte gehorcht dem Stärkeren. Ihr Sieg am Altmarkt, o Führer, ist fortan historisch." Er hört. „Sie sagen, einzig in der Geschichte."

Er legt den Hörer auf den Tisch. Abgewendet, die Stirn in den Händen: „Er redet, keine Macht der Welt hält das Rindvieh auf." – Er überwindet seine Ermüdung; er hört und antwortet: „So ist es. In diesem Lande soll das Blut so hoch stehen, daß nur die Galgen herausblicken!"

Um noch eine Rede des Führers anzuhören, macht Pavel es sich im Sessel bequem; er seufzt vor Erschöpfung. Im Apparat donnert es lange.

Pavel, endlich: „Mein Führer! Ich bitte um Nachsicht mit Oberst Schalk. Von Berufsmilitärs kann nicht erwartet werden, daß sie bis Prag denken, wenn sie in Brünn sind –. Ich höre. Mein Führer zieht in Erwägung, Oberst Schalk an die russische Front zu schicken."

Nach einer Unterbrechung: „Sehr wohl, ich behalte die Entscheidung – über beide, Oberst Schalk, der fahrlässig in Brünn geblieben ist, und Geheimrat Rumfutsch, der mich aus ungeklärten Gründen über den Prager Aufstand nicht informierte. Beide Männer sind unbedingt in meiner Hand, zu Befehl. Die Gnade meines Führers leuchtet mir."

Kurze Unterbrechung.

Pavel: „Freund! Ich höre immer Freund. Dies Wort aus diesem Munde! So wahr ich Heydrich bin, bin ich Ihr Freund, mein Führer. Was ich bin und wen ich hänge, verdanke ich dem Führer. Heil Hitler!“

Er legt den Hörer weg und streckt die Glieder von sich.

25

Geheimrat Rumfutsch verhört die Aufständischen vom Altmarkt. Das Vorzimmer ist angefüllt mit ihnen. Eine Gruppe der Vorgeführten wird von SS-Männern in gebührenden Schranken erhalten. Es sind hauptsächlich die bekannten Gäste des Wirtshauses Altgeld, mit der Kellnerin und dem Alten, der seine Bewachung überlistet hatte.

Geheimrat Rumfutsch: „Gehängt werdet ihr sowieso. Sagt vorher die Wahrheit! Wenn ihr es nicht für euch tut, tut es für mich! Wie viele waret ihr am Altmarkt?“

Irgend jemand: „Zehntausend.“

Geheimrat Rumfutsch: „Genau gezählt?“

Der Jemand: „Lange im voraus. Das ganze Land hat gezählt, da kann man nichts machen.“

Geheimrat Rumfutsch: „Das sollten wir nicht bemerkt haben?“

Noch ein Jemand: „Wenn ich so viel bemerken wollte wie die Deutschen, wär ich der steinerne heilige Nepomuk auf der Karlsbrücke oder ein Rindvieh.“

Geheimrat Rumfutsch: „Wie meint er das? Diesen Tschechen ist kein Wort zu glauben, sie sind die verschlagenste der bezwungenen Nationen.“

Der Sekretär: „Daß ich gleich berichtige! Befehlsgemäß waren die Tschechen noch nie eine Nation.“

Der Alte: „Sind auch nur lumpige Deutsche.“

Die Stenotypistin: „Endlich ein klarer Hochverrat!“

Geheimrat Rumfutsch: „Ruhe! Das Verhör liegt bei mir. Wie viele Maschinengewehre hattet ihr am Altmarkt?“

Ein Niemand: „Vierhundertneunundneunzig.“

Geheimrat Rumfutsch: „Wo war das fünfhundertste geblieben?“

Der Niemand: „Das hatte ich gestohlen und verkauft.“ Er taucht unter.

Der Sekretär: „Man muß sie fragen, woher all die Waffen kamen, obwohl ich mir die Antwort denken kann.“

Geheimrat Rumfutsch: „Wie gelangtet ihr in den Besitz der Maschinengewehre?“

Schweigen.

Der Sekretär: „Da ist der Punkt. Dies Schweigen beweist, daß die Schlacht am Altmarkt wahrhaft stattgefunden hat.“

Geheimrat Rumfutsch: „Sie wollten an der Schlacht zweifeln? Nachdem der Führer sie historisch gemacht hat! Einzig in der Geschichte, wir hörten das geniale neue Wort.“

Für die Tschechen, mit Kraft geladen: „Die Folter wird euch reden lehren.“

Der Alte: „Gnädiger Herr Deutscher, was fragen Sie viel? Wer wird es schon gewesen sein. Wieder die englischen Flieger, sie ließen die Dinger herab und riefen von oben: Alsdann, am Altmarkt, gegenüber dem Zahnarzt Michalek, um vier Uhr 59.“

Geheimrat Rumfutsch: „Warum nicht fünf Uhr?“

Der Alte: „Die eine Minute wollen sie immer, daß man betet für den König von England.“

Die Stenotypistin: „Jetzt muß ich als deutsche Frau fragen, wie lange wir uns noch verhöhnen lassen.“

Geheimrat Rumfutsch: „Kusch. Der Galgenhumor gehört zum Hängen.“

An die Tschechen gerichtet: „Eure Maschinengewehre habt ihr natürlich in der Moldau versenkt. Wann holt ihr sie wieder herauf?“

Auch einer: „Die sind mit Bindfaden angemacht, sie hängen auch nur, wie die Tschechen.“

26

Auftritt Pavel. Hinter ihm Hauptmann Krach.

Pavel: „Hier wird schon wieder die bekannte deutsche Menschlichkeit geübt. Schluß damit!“

Geheimrat Rumfutsch: „Melde gehorsamst, Exzellenz, ich nehme ein strenges Verhör vor, mit dem Ziel der exemplarischen Bestrafung.“

Pavel sieht den Alten vom Altgeld: „Wer sind die Leute?“

Der Alte kennt ihn nicht; zuckt die Achseln.

Stimme aus dem Vorzimmer: „Verräter sind wir. Die Geiseln machen wir, derweilen die anderen entwischen.“

Der Sekretär: „Man sabotiert die Untersuchung.“

Geheimrat Rumfutsch: „Ich sabotiere?“ Die Hand auf dem Herzen: „Der Führer hat sechshundert tschechische Tote befohlen.“

Pavel: „Auf meinen begründeten Antrag.“

Geheimrat Rumfutsch, mit leidenschaftlicher Unterwürfigkeit: „Es geht um alles. Ich bin davon durchdrungen –.“

Die Stenotypistin: „Daß er nicht an die russische Front will.“

Pavel: „Die Entscheidung liegt nicht bei sadistischen Jungfrauen. Meine Sache ist sie.“

Geheimrat Rumfutsch, sehr forsch: „Melde mich zum Abgang nach der russischen Front!“

Pavel, streng: „Ich dulde keinen Eingriff in meine Befehlsgewalt. Ich bestimme, wer an die Front geht. Gehängt wird nach dem unfehlbaren Beschluß des Führers, wann ich will, wen ich will und wozu es mir gefällt.“

Der Alte, zwischen Demut und Empörung: „Aber unsereins muß hängen!“

Der Sekretär: „Warum, du Kamel?“

Der Alte: „Weil sonst die tschechische Seele von Zweifeln erschüttert wird.“

Pavel fragt einen SS-Mann: „Wo habt ihr den alten Lumpen getroffen?“

Der SS-Mann: „Im Altgeld, zu Befehl. Mit zehn anderen. Den Rest nahmen wir von der Straße mit.“

Pavel, furchtbarer Blick über die Tschechen hin: „Wen saht ihr im Altgeld bewußtlos auf dem Tisch liegen?“

Schweigen. Hauptmann Krach steht eisern und wendet keinen Blick.

Pavel, furchtbar: „Mich. Aus der Schlacht dorthin getragen vom Hauptmann Krach.“

Die Kellnerin: „Wir leugnen's ja nicht. Aber was ist schon ein Betrunkener unter dem Tisch? Beim Altgeld haben wir dreimal die Woche einen bewußtlosen Protektor.“

Pavel kalt, für Geheimrat Rumfutsch allein: „Das sind Provokateure. Die Kämpfer finden wir anderswo. Diese hartnäckigen Lügner sind zu entlassen in die Stadt und auf das Land. Sie führen uns von selbst nach dem Schlupfwinkel der illegalen tschechischen Armee, die ich heute schlug und in die Flucht jagte.“

Geheimrat Rumfutsch: „Der Führer weiß es. Ich bezeuge es mit meinem deutschen Gewissen.“ Er wendet sich an die Bewachungsmannschaft: „Alle sind frei!“

Die Tschechen, mit verteilten Rollen: „Das gibt's nicht. Da möcht mancher kommen. Wenn erst die Tschechen frei wären, was würden nachher die Deutschen sagen! Der Protektor ist ein ganz Falscher. Vor dem hütet euch!“

Die SS-Männer treiben alle hinaus.

Pavel, im Hin- und Herschreiten; seine Einfälle drängen sich; er rennt Hauptmann Krach an, aber der steht eisern. Pavel: „Befehl an meine Gestapo! Die soeben Entlassenen sind auf Schritt und Tritt zu verfolgen.“

Geheimrat Rumfutsch, in den Apparat: „Befehl des Protektors! Die Tschechen, die frei von hier gehen –.“

Pavel: „Und wenn die Spur in die Karpaten führt! Hinter den Ural! Meine Geheime Staatspolizei ist für nichts anderes da. Den letzten Mann einsetzen!“

Geheimrat Rumfutsch wiederholt: „Die Nachforschungen können weitläufig sein. Langwierig. Kostspielig. Die Geheime Staatspolizei gegen die Tschechische Geheimarmee! Bis zum Entscheidungskampf! Befehl des Führers!“ Er hängt ein.

Pavel, hält an: „Befehl des Führers. Plötzlich erleuchtet, Rumfutsch!“

Geheimrat Rumfutsch: „Das historische Gespräch Eurer Exzellenz mit dem Führer hat allerdings die Lage erhellt.“

Die Stenotypistin, kleinlaut: „Sie sieht verzweifelt aus. Rumfutsch bleibt im Amt.“

Der Sekretär: „Er steigt zur Allmacht auf."

Die Stenotypistin: „Wie, wenn wir ihn veranlaßten, deine Frau mit aufzuhängen. Ihm kann es nichts mehr ausmachen."

Der Sekretär: „Beherrsche deine Zärtlichkeit, Geliebte!"

27

Pavel, groß in Form, stelzt nach dem Vorzimmer. Dort bewegt er sich bei offener Tür, vor den Augen und Ohren der drinnen Zurückgebliebenen: „Hauptmann Krach!"

Hauptmann Krach ist ihm gefolgt; bewacht ihn eisern.

Pavel: „Gehen Sie! Stellen Sie fest, ob meine Befehle im vollen Umfang befolgt sind. Ich will nicht zweifeln, aber im vollen Umfang! Die gesamte verfügbare Polizeimannschaft auf die Spur dieser listigen Verräter gesetzt."

Hauptmann Krach rührt sich nicht.

Pavel: „Worauf warten Sie?"

Hauptmann Krach: „Ich darf den Protektor keinen Augenblick allein lassen."

Pavel: „Gehorchen Sie!"

Hauptmann Krach: „Befehl des Führers."

Pavel: „Ausreden für Ihre Widersetzlichkeit. Ich fange an, Ihnen zu mißtrauen, Hauptmann Krach."

Geheimrat Rumfutsch, in seinem Zimmer: „Man könnte anfangen."

Der Sekretär: „Jetzt erst?"

Pavel: „Sie nehmen draußen die Beobachtung auf. Wo nicht, sind Sie kassiert, degradiert, entehrt und erschossen."

Hauptmann Krach: „Befehlen Sie mir, aus dem Fenster zu springen, ich tu es. Nur für Ihre eigene Sicherheit bin ich einem Größeren verantwortlich."

Pavel: „Sie haben die Prüfung bestanden. Kommen Sie!" Er geht hinaus, mit Hauptmann Krach auf den Absätzen.

Der Sekretär: „Seine Exzellenz haben wir gehabt."

Geheimrat Rumfutsch: „Was heißt das?“

Der Sekretär: „Morgen könnten wir ihn wiedersehen, wenn er aus Brünn zurückkehrt.“

Die Stenotypistin: „Er ist zurückgekehrt –.“ Sie stößt ihn an: „Bleibe fest! Der Preis ist unser Glück.“

Geheimrat Rumfutsch: „Seit zwei Stunden nehmen wir die Befehle des Herrn entgegen, lassen Sie es sich gesagt sein – im eigenen Interesse, wenn nicht im Namen des Führerprinzips. Der Führer nannte diesen und keinen anderen Protektor – seinen Freund.“

Der Sekretär: „Heil Hitler!“

Pavel, betritt mit Hauptmann Krach das Vorzimmer: „Alles in Ordnung. Wo Gesetz und Gehorsam herrschen, ist der Sieg gewiß. Die ganze Burg zieht aus, alles auf der geheimen Verfolgung der feindlichen Geheimarmee.“

Geheimrat Rumfutsch, Regung der Verzweiflung: „Die Staatspolizei verstreut und ohne Telefon, das Militär nach Brünn geschickt – er räumt auf.“

Die Stenotypistin, an den Sekretär gelehnt: „Endlich allein.“

Der Sekretär: „Der Verkehr mit Brünn ist verboten. Oberst Schalk am Apparat verlangen, wäre ein Staatsverbrechen. Nie geb ich mich dazu her.“

Geheimrat Rumfutsch, drohend: „Auf den Gedanken sind Sie allein gekommen.“

Pavel bewegt sich und spricht, als ob er keine Zeugen hätte: „Mein Führer! Ich handele mit der furchtbaren Energie, die aus Ihren großen Worten, Ihrer stimmlichen Gewalt in mich überströmte. Rücksichtslos setze ich die Verhafteten in Freiheit, um beim nächsten Mal gleich dies ganze Volk zu vernichten. Mein Führer hat mich heute gelehrt, der Schlauheit von Unterworfenen beizukommen. Mit Klarheit, mit Treue.“

Er streift ein Fenster, er blickt hinab: „Das nennen sie ihr Goldenes Prag. Nicht einmal Nickel will ich hier im Umlauf lassen. Die Tschechen sollen einer den anderen verkaufen, den Freund – den Freund, die Mutter – das Kind. Sie dürfen nicht mehr zusammenhalten, ich ertrage es nicht! Das macht diese Untermenschen gefährlich, ja überlegen, daß sie einander nie verraten. Wir Deutsche tun es, dank dem Führer; der Geheimrat denunziert den Oberst, und dieser ihn.“

Geheimrat Rumfutsch muß sich setzen.

Der Sekretär und die Stenotypistin tanzen vereint um ihren Schreibtisch.

Pavel: „Wir Deutsche denunzieren unbedacht, in offener, ehrlicher Liebe zu unserem persönlichen Vorteil."

Geheimrat Rumfutsch, gebrochen, flüstert sich selbst zu: „Er hat die Briefe gefunden, von Schalk und mir."

Pavel: „Dagegen die Falschheit der tschechischen Unterwelt! Jeder errät, wie der Nächste den geraden deutschen Herrn betrügen wird, schon nimmt er ihm die Lüge aus dem Mund. Haben Geheimnisse. Ob sie die haben! Und alle wissen um das Geheimnis, aber keiner, keiner wird es mir sagen. Mir, der allwissend sein muß, um meines Führers wert zu sein! Daß er mir mitteilte von seiner Allwissenheit!"

Pavel schnallt seinen Degen fester: „Hauptmann Krach!"

Hauptmann Krach: „Zu Befehl. Exzellenz sollten allenfalls vermeiden, mit sich selbst zu reden. Die Wände haben tschechische Ohren."

Pavel: „Ich will deutsche Luft atmen. Mein Flugzeug! Nach Berlin!"

Hauptmann Krach: „Melde gehorsamst, daß es unstatthaft wäre."

Pavel: „Sehen Sie sich vor, Herr! Was ahnen Sie von meiner inneren Verbindung mit dem Führer. In dieser selben Minute fällt es ihm ein, mich zu sich zu berufen. Auch ich werde, der inneren Verbindung wegen, künftig Gemüse essen. Ich bin entschlossen, einen Astrologen zu befragen."

Geheimrat Rumfutsch ist sehr unruhig geworden. Er nähert sich in Schlangenlinie. Was er vorhat, wagt er doch nicht. Pavel ist bei dem Ausgang angelangt.

Geheimrat Rumfutsch: „Die Entfernung Eurer Exzellenz –."

Pavel: „Geht Sie nichts an."

Geheimrat Rumfutsch: „Zu Befehl, nichts. Ohne den Schatten eines Zweifels. Davon abgesehen, gebe ich Eurer Exzellenz ergebenst zu erwägen, daß die Burg nur mehr so gut wie ohne Besatzung ist. Die Anwesenheit des Protektors ganz allein hält die feindliche Bevölkerung in Respekt. Sie sichert Prag, sie sichert Böhmen."

Pavel: „Sie sichert eine Memme. An der russischen Front wäre Ihnen wohler."

Geheimrat Rumfutsch reckt den Arm zum Hitlergruß: „Glückliche Reise, Exzellenz.“

Hinter ihm erscheinen, bedrückt und bleich, der Sekretär und die Stenotypistin.

Der Sekretär: „Deutsche Luft ließe sich, nach bescheidenem Dafürhalten, Am Graben atmen, im Deutschen Haus.“

Pavel: „Hauptmann Krach!“

Hauptmann Krach: „Zu Befehl.“

Pavel: „Hören Sie deutsch reden? Ich verstehe nicht mehr.“

Die Stenotypistin, mit tiefem Knicks: „Bitte, bitte, Exzellenz, verstehen Sie!“

Pavel seufzt: „Die deutsche Frau lehnt galante Rücksichten auf ihre Schwäche ab. Schwächer als die Männer ist sie auch nicht.“

Für Hauptmann Krach: „Ins Deutsche Haus!“

Halb zurückgewendet: „Der erwartete Befehl des Führers ist mir dort zu übermitteln.“

Er verläßt mit Hauptmann Krach das Zimmer und die Burg.

Geheimrat Rumfutsch, immer noch erschreckt: „Um ein Ja oder Nein war er fort und wir in der Patsche.“

Der Sekretär: „Er ließ sich den Flug nach Berlin zu schnell ausreden.“

Die Stenotypistin: „Nur von mir. Auf meinen Protektor bilde ich mir etwas ein.“

Geheimrat Rumfutsch, wild begeistert: „Zu seinem Freund wollte er! Auf inneren Anruf, wer kann das noch?“ Er umarmt seine Angestellten.

28

Pavel betritt mit Hauptmann Krach den großen Burghof. Die Wachen treten ins Gewehr. Kommandorufe, aber die Truppe ist nur dünn verteilt. Pavel schreitet die Front ab. Zuschauer am Fenster droben sind Geheimrat Rumfutsch und seine Angestellten.

Pavel, vor der Truppe: „Ich erwarte, daß ihr für den Führer und sein Großdeutschland aushaltet gegen eine feindliche Übermacht, bis der letzte gefallen ist. Der letzte Tscheche natürlich. Heil Hitler!" Er besteigt den Wagen des Protektors.

Zwei Motorräder, mit Maschinengewehren bestückt, werden von Soldaten herbeigeführt.

Hauptmann Krach: „Melde gehorsamst, das ist alles."

Pavel: „Dann lieber nichts. Mich schützt meine Maske allein." Für alle: „Nach dem Deutschen Haus!"

Die beiden motorisierten Soldaten begleiten den Wagen.

Auf der Fahrt spricht Pavel: „Im Deutschen Haus werden sie kalte Füße bekommen. Sie erwarten mit Recht, gegen Ausschreitungen geschützt zu werden."

Hauptmann Krach: „Wenn die Nachrichten bis zu ihnen gedrungen sind."

Pavel: „Alle Tschechen kennen sie. Man rottet sich an den Ecken zusammen."

Hauptmann Krach: „Vier, fünf Leutchen."

Pavel: „Schon den dritten Zusammengerotteten habe ich bei Todesstrafe verboten." Kalt: „Infolgedessen ändere ich meine Dispositionen. Nach dem Theater Rococo. Wiederholen Sie!"

Hauptmann Krach: „Zu Befehl." Für den Fahrer: „Theater Rococo!" Für die beiden motorisierten Soldaten: „Nach dem Graben! Das Deutsche Haus bewachen, niemanden herauslassen!"

Die Motorisierten: „Zu Befehl, Herr Hauptmann." Sie rattern von dannen.

Pavel: „Sagen Sie dem Fahrer, wo das Theater liegt! Ich war nie dort."

Hauptmann Krach: „Wenzelsplatz!" Er besinnt sich, stößt einen Ruf des Schreckens aus: „Aber wie denn, im Rococo werden Exzellenz noch weniger sicher sein als im Deutschen Haus."

Pavel: „Wer sagt Ihnen, daß ich sicher zu sein wünsche? Schrecken verbreiten will ich."

Hauptmann Krach: „Zu Befehl." Er betrachtet Pavel, sooft in den Wagen mehr Licht fällt. Jedesmal fährt er zusammen.

Pavel: „Was haben Sie?“

Hauptmann Krach: „Wenn Exzellenz gestatten, versetze ich mich in die Empfindungen der Eingeborenen.“

Pavel: „Und sind beruhigt.“

Hauptmann Krach: „Gewissermaßen. Der Verantwortung für Ihre Person bin ich überhoben.“

Pavel: „Auf einmal.“

Hauptmann Krach: „Denn ich werde fallen. Schon aus den Listen gestrichen. Tragischer Abschluß eines Tages, reich an ernsten Ereignissen.“

Der Wagen fährt beim Theater vor.

Pavel: „Hier spielen Komiker?“

Hauptmann Krach: „Der beliebte Wokurka.“

Pavel: „Endlich wird gescherzt. Auch ich bin leider ein Mensch, und scherzhaft, wo es sich trifft.“

Sein Auftreten im Haus wäre geeignet, jeden einzelnen niederzuschmettern; indessen erweist das Personal vom Eingang an dem Protektor den unbefangensten Empfang. Der Portier bittet unter Verneigungen, die hohen Herren möchten ohne Aufenthalt an der Kasse weiterkommen. Der Kassierer zwängt den Kopf aus dem Schalter, um ihnen tschechische Begrüßungen zuzurufen: „ Má úcta, Pan Protektor. Ruku líbám.“

Beide Direktoren sind von den Dienern benachrichtigt und stürzen herbei, als der unwahrscheinliche Gast den Fuß auf die Treppe setzt.

Die Direktoren, abwechselnd: „Seine Gnaden, der Herr Protektor! Ich hab's nicht glauben wollen. Wir fürchteten, es war ein Witz von dem Wokurka. Jetzt ist das kein Komiker, und Spassetln werden da keine gemacht. Die Weltgeschichte persönlich haben wir im Haus.“ – Bei „Weltgeschichte“ klopft der Direktor, der gerade redet, den Protektor auf die Schulter.

Pavel hält an und wendet ihm das Gesicht zu.

Dem Direktor bleibt der Mund offen, seine Lippen zittern, die Knie, die Schultern, alles zittert, bis der Direktor auf einer Stufe sitzt und stöhnt: „Der ist's ja doch!“

Der andere Direktor, außer sich vor Entrüstung: „Schon wieder betrunken, der Swoboda! Da kann man nichts machen, hat gerade noch die halbe Flasche Slibowitz gesoffen, daß er den Mut bekommt, Seine Gnaden den Protektor in Empfang zu nehmen.“

Der Zug, mit Dienern und Logenschließerinnen, erreicht die Proszeniumsloge; sie wird geöffnet.

Pavel allein betritt den kleinen Vorraum der Loge.

Hauptmann Krach schließt hinter Pavel die Tür. Er selbst bleibt draußen und fährt den noch übrigen Direktor an: „Mensch! Für wen halten Sie mich?“

Der Direktor: „Sie sind der Hauptmann Krach, wer kennt Sie nicht.“

Die Logenschließerin: „Unsere Prager Berühmtheit!“

Hauptmann Krach: „Und wer ist drinnen?“

Der Direktor, hinter der Hand: „Raten Sie selbst, Herr Deutscher! Aber daß Sie mir nicht sagen, es ist der Pavel Ondracek!“

29

Auf der Bühne bricht das Spiel ab, das Orchester schweigt. Einige im Haus erheben sich.

Hauptmann Krach: „Eure Exzellenz, das sind deutsche Volksgenossen, die sich von den Sitzen erheben. Man erwartet ein gnädiges Wort!“

Pavel ruft hinunter: „Setzen!“

Statt dessen stehen alle auf.

Hauptmann Krach: „Die Leute haben mißverstanden, es sind Tschechen. Wo bleibt die Geheime Staatspolizei?“

Pavel: „Ich gab ihr Gelegenheit, sich anderswo zu betätigen.“

Hauptmann Krach: „So sind wir denn mitten in dem Spiel um das Leben des Protektors.“

Der Komiker Wokurka, auf der Bühne: „Seine Hoheit, unser gnädiger Herr Protektor, sind soeben aufgetaucht, alsdann, auf allgemeines Verlangen, das Horst-Wessel-Lied!“

Das Orchester stimmt die Hymne an, die Schauspieler singen mit, das Publikum fällt ein.

Pavel: „Hauptmann Krach, Sie wundern sich. Sie haben keinen Grund. Das deutsche Lied muß siegen, wie der deutsche Galgen. Nie eins ohne das andere.“

Arm in Arm mit dem Komiker Wokurka singt und tanzt die Primadonna Milo Schatzova. Auf Stufen übereinander übt das weibliche Ensemble seine blanken Kehlköpfe und entkleideten Gliedmaßen, bis in die Tiefen der Bühne umgleißt vom Flitter mit silbernen Lichtern.

Pavel: „Da soll man stark wie ein Protektor bleiben! Mut! Mein Führer baut auf mich! –“ Er strengt seine Maske bis zum Höchstmaß an, er richtet sie gegen die Primadonna, die er aus nächster Nähe vor Augen hat.

Milo Schatzova versucht, ihn anzulächeln. Aber sie erstarrt vor Grauen, gleich wird sie sich schlecht befinden.

Der Komiker Wokurka stützt mit der Hand ihre Rückseite: „Jetzt hast du gedacht, er ist es.“

Milo Schatzova: „Ist er's denn nicht? Er ist es!“

Der Komiker Wokurka: „Schön, ist er's. Werd ich Witze machen, bis er's wieder nicht ist.“ – Er spricht in das Publikum.

Pavel: „Die Schauspielerin –“

Hauptmann Krach: „Exzellenz haben ihr Eindruck gemacht.“

Pavel: „Wie heißt sie?“

Hauptmann Krach: „Schatzova.“

Pavel: „Sie verstehen tschechisch. Was will der Komiker?“

Hauptmann Krach: „Sich lustig machen über –.“

Pavel: „Über mich!“

Hauptmann Krach, faßt an seinen Revolver: „Das täte er nicht lange. Nein, nur über den Helden Horst Wessel, für den die Frauen durch das Feuer und auf die Straße gingen. Was ist im Grunde dabei?“

Pavel: „Ich bin einer Meinung mit Horst Wessel. Ich will die Schauspielerin sehen, wie war ihr Name?“

Hauptmann Krach: „Schatzova.“

Pavel: „Der Vorname!“

Hauptmann Krach: „Mir leider entfallen. Ich erkundige mich?“ Er zögert, die Loge zu verlassen. Die Hände gefaltet: „Exzellenz, verzichten Sie mir zuliebe!“

Pavel: „Ich denke, Sie wollen für mich fallen.“

Hauptmann Krach: „Zu Befehl.“ Schlägt die Hacken zusammen. Geht stramm ab.

30

Finale des Aktes. Bevor der Vorhang fällt, verschwindet Pavel durch die Tür, die von seiner Loge auf die Bühne führt. Der Vorhangzieher, unabkömmlich, ruft andere zu Hilfe: „Jan! Karel! Seht! da kommt er.“

Die Arbeiter bestaunen Pavel: „Das ist gut!“

Der Inspizient: „Die Herren Direktoren haben uns schon gewarnt.“ Versuch, ironisch zu sein: „Laßt es euch nur nicht grausen, sagten die Herren, waren aber selbst noch angegriffen.“

Pavel faßt ihn ins Auge. Nicht lange, der Inspizient ist bezwungen, er nimmt Reißaus.

Der Feuerwehrmann in der zweiten Kulisse macht Front vor Pavel, salutiert, sieht unbeirrt geradeaus. Draußen das Rauschen des Beifalls.

Pavel: „Was rufen die Leute?“

Der Feuerwehrmann: „Den Herrn Protektor rufen sie.“

Pavel: „Ich, mich vor einem tschechischen Publikum verbeugen? Die vergessen, wer ich bin.“

Stimme des Komikers Wokurka: „Tschechisches Schutzvolk! Dein geliebter Protektor dankt gerührt für deinen Beifall. Heut sind wir unter uns, da sag ich's kühn, den Protektor wünsch ich mir für täglich, mit Mostrich, Rettich und Tusch.“

Das Orchester spielt einen Tusch, der Vorhang fällt zum letzten Mal.

Aus den Kulissen drängen Komparserie und Solisten. Beim Anblick Pavels kreischen sie auf. Manche bekommen Gesichter, die ihn ernsthaft prüfen. Zwei

Tänzerinnen wagen sich bis in Atemnähe: sie schließen die Augen und küssen ihn, jede auf eine Wange. Gleich nachher erschrecken sie und flüchten.

Pavel folgt in Richtung der Damengarderoben. Auf der letzten Tür liest er „Milo Schatzova". Ohne anzuklopfen, tritt er ein. Er dreht den Schlüssel um.

In dem Spiegel, vor dem sie sitzt, beobachtet die Schauspielerin ihn. Ihre Miene wird kalt und böse, wie seine. Sie befiehlt ihrer Garderobiere: „Wirf den Herrn hinaus!"

Die Garderobiere, entsetzt: „Milo! beherrsche dich. Das ist der Protektor."

Milo Schatzova: „Wenn's der Herr Protektor wäre, führt er sich anständig auf. Schlechte Witze mag ich nicht."

Pavel: „Deshalb bist du zum Rococo gegangen. Milo! Als du noch eine Anatomiestudentin warst, die Leichen hatten mehr Humor als ihr hier."

Milo Schatzova: „Sei doch komisch, wenn in der Loge, direkt auf der Bühne ein Gespenst zusieht!"

Pavel: „Wir arbeiteten zusammen angenehm in der Anatomie. Aber der Protektor, mein Vorgänger, hat die tschechische Universität geschlossen. Da mußtest du zum Theater gehen."

Milo Schatzova: „Und du dein hohes Amt antreten."

Pavel: „Beide haben wir's schnell zu etwas Rechtem gebracht."

Die Garderobiere beginnt zu vermuten: „Wär's gar wirklich –" In ihre hohle Hand: „Der Ondracek?"

Milo Schatzova: „Geh, Leikova, paß draußen auf!"

Die Garderobiere: „Zuerst muß ich's erleben, wie er sich abschminkt." Flüstert ängstlich: „Wird das auch gehen?"

Pavel tritt hinter einen Vorhang.

Die Garderobiere: „Milo, hüte dich. Er betrügt uns."

Milo Schatzova: „Möglich ist alles bei den Deutschen."

Pavel kehrt als Pavel zurück, in Hemd, Höschen und langen Strümpfen. Er schmunzelt gutmütig: „So schön bin ich ja nicht mehr."

Milo Schatzova und die Garderobiere fallen einander um den Hals.

Milo Schatzova: „Endlich ein Sensationserfolg in dem Theater!“

Die Garderobiere, mäßigt ihre Begeisterung, da Pavel ihr winkt.

Pavel: „Hauptmann Krach wird mittlerweile den Weg entdeckt haben.“

Milo Schatzova: „Dein berühmter Hauptmann Krach.“ An die Garderobiere gewendet: „Leikova, lauf hinten herum, wenn du Hauptmann Krach begegnest, sag ihm, ich werde verführt, er darf nicht stören.“

Pavel: „Den Auftrag hätt ich Ihnen auch gegeben, Leikova. Aber ich steh mit Milo kameradschaftlich. Unzartheiten fallen nicht in mein Ressort.“ Er folgt der Garderobiere bis an den Vorhang der Tür: „Nachher werd ich einen Zivilanzug nötig haben.“

Die Garderobiere verschwindet hinten durch die verhängte Tür.

Am Eingang wird geklopft, zuerst energisch, dann vorsichtiger.

Pavel hat sich mit einem Frisiermantel bedeckt. Er sitzt im entferntesten Winkel und stöhnt leidenschaftlich.

Milo Schatzova wirft ein Kleid über. Gebückt und das Gesicht mit dem durchsichtigen Stoff bedeckt, stöhnt sie erstickt in die Falten.

31

Vor der Garderobe widersteht Hauptmann Krach der Versuchung, durch das Schlüsselloch zu sehen. In Zweifeln und Unruhe macht er drei Schritte hin und her. Arbeiter und Mitglieder der Bühne umgeben ihn im weiten Halbkreis.

Hauptmann Krach überwindet sich, holt mit eisernem Arm den Inspizienten aus der Menge: „Ihr Fall ist klar, wenn dem Protektor da drinnen etwas zustößt. Gleich an diesem Träger, mein Teurer, werden Sie hängen.“

Der Inspizient: „Und herunterpurzeln. Das Gestell ist wacklig. Die Tugend der Schatzova wackelt auch schon.“

Die Garderobiere und der Komiker Wokurka kommen die äußere Seite der Garderoben entlang.

Die Garderobiere: „Um der himmlischen Barmherzigkeit willen, Herr Hauptmann, hören Sie die Schatzova stöhnen? Die ist hin. Sie fällt dem gnädigen Herrn Protektor zum Opfer. Die Vorstellung wird müssen abgebrochen werden.“

Der Komiker Wokurka: „So ein fades Geschwätz! Als ob deswegen schon mal eine Vorstellung abgebrochen wäre. Gar nicht ignorieren, Herr Hauptmann!"

Die Stimme der Milo Schatzova, von innen: „Hilfe! Man tut mir Gewalt an."

Hauptmann Krach zieht sich diskret von der Tür zurück; die anderen ahmen sein Zartgefühl nach.

Die Stimme des Protektors, unverkennbar trotz der geschlossenen Tür: „Was ich will, das will ich. Sabotage wird mit dem Tode gesühnt."

Die Stimme der Schatzova: „Ich beiß dich. Ach, was hilft es, du Scheusal hast mich verführt."

Die weiblichen Mitglieder, abwechselnd: „Einmal etwas anderes, ein Protektor. Grausig, aber schön. Weinen möcht man wie ein kleines Kind."

Der Inspizient: „Anstatt daß ihr euch ordentlich umkleidet für den letzten Akt." Er treibt die Versammlung auseinander.

Die Garderobiere wischt sich die Augen: „Gerade die Milo hat er sich müssen vornehmen. Sind da nicht Flitscherln genug? Ein so anständiges Mädchen, hat vor Anstand nicht wohin gewußt."

Der Komiker Wokurka: „Was halten der Herr Hauptmann vom Verführen im allgemeinen? Haben Sie schon eine verführt? Ich nicht. Was sich einstmals mit mir zugetragen hat im Extrazug von Wien nach Czernowitz. Meine Kollegin Greislerova fuhr in einem geschenkten Abteil, ich im nächsten, aber das meine macht mir ganz den Eindruck, daß es kleiner ist. Einen Künstler wie mich muß das kränken. Es verdroß mich so stark, daß ich meinen Stock nahm."

Die Garderobiere: „Vergreifen wollt er sich an der Greislerova!"

Der Komiker Wokurka: „Ich? Sie, bitte, an mir! Ich geh ganz treuherzig mit meinem Stöckchen ihr Abteil abmessen, ob's wirklich größer ist –."

Hauptmann Krach, unterbricht: „Herr Wokurka, Ihre Geschichten wären unter anderen Umständen vielleicht gut."

Der Komiker Wokurka: „Beherzigenswert, Herr!"

Hauptmann Krach: „Jetzt aber handelt es sich darum, wie ich meinen Protektor aus der Falle bekomme und ihn glücklich heimbringe." Zur Tür. Er klopft entschlossen.

Die Stimme des Protektors: „Hauptmann Krach!"

Hauptmann Krach: „Zu Befehl, Exzellenz."

Die Stimme des Protektors: „Ich bleibe hier, sehen Sie sich den letzten Akt an!"

Hauptmann Krach: „Melde gehorsamst, das ganze Theater weiß schon von der Sache. Es ist, melde gehorsamst, fürchterlich."

Die Stimme des Protektors: „Gefühle sind abzustellen! Passen Sie auf! Ich soupiere in der Goldenen Gans und nirgends sonst."

Die Stimme der Schatzova: „Bei mir zu Haus soupierst du. Mein Held! Dein Leben für mich wagen, dich der Rachsucht deiner Feinde aussetzen, die Goldene Gans geht mir gerade ab!"

Die Stimme des Protektors: „Sie hören, was ich beschlossen habe, Hauptmann Krach."

Hauptmann Krach: „Bei der Dame hol ich Exzellenz motorisiert wieder ab."

Die Stimme des Protektors: „Hüten Sie sich! Ganz ohne Aufsehen. Früh um sechs. Meine strengen Pflichten verbieten mir den Morgenschlummer."

Hauptmann Krach: „Befehl, Exzellenz." – Er macht rechtsum. Stramm verläßt er die Bühne.

32

In der Garderobe.

Die Garderobiere, aus der verhängten Tür, mit einem Packen Kleider: „Alles, was du brauchst, Pavel. Vom Wokurka, sein Kostüm als Schneider Zwirn."

Milo Schatzova: „Der Wokurka hat Einfälle. Du gehst als Garderobengehilfe aus dem Theater fort; sollt mich wundern, wenn dich jemand anhält."

Pavel: „Wer mich anhält, wird nichts zu lachen haben. Ich mache mein Protektorgesicht."

Milo Schatzova: „Leikova! Wickel ihm seine Protektorensachen sorgsam zusammen in ein schwarzes Bündel, wie es die Schneider tragen." Sie winkt ihr, hinter dem Vorhang zu verschwinden.

Pavel, als sie allein sind: „Hab Dank, Milo!"

Milo Schatzova: „Du – willst danken? Was tun aber dann wir? Heute hast du uns die Gestapo vom Halse geschafft. Ein Tag Leben gewonnen durch dich! Pavel, weißt du schon, wie es weitergeht?"

Pavel macht mit den Fingern ein V.

Milo: „Das wissen wir Tschechen! Ein Rätsel ist mir dein Hauptmann Krach."

Pavel: „Die Deutschen sind Rätsel."

Milo: „Nach allem, was er gesehen hat, glaubt er an dich? Vom Altmarkt schweig ich. Aber hier bei uns, das ganze Haus hat dich gekannt, die einen gleich, die anderen später. Er allein bleibt standhaft."

Pavel: „Er glaubt an seinen Protektor, wie er an seinen Führer glaubt. Für das eine ist nicht mehr Ursache als für das andere. Was diese Deutschen wirklich können, ist, im Falschen standhaft sein."

Milo: „Aber, der – andere Protektor, wenn er nun zurückkommt!"

Pavel: „Auch er wird mir's glauben müssen."

Milo: „Seit heute trau ich dir vieles zu."

Pavel: „Nur nicht haltmachen! Ich hab ihn abgesetzt. Er war froh, wenn er mit mir tauschen könnte. Aber wo ich der Protektor bin, ist er noch lange nicht der Ondracek. Zu Rett soll er gehen, wenn ich aufstehe!"

Milo: „Pavel! Ich will dir helfen. Was kann ich tun?"

Der Inspizient, vor der Tür: „Slecna Milo! Es hat angefangen. Drei Minuten, bis Sie auftreten."

Pavel: „Dann schnell! Ich hab mich gefürchtet, dir's zu sagen. Du mußt morgen zu ihm auf die Burg gehen."

Milo Schatzova: „Die Anstandsvisite nach den glücklichen Stunden einer Nacht."

Pavel: „Beiläufig das."

Milo Schatzova: „Mich öffentlich zeigen als die Geliebte des gnädigen Herrn Deutschen! Jetzt merk ich erst, daß ich entehrt bin. Keine tschechische Frau gibt mir noch die Hand."

Pavel: „Verlier den Kopf nicht! Unsere Leute werden ohne Erklärung begreifen, daß du ihnen einen Dienst erweist wie –."

Milo Schatzova: „Judith mit Holofernes, Dalila bei Samson."

Pavel: „Keine Übertreibung!"

Der Inspizient, vor der Tür: „Slecna Milo! Höchste Zeit!"

Milo Schatzova eilt hinaus.

Pavel ist hinter dem Vorhang verschwunden.

33

Pavel verläßt das Theater durch einen Hof, er nimmt den Weg durch ein Gewirr dunkler Gassen. An einer Ecke wartet ein tschechischer Wachmann.

Pavel: „Wünsche geruhsamen Nachtdienst, Herr Wachmann."

Der Wachmann: „Nachtdienst ist kein Spaß. Da mußt du die Passanten im Auge behalten, obwohl es gar keine geben darf, laut Verfügung des deutschen Herrn Protektors. Was haben Sie denn in dem Packen?"

Pavel, öffnet einen Zipfel seines schwarzen Bündels: „Ein Kleid vom Komiker Wokurka. An dem verdammten Nagel aufgerissen, von oben bis unten. Gleich muß der Bihalek her."

Der Wachmann: „Du bist der Bihalek vom Rococo."

Pavel: „Der Garderobengehilfe. Jeder Wachmann kennt mich, ich wohne dort um die Ecke im Tschechischen Löwen."

Der Wachmann: „Versteh schon. Im Vertrauen, bei euch ist, hör ich, heut abend der Protektor gewesen?"

Pavel zuckt die Achseln.

Der Wachmann: „Versteh schon. Laut Verfügung liegt er im Bett. Im Theater wird ein anderer den Protektor gemacht haben."

Pavel: „Aber reden tut nicht gut."

Der Wachmann: „Eh schon wissen."

Pavel: „Wünsche viel Vergnügen, Herr Wachmann."

Der Wachmann, flüstert ihm nach: „Das Bündel da mußt du besser zuknüpfen."

Pavel, um die Ecke und durch die menschenleeren Straßen der Stadt bis auf die nächtliche Chaussee nach Lidice. Unverzagt schreitet er aus, als ein Marktwagen ihn einholt.

Der Bauer: „Sitz auf, Pavel!"

Pavel, im Fahren: „Schon vom Markt zurück, Jan?"

Der Bauer: „Hab geeilt, wegen der Nachrichten. Aber ich werde nicht der erste sein."

Pavel: „Was gibt's denn Neues?"

Der Bauer: „Genau genommen – gar nichts."

Pavel: „Wir Tschechen bemerken nie was."

Der Bauer: „Wenn nicht einmal die klugen Deutschen die Augen aufmachen."

Pavel: „Sie werden ihre Gründe haben. Ihre Dummheit ist nur verstellt."

Der Bauer: „Wir tun nichts dazu, daß wir blöd sind."

Ankunft in Lidice. Der Wagen hält in einigem Abstand von dem Gehöft, wo Pavel zu Haus ist.

Der Bauer: „Weiter fahr ich dich nicht, Pavel, wegen des Franticek Eger."

Pavel: „Auf den hatt ich meiner Seel vergessen."

Der Bauer: „Aber er auf dich nicht. Sitzt im Turm droben und horcht nach allen, die drunten reden. Der hat schon zu viel gehört, sag ich!"

Pavel: „Was kann man da tun."

Der Bauer, Bewegung des Halsumdrehens.

Pavel: „Hättest du Lust zu dem Geschäft?"

Der Bauer: „Behüte!"

Pavel: „Man soll nichts wegwerfen, was man vielleicht noch brauchen wird."

Sie trennen sich.

34

Das Gehöft des Bauern Ondracek. Die Sonne geht hinter dem Wald auf. Vorn nähert Pavel sich über die weiten Wiesen, wo Kühe weiden und Gänse schnattern. „Was sag ich ihnen jetzt?“ spricht er vor sich hin. „Schöne Sachen hab ich da gemacht! Wer wird das alles am Ende bezahlen müssen? Die hier. Meine Leute. Unser Dorf. Lidice.“

Er macht halb kehrt nach dem Wald zu.

Pavel: „Ich trau mich nicht ins Haus.“

Lyda, tritt zwischen den Bäumen hervor: „Guten Morgen, Pavel. Auch schon so früh auf?“

Pavel: „Du, Lyda, siehst ein wenig aus, als habest du nicht geschlafen. Aber hübsch bist du.“

Lyda: „Gefall ich dir immer noch?“

Pavel: „Seit gestern ist nichts anders, Lyda.“

Lyda: „Du bist der Pavel geblieben. Warst alle die Zeit der Pavel.“

Pavel: „Was hilft es, wenn ich dich belöge.“

Lyda: „Nein, das hülfe nicht. Sonst aber wirst du überall lügen müssen, heut und immer.“

Pavel: „Du hast recht, Lyda.“

Lyda: „Ich tadele dich nicht, Pavel! Alle freuen sich, alle sind stolz auf dich.“

Pavel: „Nur du nicht.“

Lyda: „Ich noch mehr als sie. Die Braut des Helden! Auch Kummer macht es, den haben die anderen nicht.“

Pavel: „Noch nicht. Waren im Dorf keine Schwarzen?“

Lyda: „Werden nicht ausbleiben. Du selbst hast sie über das Land hinschwärmen lassen.“

Pavel: „Mich finden sie nicht.“

Lyda, berührt sein Bündel: „Und das da?“

Pavel zuckt die Achseln.

Lyda: „Wir verbrennen es, eh daß der Vater es sieht!"

Pavel: „Warte noch! Gib dem Schicksal etwas Spielraum!"

Lyda: „Dich hat das Schicksal gerade noch mit heiler Haut aus seinem Spiel entlassen. Pavel! Du gehst nicht noch einmal. Was du unbekannt in dir trugst, ist nun gebüßt. Sollen andere das Ihre tun!"

Pavel: „Eigentlich wahr. Er hat jetzt eine tschechische Geliebte."

Lyda: „Wer? Wie denn? Rede!"

Pavel: „Das könnt ihr hier noch nicht wissen. Es soll erst heute geschehen. Aber er bekommt sie."

Lyda: „Wer?"

Pavel, leise: „Der Protektor."

Lyda: „Der bist du! Oder warst es, und hast eine Geliebte! Natürlich, der gnädige Herr hat nur befehlen müssen, an jeder Hand eine."

Pavel: „Kennst du die tschechischen Mädchen? Sieh dich selbst an! Wollt ich dich zu ihm schicken, du brächtest ihn gewiß in den Ruf, daß er mit dir seine deutsche Herrenrasse verrät. Weiter hätt er nichts."

Lyda, an seiner Brust: „Weil alles dein, nur dein ist." Sie löst sich aus der Umarmung: „Ich bin nicht eifersüchtig, Pavel! Wie steht es um dein Gewissen?" Da er nicht begreift: „Du hast getötet."

Pavel: „Getötet? Ich?"

Lyda: „Einen deutschen Offizier. Am Altmarkt."

Pavel: „Das erzählen sie? Es ist merkwürdig, damit die Leute einen bewundern können, muß er getötet haben."

Lyda: „Wie war's aber?"

Pavel: „Eine Schlägerei zwischen zwei Deutschen. Gefallen ist keiner."

Lyda: „Kein richtiger Toter?"

Pavel: „Den Sieger macht ich zum Hauptmann."

Lyda: „Dein Hauptmann Krach ist auch kein richtiger Hauptmann!"

Pavel: „War ich vielleicht ein richtiger Protektor?"

Sie lachen.

35

In der Tür des Hauses erscheint Jaroslav Ondracek. Er ruft: „He! Pavel!“

Lyda verscheucht die Gänse von der Wiese und treibt die Kühe in den Stall.

Pavel: „Guten Morgen, Vater.“

Jaroslav: „Sohn! Du kommst spät aus den Federn. Begreiflich, nach der Feier gestern.“

Pavel: „Ihr habt gefeiert?“

Jaroslav: „Am meisten du. Deine Verlobung mit der Lyda!“

Pavel: „Jetzt fällt mir's ein.“

Jaroslav: „Hattest etwas über den Durst getrunken. Solch einen Tag vergißt man darum nicht.“

Pavel: „Wie könnte man! Den ganzen Tag hier gefeiert? Jede Stunde, von Mittag an?“

Jaroslav: „Bis in die Nacht. Niemand vergißt das Fest so bald. Werden alle heut wiederkommen, der Herr Kaplan, der Herr Doktor, die Kumpels vom Bergwerk –“ Er zwinkert: „Dir danken. Dich beglückwünschen.“

Pavel: „Schon bald, scheint mir?“

Jaroslav: „Nicht ausstehen können sie's, bis sie da sind.“

Pavel: „Es wird Zeit, daß die Lyda das Vieh wegbringt! Wenn das ganze Dorf auf der Wiese zu tafeln gedenkt.“

Jaroslav: „Wie schon gestern.“

Pavel: „Wie schon gestern.“

Jaroslav: „Dein Sonntagsgewand hat gestern häßliche Flecken bekommen.“ Er zupft an dem verknoteten Bündel. „Einen Riß sogar? Trag es nicht zum Schneider Kniege! Der war der betrunkenste.“

Pavel: „Verwahren wir es denn im Hause! Aber wo?“

Jaroslav: „Im Turm.“

Pavel: „Droben, beim Eger?“ Leise: „Der könnt es mißbrauchen.“

Jaroslav: „Ja, wenn er noch der Franticek Eger von früher wäre! Du denkst, seinen alten Menschen ablegen und eine täuschende Maske annehmen – kann nur einer."

Pavel: „Eine Maske, darin irrst du, Vater. Je länger man sie trägt, um so weniger ist noch Kunst dabei. Bald fürchtet man sich, wie echt man ist."

Jaroslav: „Genau so ergeht es dem Eger. Sohn! Komm den verwunschenen Polizeispion ansehen."

Sie betreten das Innere des verfallenen Turmes. Die Plattform droben klafft, zur Hälfte weggerissen. Pavel wirft seinen Packen hinauf und verfehlt den Boden. Beim zweiten Versuch fangen ein Paar Hände das Bündel auf.

Franticek Eger: „Ich sag's doch, da haben wir ihn. Sein Kleid, bis er selbst kommt. Und er kommt, sonst wär ich nicht der Franticek."

Jaroslav: „Der bist du ja nicht. Du bist ein Gestapoagent, heißtest wahrscheinlich Katlapat und kommst vom Nordpol, um uns zu verderben."

Franticek Eger, kniet auf dem ausgezackten Rande des oberen Fußbodens: "Führe uns nicht in Versuchung, Pan Ondracek! So weit her, kann ich mich nicht rühmen. Genügt schon, daß ich ein gottverlassener Sudetendeutscher bin, von der Art, die's nicht hält, sie müssen ihre biederen tschechischen Landsleute angeben. Laßt mich nur nicht herunter von dem Turm, ich möcht am Ende wieder anfangen."

Pavel: „Er macht den bußfertigen Sünder."

Jaroslav: „Du wirst weiter hören."

Franticek Eger: „Hier im Turm aber bin ich meiner gewiß und bin ein gewaltiger Patriot, besonders bei der Nacht. Hab ihn diese Nacht vor meinem Messer gehabt, wo er doch in Brünn die guten Leute erschießt und hängt sie in Prag. Das Messer wollt um alles nicht aufgehen, sonst war er hin."

Pavel: „Wer war er?"

Franticek Eger: „Du!" Er wirft sein Messer nach Pavel.

Pavel ist beiseite gesprungen: „Nicht übel als erstes!" Für Jaroslav, oder für sich selbst: „Wär es so einfach! Er hat etwas läuten gehört. An die Stelle des anderen hab – ich mich gesetzt. Wer mich umbrächte, hätt es schon geschafft, denkt er."

Jaroslav: „Weil er aus heftiger Reue übergeschnappt ist."

Pavel: „Mir selbst hätt es einfallen können.“

Jaroslav: „Von uns Ondraceks ist noch keiner verrückt geworden.“

Pavel: „Ruhig, Vater! Ich weiß, was ich treibe.“ Er wirft sein Messer dem Eger in die Hand: „Behalt es, Franticek, für den letzten Besuch, den ich dir einstmals machen soll. Du haßt mich sehr?“

Franticek Eger: „Henker du! Nach deinem Blut bin ich wild.“

Jaroslav: „Ein fataler Kerl!“

Pavel: „Ein schöner Mörder, nicht jedem liegt das.“ Spricht nach oben: „Die Uniform wirst du mir wieder leihen müssen, zum Nutzen meiner Schandtaten. Klopfe sie sorgfältig!“

Jaroslav, nach oben: „Daß du dich nicht bemerkbar machst, wenn später die Gäste kommen, zum Beispiel ungebetene. Sollte der Turm durchsucht werden –“

Franticek Eger: „Ich laß ein Stück vom Fußboden den Schwarzen auf die Köpfe fallen. Die sollen genug haben!“

36

Gegen Mittag. Die Wiese des Gehöftes Ondracek ist mit langen Tischen voller Viktualien besetzt. Die Bewohner des Dorfes stehen und gehen umher, indessen immer mehr ankommen. Zahlreiche Bergarbeiter marschieren geschlossen auf, mit Bläsern und Streichmusik. Sie spielen aus der „Verkauften Braut“. Halten vor Pavel und Lyda, die aneinander lehnen. Helle Sträuße schmücken die dunklen Kittel der Arbeiter.

Ein Bergarbeiter, setzt sein Instrument ab, überreicht seine Blumen der Braut: „Slecna Lyda! Sie bekommen den schönsten Mann von Lidice.“

Ein anderer: „Den besten!“

Pavel: „Das wußt ich wirklich nicht.“

Lyda: „Ich hab es immer gewußt. Auch gestern war er gleich zur Stelle, als einem von euch ein Unglück geschah.“

Ein Arbeiter: „Um 12 Uhr 50. Der Kumpel ist vom Herrn Pavel kunstgerecht verbunden, daß man eine Freude hat.“

Eine Frau: „Seien wir in der Zeit genau! Von 12 Uhr 10 bis 40 war der Pavel in meiner Hütte; nahm meiner Schwester den Blutdruck und pumpte ihr den Magen aus.“

Der Arbeiter: „Nun? Zehn Minuten bis zum Schacht, macht es 12,50. Alles richtig.“

Pavel, heimlich zu Lyda: „Nur daß ich im Omnibus nach Prag saß.“

Lyda: „Eben nicht.“

Pavel: „Doktor Holar wird sagen, ich habe das Gesetz verletzt.“

Doktor Holar: „Das erste, was ich höre.“

Pavel: „Weil ein unabsolvierter Student nicht praktizieren darf.“

Doktor Holar: „Ich verantworte es, Kollega. Bei den ungewöhnlichen, wenngleich erhebenden Zeiten und dem leider unersetzlichen Abgang an Ärzten.“

Ein Zuhörer: „Abgang ins Lager.“

Doktor Holar: „Mit tödlichem Verlauf.“

Eine Schar Kinder drängt sich vor. Die Mädchen tragen Kränze in den blonden Haaren, den Knaben sind die Kappen mit Zweigen besteckt.

Die Kinder, durcheinander: „Slecna Lyda! Pan Pavel! Schönen Dank für den Gänsebraten und das Fangespiel. Ihr seid mit uns um die Bäume gelaufen, so ein Brautpaar loben wir uns!“

Pavel: „Wieviel war's noch auf der Uhr?“

Lyda: „Komische Frage. Nach dem Gänsebraten war es.“

Ein Knabe, mit dem unschuldigsten Gesicht: „3 Uhr 50 war es geworden.“ Nach den anderen Kindern gewendet: „Ist das wahr?“

Alle Kinder, im Takt: „3 Uhr 50. 3 Uhr 50.“

Ein süßes kleines Mädchen: „Ich hab ein Stück Nußbeugerl im Maul gehabt, wie der Pavel mich erwischte!“

Pavel: „So war das. Ich fing das Mäderl, derweil es noch kaute.“ Lyda ins Ohr: „Wer hat es ihnen eingelernt?“

Lyda: „Der Herr Kaplan. Gestern hielt er uns die schöne Rede.“

Pavel, die Augen niedergeschlagen, tritt vor den Kaplan hin, spricht laut für alle: „Ehrwürden! Das ist für uns Gruben- und Bauernvolk eine hohe Auszeichnung, daß Sie auch heute wieder da sind.“

Der Kaplan, jung, verlegen, aber entschlossen, sich zu überwinden: „Lieber Ondracek, auch ich bin ein tschechischer Bergmannssohn – und war ich es nicht, verpflichtet doch mein Amt mich, alles mit meinem Nächsten zu teilen, gestern die Gnade des Himmels, heute –“ Leise: „Die Gefahr.“

Pavel: „Was Ehrwürden zu uns gesprochen haben –!“ Er zeigt nach dem Wald: „In der Kapelle dort, werd ich nie vergessen.“

Der Kaplan: „Was hast du dir besonders gemerkt, mein Sohn?“

Sie erheben die Augen zueinander. Beide sind gleich jung, und sehr ernst.

Pavel: „Du sollst deinen Nächsten lieben wie dich selbst.“

Der Kaplan: „Wir meinten unser Volk. Aber ein anderes Wort bewege ich seit gestern bei mir, viel und schmerzlich: Du sollst nicht falsch Zeugnis ablegen.“

Pavel: „Was würde dann aus dem Volk, das Ihr Nächster ist?“

Der Kaplan, nervöses Zucken, er beugt die Stirn, die Schultern, er gleitet fluchtartig zur Seite.

Pavel, nach der anderen Seite. Er setzt sich an die Mitte des vorderen Tisches neben Lyda.

Die Gäste sitzen schon, oder wählen geräuschvoll ihre Plätze. Der Hausherr Jaroslav hilft ihnen mit freundlicher Autorität. Bei jedem Gedeck steht ein Glas bis an den Rand mit Wein gefüllt. Mägde bringen große Suppenschüsseln.

Die Kinder, im Takt: „Leberknödeln! Leberknödeln!“

Pavel, über Lyda geneigt: „Der Kaplan –.“

Lyda: „Der Kaplan?“

Pavel: „Es ist mit ihm nicht viel. Du wirst sehen, im falschesten Augenblick schnappt er zusammen.“

Lyda: „Du aber warst den ganzen Tag derselbe Held.“

Pavel: „Nein. Das Gespräch mit dem Führer hat mich furchtbar erschöpft.“

Jaroslav Ondracek empfängt den Amtsvorsteher, seinen Altersgenossen. Sie gehen beiseite, bis unter die ersten Bäume.

Der Amtsvorsteher: „Hier ist es lustig, wieder wie gestern."

Jaroslav: „Du, Gevatter, machst ein ernstes Gesicht. Was gibt es?"

Der Amtsvorsteher: „Nichts. Noch nicht. Sie sind drei Meilen von hier."

Jaroslav: „Ich freue mich geradezu auf ihren Besuch. Sollen diese Schwarzen einmal sehen, was eine tschechische Verlobung ist!"

Der Amtsvorsteher: „Ganze zwei Tage und Nächte getafelt und getanzt, so gestern wie heute. Ich bezeug es."

Jaroslav: „Die Leute im Dorf?"

Der Amtsvorsteher: „Keiner, der nicht auch darauf schwört. Bis zu dem Trottel, der die Schweine hütet."

Jaroslav: „Und kein Wort wahr! Gestern hat hier das Vieh geweidet. Wir beide gingen abwechselnd in das Wirtshaus und holten die unterirdischen Nachrichten aus Prag."

Der Amts Vorsteher: „Lidice ist stolz auf deinen Pavel. Daß nur Lidice seinen Stolz nicht büßen muß!"

37

Die Gläser stehen noch immer bis an den Rand gefüllt. Die Gesellschaft hat gegessen, aber nur Wasser getrunken. Das Musikkorps der Bergarbeiter stellt sich auf und spielt Tänze aus der „Verkauften Braut". Die Kinder vorn, die Mädchen und Burschen hinter ihnen, führen artige Figuren auf. Pünktlich setzt auch ihr Chorgesang ein.

Die älteren Leute haben sich an einem Tisch um das Brautpaar gruppiert. Pavel, Lyda und die anderen verhalten sich, als ob sie ein Bild stellten.

Doktor Holar: „Beim Theater, sagt meine Tochter, trinken sie auch nicht wirklich, wenn Verlobung ist, und die Verlobung ist sowieso falsch."

Pavel: „Unsere ist echt, bitte."

Der Amtsvorsteher: „Alles goldecht. Wie, Doktor Holar? Sind wir biedere Tschechen? Sind das unsere nationalen Tänze aus der „Verkauften Braut"?"

Jaroslav: „Betrinken werden wir uns, damit einer sich verplappert!"

Lyda: „Pavel! Wir sollten doch lieber tanzen. In Reih und Glied verschwindet man."

Pavel: „Die tanzen uns zu Ehren, wir müssen zuschauen."

Der Kaplan: „Es wäre nicht richtig, zu verschwinden." Er stellt sich sichtbar auf.

Der Knabe mit dem unschuldigen Gesicht verläßt das Gebüsch, das ihn gegen die Straße gedeckt hatte: „Sie kommen!"

Der Amtsvorsteher: „Sind es viele?"

Der Knabe: „Ein Regiment –" Er wartet die Spannung ab: „ist es nicht. Blöd sehen sie aus."

Der Amtsvorsteher, für die Musikanten:

„Lustig sind wir! Lauter! Schneller!"

Jaroslav nach den Tänzern hin: „Hopsassa!"

Die Figuren der „Verkauften Braut" entarten zu Sprüngen und Geschrei, auch die Musikanten werfen die Beine. Die Zuschauer klatschen nach dem Takt in die Hände, nur der Kaplan nicht.

Auf der Straße hält ein großes Transportauto. Am Saum der Wiese erscheint die Geheime Staatspolizei, vier Zivilisten, eingerahmt von SS-Männern, die ihre Vorgesetzten um einen Kopf überragen.

38

Die SS-Männer manövrieren derart, daß sie die Gesellschaft einkreisen und Tänzer, Musikanten, Zuschauer voneinander abschneiden.

Die vier Geheimpolizisten halten vor dem Tisch. Jeder hat beiläufig die Maske, wie Pavel sie nachahmen kann. Ihre sind weit weniger gelungen, man betrachtet sie ohne Entsetzen, obwohl Furcht zu erregen ihr offenbares Ziel ist.

Der erste Geheime, von den anderen als Chef behandelt: „Zwei der Herren bringen dem Volk Respekt bei!"

Der dritte und vierte Geheime: „Zu Befehl." Sie verfügen sich zu den Tänzern.

Der zweite Geheime bleibt.

Der erste: „Der Gemeindevorsteher."

Der Gemeindevorsteher kommt mit Mühe hoch: „Da ist bittschön meine Persönlichkeit."

Der erste Geheime: „Mensch! Sie sind ja betrunken."

Der zweite: „Wenigstens sieht es so aus."

Der erste: „Ihr Amtslokal haben Sie nicht einmal verschlossen. Seit wann saufen Sie hier?"

Der Gemeindevorsteher: „Erst seit gestern mittag, mit freundlicher Erlaubnis." Er fällt zu Boden.

Jaroslav Ondracek und Doktor Holar sind bemüht, den Gemeindevorsteher wieder auf die Füße zu stellen.

Der erste Geheime zu dem zweiten: „Nüchtern ist keiner."

Der zweite: „Die meisten übertreiben."

Der erste: „Sie sind scharfsinnig. Aber ich bin der Chef."

Der dritte und der vierte Geheime befehlen den Tänzern und den Musikanten: „Stillgestanden! Maul gehalten!"

Einige rufen: „Zu Befehl!" Aber alle springen und singen um so hingegebener.

Die SS-Mannschaft greift durch. Ein Paar wird niedergeschlagen, der Bursche und das Mädchen. Die ausgelassenen Tänzer stoßen auch den SS-Mann um, hüpfen ihm auf die Rückseite und tauchen in die wirbelnde Menge.

Einem der aufspielenden Grubenarbeiter schlägt ein SS-Mann sein Instrument aus der Hand.

Der Grubenarbeiter: „Recht geschieht mir. Ich dummer Tscheche hab ein Es geblasen, wo ein Fis hingehört." Er hebt das Instrument auf und bläst dem SS-Mann das Fis gewaltig in die Ohren.

Der SS-Mann marschiert stramm vor den Geheimpolizisten Nummer eins hin: „Melde gehorsamst, ein Aufstand der Bevölkerung."

Der erste Geheime: „Schon wieder! Wie gestern am Altmarkt."

Der zweite Geheime: „Was war am Altmarkt? Wissen wir das eigentlich?"

Der erste: „Ich bitte mir aus. Der Protektor weiß es."

Der zweite, grüßt: „Heil Hitler! Unser Protektor war am Altmarkt dabei. Aber eine tschechische Hochzeit kennt auch der Protektor nicht.“ Hinter der Hand: „Noch dazu eine falsche.“

Der erste: „Verrückt geworden? Was soll da falsch sein? Besoffen ist die ganze Gemeinde.“

Der zweite: „Der Kaplan nicht.“

Der Kaplan, tritt vor, sehr bleich, klingende Rednerstimme: „Ich stehe den Herren zur Verfügung.“

Der erste Geheime: „Schweigen Sie, bis Sie gefragt werden!“

Der Kaplan, geht rückwärts, wird von Jaroslav und Doktor Holar in die Mitte genommen.

Der zweite Geheime: „Wo ist hier ein Brautpaar?“

Jaroslav: „Befehlsgemäß sitzt es dem gnädigen Herrn Deutschen vor der Nase. Ich bin der dumme Kerl, der Vater.“

Der erste Geheime: „Wie? Von allen beiden?“

Jaroslav, stutzt, scheint zu begreifen, brüllt vor Lachen: „Das wär auf einer Hochzeit zu viel. Ha! der Herr Deutsche scherzt, mit Verlaub, so bieder wie wir Tschechen.“

Der zweite Geheime: „Wir scherzen nie, und du bist nicht betrunken.“

Jaroslav: „Wie darf ich, als der Gastgeber! Mir lassen sie nichts übrig. Dies Volk ist mit hoher Genehmigung ein einziger Schlund.“ Er verdreht die Augen, wankt und fällt über den Tisch.

Doktor Holar, sucht ihm Wein einzuflößen: „Ich bin der Arzt.“

Der erste Geheime: „Was sich hierzulande Arzt nennt. Der alte Sünder bekommt nichts mehr.“

Doktor Holar, hartnäckig: „Meine ärztliche Autorität –.“

Der zweite Geheime: „Sie verdammter Schwindler!“

Der erste: „Her damit!“ Er nimmt dem Doktor das Glas weg und stürzt den Wein hinunter. Über das Glas weg mustert er Pavel und Lyda.

39

Pavel und Lyda sitzen verschämt beisammen. Er schielt auf seine Nase, er schmollt mit den Lippen. Ihr fallen die Haare in das Gesicht, und sie senkt die Augen in ihren Schoß, wo die töricht verdrehten Hände ruhen.

Der erste Geheime: „Das sind natürlich Idioten."

Der zweite: „So ganz natürlich ist das nicht."

Der erste: „Was Sie immer haben! Genau so denke ich mir ein tschechisches Brautpaar."

Der zweite: „Der Bursche erinnert mich an jemanden."

Der erste: „An Ihre Großmutter."

Der zweite: „Da gibt es in Prag einen Komiker – Wokurka. Von dem hat er's!"

Der erste: „Anstatt daß Sie sagen, der Komiker nimmt als Vorbild einen Bauernlümmel. So sind Sie!"

Der zweite: „Ich kann nicht anders. Keinem Tschechen glaub ich sein Gesicht, viel weniger, was er spricht."

Der erste: „Der da kann nicht sprechen, seine Hochzeit hat ihn stark mitgenommen." Er schreit Pavel an: „Wer bist du? Was tust du?"

Pavel: „Zu Befehl, ich verheirate mich."

Der zweite Geheime: „Wie lange schon?"

Pavel, besinnt sich schwer.

Jaroslav: „Junge, mach mir keine Schande bei den Herren Deutschen! Seit gestern mittag."

Der erste Geheime: „Kusch!"

Pavel: „Nein. Gestern hab ich den Schuppen ausgebessert. Beweis, daß mir noch die Hemdsärmel beschmutzt sind. Halt! Nachher ist etwas vorgekommen. Da hab ich meine Braut geküßt." Er wirft sich über Lyda und küßt sie. Unvermittelt reckt er beide Arme hoch und kräht: „Ein Uhr 45 Minuten und eine halbe war's! Genau bis auf das halbe Minütchen!" Völlig gebrochen von seiner jähen Anstrengung fällt Pavel auf die Bank zurück, schielt, schmollt und dreht Daumen.

Der zweite Geheime: „Du warst gestern in Prag.“

Der erste: „Am Altmarkt.“

Pavel, die Augen fallen ihm zu, er macht einen kleinen Schnarcher.

Der zweite Geheime, rüttelt ihn: „Hallo! Bei mir zieht das nicht. Aufstehen, Bursche!“

Pavel, steht habacht: „Ich bin, hör ich, kein Bürschchen. Ein fertiger Mediziner bin ich.“

Der zweite Geheime: „Unsinn.“

Der erste, lacht bitter: „Da haben wir's.“

Doktor Holar: „Ich bin Doktor Holar. Ich verwende den jungen Kollegen zur Aushilfe in dringenden Fällen.“

Der erste Geheime: „Auch gestern, bei seinem Zustand? Gewiß haben Sie seine Krankenbesuche sorgfältig notiert.“

Doktor Holar zieht sein Notizbuch. Der zweite Geheime ergreift es.

Eine Frau: „Um 12 Uhr 10 hat der Doktor Pavel meiner armen Schwester den Blutdruck gemessen und den Magen ausgepumpt.“

Der zweite Geheime, liest im Buch nach: „Bis 12 Uhr 40. Dann wurde er nach der Kohlengrube geholt, einem Arbeiter das Bein verbinden. Wo blieb er seitdem?“

Schweigen.

Der zweite Geheime: „Plötzlich keine Zeugen mehr? Es scheint, bei seiner Hochzeit oder Verlobung wurde der Jüngling vermißt.“

40

Der Kaplan: „Ich habe Pavel Ondracek vom Bergwerk hierher begleitet.“

Der zweite Geheime: „Sie lügen.“

Allen kehrt die Sprache wieder. Sie reden gleichzeitig: „Lügen soll der ehrwürdige Herr? Der kann nicht lügen. Hat doch ein jeder die beiden zusammen ankommen gesehen. Bei seiner eigenen Verlobung darf so ein Jüngling nicht fehlen, hör ich.“

Der zweite Geheime: „Er hat auch nicht gefehlt, aber ein anderer."

Der erste: „Was meinen Sie im Grunde, Ziegensack?"

Der zweite: „Das Individuum, das Ehrwürden genannt wird, soll bekunden, was es gestern getrieben hat."

Der Kaplan: „Es wurde mit dem Essen spät, weil wir im Bergwerk benötigt waren."

Der erste Geheime: „Halt! Die Zeitangaben sind nachzuprüfen." Er winkt einem SS-Mann: „Die anderen Herren von der Geheimen Staatspolizei werden ersucht, die Leute streng zu verhören, ob alle gestern dabei waren, und kein einziger in Prag."

Der SS-Mann: „Melde gehorsamst, ist geschehen."

Die Kinder hatten, wie die Erwachsenen, das Tanzen und Lärmen aufgegeben. Sie springen wieder, und sie schreien im Takt: „12 Uhr 50! 12 Uhr 50!"

Die Kette der SS-Mannschaft hat den Befehl des ersten Geheimen weitergeleitet. Die Geheimen drei und vier kommen herüber. Der erste Geheime winkt ihnen zu schweigen und abzuwarten. Er geht mit ihnen beiseite.

Der zweite Geheime hat inzwischen sich nur mit dem Kaplan beschäftigt. Er faßt ihn ins Auge, der Kaplan hält den Blick aus. Er geht um ihn herum, besichtigt Gestalt und Kleidung, der Kaplan öffnet die oberen Knöpfe seiner Soutane. Der zweite Geheime: „Sie haben gestern gut gegessen."

Der Kaplan: „Gegessen?"

Der zweite Geheime: „Sie wissen nicht mehr, was Sie im Wirtshaus Altgeld aßen!"

Der Kaplan: „Ich verstehe Sie nicht. Hier konnte ich meine Einsegnungsrede erst nach der Mahlzeit halten, gegen vier Uhr war es geworden."

Der zweite Geheime, nahe an dem Kaplan: „Ehrwürden, mich kriegen Sie nicht, so abgefeimt Sie sind. Gestehen Sie alles – nur mir persönlich! Meinem Kollegen sag ich nichts, ich werde mich hüten. Im Vertrauen, ich will ihn stürzen. Hab ich erst seinen Posten, laß ich Sie laufen und hänge irgendeinen. Nun? Packen Sie ruhig aus, ich bin treu wie Gold."

Der Kaplan sieht ihn an, sieht über ihn hinweg, und schweigt.

Der zweite Geheime, seufzt, leidet wahrhaft, läßt endlich die Hoffnung fahren und greift wieder zu seiner Amtsmiene, die furchtbar sein will. Er macht kehrt und begibt sich zu den anderen drei Geheimen.

41

Der erste Geheime, für den dritten und vierten zwinkert er ironisch nach dem zweiten: „Ziegensack hat alles herausbekommen. Das Geheimnis von Lidice ist aufgeklärt."

Der zweite: „Es wird nicht standhalten. Man muß nur wollen."

Der erste: „Soll das heißen, ich will nicht? Achtung, Ziegensack! Sie haben auch bloß Ihre Knochen."

Der dritte: „Die Leute mit dem ekligen Getänze sagen übereinstimmend aus, Männer, Weiber, sogar die Kinder."

Der zweite: „Die zuerst. Die haben in der Schule gelernt, uns anzulügen."

Der dritte: „Gestern und heute war keine Schule."

Der zweite: „Wegen der Verlobung. Euch scheint das in der Ordnung."

Der vierte: „Aber die gräßlich musikalischen Grubenarbeiter sind gestern früh eingefahren. Ich habe nachgefragt, der Direktor bestätigt es."

Der zweite: „Ein mitverschworener Tscheche."

Der erste: „Wir haben das Nötige getan, und mehr als das Nötige. Der Zustand dieses verwahrlosten Dorfes sprach gleich dafür, daß alle gestern sich hier betätigt haben, und keiner am Altmarkt bei der tschechischen Geheimarmee." Er stöhnt: „Wo ist die jetzt!"

Der zweite: „Wo ist sie überhaupt? Hat sie existiert?"

Der erste: „Mensch, das ist einfach unglaublich."

Der zweite: „Daß sie existiert."

Der dritte: „Nein. Daß Sie das eigene Zeugnis des Protektors angreifen."

Der vierte: „Wie kann man!"

Der zweite: „Das könnte man allerdings nur, wenn der Protektor selbst gewisse Zweifel zuließe."

Der dritte will antworten. Der vierte verhindert ihn: „Hände weg! Mit dem ist was nicht richtig."

Der erste Geheime: „Ich fürchte, ich habe schon genug gehört. Als Chef will ich Herrn Ziegensack doch ersuchen, sich weniger zweideutig auszudrücken. Wir sind unter uns."

Der zweite: „Die Sache ist die, daß wir alle vier bloß so tun, als suchten wir nach den zehntausend Mann der Geheimarmee. Die anderen Kollegen – unser Herr Protektor hat sie sämtlich aus Prag entfernt, sie stellen sich gleichfalls dumm."

Der dritte, kann nicht an sich halten: „Wir nicht, wir stellen uns nicht dumm."

Der vierte: „Wir sind dumm."

Der zweite: „Wir vier allein haben heute schon sieben Ortschaften durchsucht. Kein einziger Mann war gestern in Prag – abgesehen von den bekannten Gästen des berüchtigten Wirtshauses, wo sie sich mit dem Protektor getroffen haben."

Der erste, kalt: „Sich mit ihm getroffen?"

Der zweite: „Ihn zufällig angetroffen, wenn Sie lieber wollen."

Der erste: „Nur weiter! Ihnen ist nicht zu helfen."

Der zweite: „Ich bin ein Wahrheitsfanatiker."

Der erste: „Anstatt daß Sie ein Gestapobeamter sind."

Der zweite schweigt.

Der erste: „Sie hielten bei dem Besuch des Protektors im Altgeld."

Der zweite, vom Teufel besessen: „Des vorgeblichen Protektors. Der echte befand sich in Brünn."

Der erste: „Es stört Sie nicht, daß er aus der Prager Burg den Führer angerufen hat. Daß der Führer ihn seinen Freund genannt hat. Ihm Macht und Gewalt gab über unser aller Leben. Auch über Ihres."

Der zweite, hat sich übernommen, sieht jetzt gebrechlich aus. Leise: „Doch. Es stört mich." Ein Aufflackern: „Wenn nun heute, heute, während wir reden, noch ein Protektor aus Brünn einträfe?"

Der erste: „Dann wäre derselbe Protektor das zweite Mal eingetroffen. Dies ist nicht mehr Ihre Sorge, Ziegensack. Ich habe das Recht, Sie augenblicklich an die Wand zu stellen."

Der zweite: „Weil Sie mich fürchten."

Der erste: „Weil Sie den Führer beleidigen und den Protektor sabotieren. Sie sind der innere Feind. Sie sind ein Agent Roosevelts." Für die Geheimen drei und vier: „Handschellen!"

Der zweite Geheime wird gefesselt.

Der erste, zieht ihn von den anderen fort. Flüstert: „Ich werde Sie der Gnade des Protektors empfehlen, unter der Bedingung, daß Sie mir den Verdächtigen nennen. Ein einwandfreier Vertrag, den ich mit Ihnen eingehe."

Der zweite: „Sehen Sie, daß Sie an einen falschen Protektor glauben."

Der erste: „Flüstern Sie!" Zeigt seinen Revolver: „Oder ich mache Sie stumm." Er kichert: „Lidice hat es Ihnen angetan. Wohl der Bräutigam?"

Der zweite: „Der ist wirklich dämlich. Andere stellen sich dämlich, er ist es. Außerdem blond, daher ungeeignet, den Protektor vorzutäuschen."

Der erste: „Gewiß leugnen Sie, daß der Protektor blonde Haare hat."

Der zweite: „Angesichts des Todes leugne ich es."

Der erste: „Und der Führer?"

Der zweite: „In den Achseln ist er blond, wie jeder weiß. Heil Hitler!"

Der erste: „Heil Hitler! Wir Deutsche sind blond. Die Tschechen leider auch. Dieses Dorf zeigt ein paar Ausnahmen. Ich hab's! Den Kaplan meinen Sie. Zu albern, wegen der schwarzen Tolle."

Der zweite: „Die Stimme! Sie fiel mir noch vorher auf. Die metallene Stimme, man kennt sie."

Der erste: „Den Kaplan nehm ich mir vor! Ihre Voraussetzung ist natürlich unhaltbar, den Schwindler, den Sie meinen, hat es nie gegeben. Aber das Gerücht muß im Keim erstickt werden."

Der zweite: „Lassen Sie ihn auf die Bibel schwören!"

Der erste: „Den Kaplan? Das ist sein Handwerkszeug. Davon wird er noch lange kein – Wahrheitsfanatiker, der sich um den Kopf redet."

Der zweite: „Diese Tschechen sind hinter uns Deutschen zurück, sie sind gläubige Christen geblieben. Oder wenn nicht gläubig, dann intellektuell. In beiden Fällen ist man der Gefangene seines Wortes, und hat Gewissen. Uns – hat der Führer erzogen. Wir – sind frei von allem, was wir gesagt und beschworen haben."

Der erste: „Mich bindet kein Vertrag. Mehr haben Sie mir nicht mitzuteilen, Ziegensack? Dann Schluß!" Er erschießt ihn.

Der tote Geheime wird von SS-Mannschaften zuerst umstellt und unsichtbar gemacht, dann fortgeschafft.

42

Die Dorfbewohner haben nichts verloren von allem, was die Gestapobeamten taten, und so wenig wie möglich von ihren Gesprächen. Aber keiner der Tschechen hat es sich ansehen lassen. Sie scheinen unbefangen mit sich selbst beschäftigt. Der Hausherr Jaroslav wird für seine ausgiebige Gastlichkeit beglückwünscht. Das Brautpaar wird gehänselt, weil es vor Seligkeit schon ganz verblödet sei.

Der Gemeindevorsteher: „Der Pavel, ungeschickter Mensch, verträgt das Verloben nur höchstens den ersten Tag. Heute hätt er dem Bergmann das Bein abgeschnitten."

Pavel: „Lebt der Bergmann noch? Ich muß doch nachsehen, was ich gestern mit ihm angestellt hab. Um ein Uhr herum, hör ich."

Doktor Holar: „12 Uhr 50, Kollege!"

Pavel: „Was heißt da, bittschön, Kollege? Hier gibt's keinen zweiten Trottel wie mich. Haben Sie schon mal einer Braut so viele Süßigkeiten geflüstert, bis sie ganz dahin ist? Betrachtet dieses stattliche Mädchen, es ist schade um sie. Daß sie lieber getänzelt hätte, wie die anderen, in dem Verkauften Bräutchen!"

Die Tanzgruppen, die Kinder voran, sind zwischen den SS-Männern, die sie zurückdrängen, allmählich durchgesickert bis nach der Gegend der Wiese, wo die Tische stehen.

Die Kinder: „12 Uhr 50. Padesat! Padesat!"

Ein SS-Mann dem anderen: „Padesat? Das bedeutet etwas, wir müssen Meldung erstatten."

Lyda, für die Kinder: „Nicht Padesat! Sagt fünfzig! Die Deutschen werden glauben –."

Pavel: „Daß wir eine Geheimsprache reden. Aber weit gefehlt!"

Der Kaplan: „Uns tut die Offenheit und Wahrheit zu sehr not."

Hier fällt der Schuß, der den zweiten Geheimen tötet.

Die Kinder laufen, mit dem Schreckensruf: „Padesat!", nach dem Tanzplatz zurück. Am Tisch bleiben alle sitzen, die Gesichter erstarrt. Der Kaplan steht allein daneben.

Geflüster, bei unbewegter Haltung.

Jaroslav: „Das bleibt nie aus. Warum nur gerade den armen Herrn?"

Die Frau, deren Schwester von Pavel behandelt wurde: „Sie hätten ihm besser den Magen ausgepumpt, er war kränklich."

Pavel: „Frau, das verstehen Sie nicht. Die Deutschen sind wissenschaftlich unübertroffen. Sie heilen ihre Schwerkranken so gründlich, daß ihnen nichts mehr wehtut."

Lyda: „Pavel, wir müssen Mitleid haben mit den Deutschen."

Der Kaplan, für sich: „Sie sterben für nichts. Wir – werden sogar Lügner, um unseres Volkes willen."

Doktor Holar: „Der Tote nimmt mein Ordinationsbuch mit!"

Der Gemeindevorsteher: „Sollen sie es mit ihm verbrennen! Die gestrigen Angaben sind nicht in derselben Schrift."

Doktor Holar: „Und der Tote hatte es bemerkt."

43

Der erste Geheime nähert sich, auf halbem Wege ruft er: „Der Kaplan!"

Der Kaplan, bleibt, wo er ist: „Hier bin ich."

Der Geheime: „Nur aus Gefälligkeit machen Sie sich nicht unsichtbar. Trab! Wird's bald?"

Der Kaplan, ohne Eile, die Augen gesenkt, geht er in Richtung des Geheimen. Früher als erwartet, hält er an.

Der Geheime: „Sehen Sie mir in die Augen! Es wird Ihnen schwer."

Der Kaplan: „Nein. Ich sehe Ihresgleichen in die Augen. Mein priesterliches Amt will, daß ich Mörder vorbereite, gut zu sterben."

Der Geheime, fährt auf: „Hören Sie mal!" Geringschätzig: „Das lassen Sie nur, und bleiben bei Ihrem Ressort. Ich soll nicht hängen, aber eventuell Sie."

Der Kaplan: „Vor Gott ist niemand ohne Schuld."

Der Geheime: „Vor mir auch nicht. Sie sind der Mann, der gestern den Protektor gespielt hat."

Der Kaplan, wirklich erstaunt: „Gespielt hätte ich?"

Der Geheime: „Den Protektor."

Der Kaplan, setzt sein Erstaunen künstlich fort: „Der Protektor sollte nicht echt sein?"

Der Geheime: „Gestern nicht."

Der Kaplan: „Hüten Sie sich, es zu behaupten!"

Der Geheime, in Unruhe: „Ich sage auch nur –." Er geht zur List über, versucht, feierlich zu reden: „Es ist das Vermächtnis eines teuren Toten. Mein Freund, den ich leider hinrichten mußte, hat es mir sterbend anvertraut."

Der Kaplan: „Sie zu bestrafen, hinterließ er Ihnen eine Lüge."

Der Geheime: „Jetzt steht er vor dem himmlischen Richter, den kann er nicht anlügen. Sie kennen die Aussage, die er dort oben macht."

Der Kaplan: „Gar keine macht er."

Der Geheime: „Sieh da! Ehrwürden glaubt nicht an das Jenseits."

Der Kaplan: „Ihresgleichen muß hoffen, daß mit diesem kurzen Lebens- und Todeskampf alles schon geschehen ist."

Der Geheime, verlegt sich auf Bitten: „Seien Sie nett, Kaplan!

Wenn Sie nicht glauben, daß der Tote Sie hört, dann sagen Sie die Wahrheit mir zuliebe!“

Der Kaplan: „Aber es ist nicht die Wahrheit.“

Der Geheime, lauernd: „Können Sie auf die Bibel schwören, daß Sie nicht der Protektor sind?“

Der Kaplan, aufatmend: „Ich kann es!“

Der Geheime: „Fein. Mal her mit Ihrem Neuen Testament!“

Der Kaplan, hebt die Schultern.

Der Geheime: „Sie sind mir ein schöner Christ. Als ob ich meinen Revolver zu Haus vergäße.“ Er ruft einen SS-Mann: „Den Hof nach einer Heiligen Schrift durchsuchen!“

Pavel, fängt den SS-Mann unterwegs ab: „Herr Soldat! Machen Sie sich keine unnütze Mühe, hier ist bittschön das Buch!“

Der SS-Mann übergibt es dem Geheimen.

Lyda: „Pavel, wozu gibst du ihm das Exerzierreglement der tschechischen Armee?“

Pavel: „Weil es erbaulich ist. Paß auf, er wird es von der Bibel nicht unterscheiden.“

Der Geheime, wendet dem Kaplan die Schrift zu: „Wie heißen Sie eigentlich?“

Der Kaplan: „Mancal Venceslav.“

Der Geheime: „Geschrieben wie Otto Müller. Ich versuche nicht erst zu lesen. Setzen Sie Ihren Namen gleich unter die Worte Heilige Schrift. Schreiben Sie: ich beschwöre alles, was Kommissar Blumentopf mich fragt.“

Der Kaplan schreibt.

Der Geheime: „Wird das so gemacht, beim Schwur auf die Bibel?“

Der Kaplan: „Nicht ganz. Zuerst nimmt man eine Bibel.“

Der Geheime: „Die haben Sie.“

Der Kaplan: „Dann legt man die rechte Hand darauf.“

Der Geheime: „Wenn's Ihnen Vergnügen macht; jetzt bedenken Sie Ihr Risiko! Wer Pech hat, kommt in die Hölle. Vom Hängen nicht zu reden.“

Der Kaplan: „Mein Erlöser allein kann mich vor ihr retten."

Der Geheime: „Wo waren Sie gestern nachmittag zwischen drei und vier?"

Der Kaplan schluckt, er ist verhindert zu sprechen.

Der Geheime: „Aha, die Bibel wirkt. Der letzte gute Einfall des Seligen."

Der Kaplan: „Ich war – nicht in Prag."

Der Geheime: „Ich frage, wo Sie waren?"

Der Kaplan, erlangt Fassung. Mit seiner klingenden Stimme, die leicht zittert: „Hier auf dem Verlobungsfest war ich. Um vier Uhr sprach ich in der Waldkapelle."

Der Geheime: „Zu wem? Kein Mensch war da. Niemanden haben Sie gestern verlobt. Das geht ohne Sie."

Der Kaplan: „Die Kapelle war voll. Vor der Tür hörte das ganze Dorf mir zu."

Der Geheime: „Was hörte es denn?"

Der Kaplan: „Du sollst nicht falsch Zeugnis ablegen."

Der Geheime: „Sonderbarer Glückwunsch für Verlobte!"

Der Kaplan: „Nur die Wahrheit macht glücklich."

Der Geheime: „Gesunde Ansicht! Dann lügen Sie mal nicht mehr!" Schmeichlerisch: „Ehrwürden werden sich verdammt wohlfühlen, wenn Sie Ihr Gewissen erleichtert haben. Wer – war der Protektor?"

Der Kaplan: „Niemand. Ich spreche die Wahrheit, die mir geboten und auferlegt ist." Bebende Brust, erschöpfte Kraft.

Der Geheime, als ob er schösse: „Padesat!"

Der Kaplan, hat die Lider geschlossen.

Der Geheime, gibt es auf, beschreibt, die Faust geballt, einen Bogen um den Kaplan. Vor ihn hin: „Sie Kuhknecht meinen, mir liegt an Ihnen was? An Ihrer Bibel, Ihrem Schwur, und ob Sie der Protektor sind? Legen Sie ruhig ein Geständnis ab, höchstens darf ich Sie hängen."

Der Kaplan: „Das wäre nicht viel."

Der Geheime: „Ganz meine Meinung. Die Sache verfolgen, ist mir nicht erlaubt."

Der Kaplan: „Sie selbst sind scheinbar in Gewissenszweifeln. Begleiten Sie mich nach der Kapelle!“

Der Geheime: „Wie Sie sich das denken! Im Augenblick muß ich eine Haussuchung vornehmen. Der Hofhund könnte gestern auf dem Altmarkt gewesen sein. Liegt hier keine Neunundneunzigjährige auf dem Sterbebett? Die war es.“ Er läßt den Kaplan stehen.

Der Kaplan wendet sich nach dem Wald. Er geht gebeugt. Seine Arme machen Bewegungen, als spräche er mit sich.

44

Jaroslav und seine Gäste haben den Tisch verlassen, sobald ein glücklicher Ausgang des Gespräches gesichert erscheint. Da die SS-Mannschaft sie überall im Auge behält, sprechen sie wie Unbeteiligte und mit stummen Gesichtern.

Der Gemeindevorsteher: „Der Kaplan hat uns freigeschworen.“

Pavel: „Heil! rufe ich. Ordnungsgemäß rufe ich Heil Hitler!“ Aber er nimmt die Lippen nicht voneinander.

Lyda: „Du darfst nicht lästern. Er hat auf die Bibel geschworen. Um so schlimmer, wenn es keine war.“

Doktor Holar: „Armer Kerl, trägt schwer.“

Sie sehen dem Kaplan nach.

Jaroslav: „Das haben wir angerichtet.“

Pavel: „Ich allein. Meine erste große Schuld, und wird nicht die einzige bleiben.“

Lyda: „Laß ab, Pavel!“

Der Gemeindevorsteher: „Wer von dem rechten Weg abweicht, und wär's auf einen, den die heiligen Nothelfer gehen –.“

Pavel: „Bin keiner. Weiß nicht, was ich tu, noch wozu, noch wie es endet.“

Doktor Holar: „Junger Kollege, der Bergmann läßt Sie grüßen. Ich – hätt ihm vielleicht das Bein abgeschnitten. Er kann von Glück sagen, daß Sie bei der Hand waren.“

Der erste Geheime, hat seine Leute mit Befehlen versehen, er wiederholt laut: „Das Haus durchsuchen, aber schnell, schnell! Die Betten umkehren! Wenn einer mit der schwarzen Pest drinliegt, gleich abschießen! In fünf Minuten die Meldung erstatten! Marsch!"

Ein Teil der Mannschaft, mit den Geheimen drei und vier, in das Haus.

Der erste Geheime, für alle und keinen, auch für die Tschechen: „Das mir, Blumentopf! Einen vollen Tag verlieren mit dem reinen Unfug! Die Geschichte von dem Protektor ist so absurd, daß nur wir sie erleben können, aber jetzt Schluß damit!"

Rücksichtslos dahinstürmend, stößt er Pavel an.

Pavel: „Pan Blumentopf, das hätt ich nie geglaubt, daß Ihr interessanter Beruf Ihnen jemals würde vom Magen heraufsteigen."

Der Geheime: „Mensch, sehen Sie sich vor! Ihre Dummheit bringt Sie ebensogut an den Galgen, als wenn Sie ein verfluchter Kerl wären."

Der Gemeindevorsteher: „Der Arme möchte Sie trösten, gnädiger Herr."

Pavel: „Baldriantropfen hätt ich gnädigen Herrn Deutschen angeraten, zu seiner Beruhigung."

Doktor Holar: „Auch gut. Noch besser wär's, daß die Herren Soldaten den Protektor in der vorschriftsmäßigen Uniform da herausgeführt hätten."

Der Geheime: „Und besoffen soll er sein wie ihr! Die fünf Minuten sind um." An Jaroslav gewendet: „Holen Sie selbst Ihren Protektor! Den Mannschaften sagen Sie, daß abgefahren wird."

Jaroslav, im Abgehen: „Keine anderen Wünsche mehr hat der gnädige Herr? Da wär die Kapelle im Wald, ein stiller Ort."

Der Geheime: „Ohne mich."

Pavel: „Auch eine malerische Turmruine hätten wir. Jeder Kunstfreund besichtigt das Türmchen." Er lockt den Geheimen auf den Weg, der übrigens unverkennbar ist und wenige Schritte beträgt.

Die anderen sind erschrocken. Sie ermahnen einander, nichts zu fürchten. Jaroslav geht ins Haus, seinen Auftrag erfühlen.

Der Geheime, betritt den Turm: „Hier riecht es nach dem Mittelalter."

Pavel: „Schon ein Ritter im 12. Jahrhundert hat daselbst sein Bedürfnis verrichtet."

Der Geheime: „Das Innere ist rund, schmutzig, und außer Mäusedreck enthält es nichts. Doch, Steine sind abgebröckelt."

Pavel: „Von dem Restchen Fußboden in luftiger Höhe. Befehlen Herr Geheimer Kommissionsrat, daß ich eine Leiter hole?"

Droben kracht es, ein Stück der Pflasterung löst sich. Der Geheime und Pavel werfen sich beide auf das Gesicht.

Der Geheime: „Kommt nichts mehr?" Er steht auf: „Sie Dorfidiot! Das war ein Attentat."

Pavel, stöhnt: „Zu Befehl, von mir ein Selbstmordversuch. Das Steinchen hat meine Lende getroffen. Den unanständigen Ausdruck vermeide ich aus geziemender Demut."

Der Geheime, verläßt den Turm.

Pavel: „Helfen Sie mir auf! Ich bin gelähmt. Ein mitleidiges deutsches Gemüt nimmt sich des armen Lazarus an."

Der Geheime: „Bleiben Sie ruhig ein Krüppel! Wenigstens einer, der keinen Protektor vorstellen kann!"

Pavel behält seine unbequeme Lage, als der Geheime schon fort ist: „Von einem weiß er endlich, daß er kein Protektor sein kann. Der eine bin ich! Der Mann hat heute nicht umsonst gelebt."

Franticek Eger, streckt über den ausgezackten Boden sein halbes Gesicht: „Hab ich dich getroffen?"

Pavel: „Diesmal nicht."

Franticek Eger: „Dich treff ich schon noch. Du bist der Protektor."

Pavel: „Der echte."

Franticek Eger: „Der echte."

Pavel: „Hätt ich's doch bald selbst gedacht."

45

Der Kaplan, auf dem Waldweg nach der Kapelle. Sein Gang ist ungleich, die Hände umfassen entweder das verstörte Gesicht, oder sie greifen gespreizt in überhängende Zweige. Er schwankt, blickt umher, und redet sich zu: „Falle gefälligst nicht, mein zweifelhafter Freund! Das geht dir noch ab, mit deiner seelischen Bedrängnis großtun, vor den Leuten als Gewissenskämpfer glänzen. Hier sehen keine Leute zu, und auf dein Gewissen pfeifen sie sich etwas. Bilde dir nicht ein, daß Gott selbst sich aus deinen Versuchungen viel macht. Nicht er hat dich versucht, und wer auf die Bibel falsch schwört, wird ihm unendlich gleichgültig. Alles bei ihm ist unendlich."

Ein anderer Fußpfad zweigt ab. Der Kaplan beschließt kurzweg, seinen Weg zu verlassen: „In der Kapelle beten, wär aufgelegter Schwindel. Geschehen ist geschehen, übrigens gab man mir zum Schwören das Exerzierreglement, das gilt nicht."

Er ist geeilt, im vollen Lauf hält er an: „Aber gemeint war die Bibel, und ich dachte, als ich schwur, sehr wohl des Gottes, der mich Wort für Wort vernahm. Vernommen wurde ich höheren Ortes, nicht für den Polizisten erfand ich, daß ich gestern gepredigt habe: Du sollst nicht falsch Zeugnis ablegen. Ich machte meinen Fall noch schwerer, so schwer, wie er vor Ihm ist."

Der Kaplan dreht sich im Kreise, bevor er plötzlich in das ungebahnte Dickicht eindringt, um die Kapelle dennoch zu erreichen. Diesmal stürzt er wirklich. Er spricht mit gebrochener Stimme: „Das Natürliche war, daß der Polizist meine falschen Zeugen fragte, worüber ich gestern gepredigt habe. Sofort kam alles an den Tag. Ich bin bei der Allmacht so wertlos, daß sie mich des natürlichen Verlaufes meiner Schuld nicht würdigt!"

Er betritt die Kapelle, er kniet vor den segnenden Christus hin. Er spricht klingend: „Ich tat es für mein Volk, und auch aus menschlicher Schwäche."

Der Christus senkt die segnende Hand, er führt die Fingerspitzen über die Stirn des Kaplans.

46

Die Wiese, wie vorher, aber ohne SS und Gestapo. Die Tänze aus der „Verkauften Braut" werden aufgeführt, mit einer Hingabe und Besonnenheit, als wären sie nie unterbrochen gewesen. Vorn, inmitten der Kinder, machen Pavel und Lyda ihre anmutigen Schritte. Bei den Begegnungen im Tanz werden ihnen Blumen zugeworfen. Die Musikbande der Bergarbeiter ist näher gerückt. Der Primgeiger spielt Pavel ins Ohr.

Pavel: „Der Smetana war, hör ich, kein Deutscher."

Der Gemeindevorsteher, abseits mit den älteren Leuten: „Nicht jeder kann ein Deutscher sein, daher das viele Unglück."

Doktor Holar: „Wenn es auf der Welt keine Musik gäbe als nur die deutsche, gleich wär alles gut."

Jaroslav: „Unsere Musik können sie uns nun einmal nicht nehmen."

Doktor Holar: „Verbieten können sie uns die tschechischen Opern."

Die Frau, deren Schwester von Pavel behandelt wurde: „Ist das wahr? Unsere Musik verbieten, damit sie allein welche machen?"

Pavel, führt Lyda vorüber: „Die werden so bald keine Musik mehr machen."

Lyda: „Sie sind zu böse."

Die Frau: „Den Magen auspumpen sollte man jedem einzeln."

Doktor Holar: „Ich bin überlastet."

Jaroslav: „Aus Lidice sind sie fort. Angriff abgeschlagen. Ungeordneter Rückzug."

Der Gemeindevorsteher: „Die kommen wieder."

Doktor Holar: „Auch wir werden wieder da sein."

Der Gemeindevorsteher: „Wenn wir noch da sind."

Die Tanzgruppen machen halt, die Tänzer singen im Chor. Pavel dirigiert das singende Dorf.

Pavel: „Lyda! Das ist ein singendes Dorf. Lyda! Du bist das verkaufte Bräutchen."

Lyda: „Du, Pavel, verkaufst mich – für einen Protektor."

Pavel: „Teuer, sehr teuer. Du, Lyda, kostest mehr, als ein Protektor wert ist."

47

Protektor Reinhard Heydrich und sein Adjutant Oberst Schalk kehren aus Brünn zurück. Am Flughafen wartet niemand, auch kein Wagen ist da.

Das Personal des Flughafens fragt den Piloten und seinen Begleiter: „Wen bringt ihr da?“

Der Pilot: „Was, den Protektor kennt ihr nicht?“

Ein Angestellter: „Sogar den zweiten lernen wir kennen. Derselbe kann nicht hier und in Brünn sein.“

Der Pilot: „Mensch, er ist hier.“

Ein anderer Angestellter: „Schon lange.“

Heydrich: „Mein Wagen! Wird's bald? Wo bleibt der Kommandant?“

Ein Angestellter, ironisch: „Unser Kommandant ist zum Herrn Protektor auf die Burg gefahren.“

Heydrich, sieht nach Oberst Schalk um: „Wer ist hier verrückt geworden?“

Oberst Schalk, fragt den Angestellten: „Kennen Sie uns?“

Der Angestellte: „Sie ja, Herr Oberst. Sie waren gestern nicht in Prag.“

Oberst Schalk: „Ich verstehe nicht.“

Heydrich: „Soll das heißen, daß ich schon gestern erwartet wurde?“

Der Angestellte: „Der Protektor wurde nicht erwartet, wir hatten ihn in Prag. Er hat eine Maschine nach Berlin befohlen. Sie ist für alle Fälle startbereit.“

Heydrich, tritt den Angestellten in den Bauch: „Damit Sie mich kennenlernen, Mensch!“

Andere Angestellte heben den Getretenen, der vor Schmerzen schreit, vom Boden auf. Die übrigen nehmen gegen Heydrich eine drohende Haltung ein.

Heydrich, zieht sich hinter Oberst Schalk zurück: „Freut euch, das gibt eine fürchterliche Musterung!“

Oberst Schalk: „Leute, was fällt euch ein? Seid ihr nicht Deutsche?“

Einer: „Ich bin Bulgare.“

Ein zweiter: „Ich – Irländer.“

Ein dritter: „Ich – Finne."

Oberst Schalk, für Heydrich: „Exzellenz, das bedauerliche Mißverständnis erklärt sich mühelos aus der Staatsangehörigkeit der deutschen Spezialisten."

Heydrich: „Staatsangehörigkeit – gibt es in ganz Europa nur eine. Großdeutschland hat Raum für alle Völkerschaften. Das Konzentrationslager auch."

Ein Regierungsauto fährt an. Wer es verläßt, ist der Kommandant des Flughafens, ein riesenhafter Offizier, er marschiert massig gegen den Protektor los, steigt auf die Fußspitzen, fällt auf die Absätze, schlägt sie zusammen und brüllt.

Der Kommandant, brüllt: „Kommandant Flughafen Prag."

Heydrich: „Sie Brüllochse!"

Der Kommandant, brüllt: „Zu Befehl."

Heydrich: „Sie haben gewagt, mich warten zu lassen."

Der Kommandant: „Brüllochse, gewagt. Zu Befehl."

Heydrich: „Da haben wir den Verrückten!"

Der Kommandant, brüllt dem Protektor ins Gesicht: „Da haben wir den Verrückten!"

Heydrich, hebt den Fuß, um zu treten: „Sie wollen meinen Stiefel in den Bauch kriegen!"

Der Kommandant, brüllt über Heydrich hinweg: „In den Bauch kriegen!"

Oberst Schalk, fragt einen der Angestellten: „Woher ist der Kommandant?"

Der Gefragte: „Aus Marokko. Versteht sich selbst nicht."

Der Kommandant, brüllt dem schroff abgehenden Protektor nach: „Heil Hitler!"

Heydrich, besteigt das Regierungsauto: „Das halten sie in der Burg für einen Empfang, nach meinem Sieg in Brünn. Die sollen sich wundern."

Oberst Schalk: „Mir ahnt, daß sie sich schon jetzt wundern."

Heydrich: „Worüber?"

Oberst Schalk: „Mit irgendeinem ist etwas nicht richtig. Wer kann das sein?"

Heydrich: „Sie."

48

Ankunft im großen Hof der Burg. Es sind keine Wachen aufgestellt. Die Soldaten kegeln, der einlaufende Wagen stört sie nicht, eine entgleiste Kugel fährt dem Protektor zwischen die Füße.

Heydrich: „Oberst Schalk, das Kriegsgericht wird diesen Burschen das Kegeln beibringen. Veranlassen Sie das Weitere!"

Oberst Schalk, für den Offizier, der in einem der Tore erscheint: „Sturmbannführer Jellinek, das sind unglaubliche Zustände bei einem deutschen Truppenteil!"

Heydrich: „Jellinek? Unzuverlässiger Deutschböhme!"

Der Sturmbannführer: „Ich bin fröhlicher Rheinländer, melde gehorsamst."

Oberst Schalk: „Ihre Fröhlichkeit geht gründlich fehl, das werden Sie gleich sehen."

Heydrich: „Kassiert, eingesperrt, Hungerkur und Umschulungslager."

Der Sturmbannführer, blinzelt dem Protektor zu: „Wo Exzellenz gestern so freundlich waren."

Ein Soldat: „Und uns das Kegeln erlaubten."

Heydrich: „Ich soll provoziert werden! Das ist eine Revolte! Gestapo! Maschinengewehre!"

Oberst Schalk: „Sturmbannführer! Wenn Sie eine Erklärung haben, wird es Zeit."

Der Sturmbannführer, ernüchtert: „Melde gehorsamst, im Namen seiner Exzellenz gab Hauptmann Krach den Leuten Urlaub."

Oberst Schalk: „Hauptmann Krach?"

Heydrich: „Hauptmann Krach?"

Sie verständigen sich stumm über den verdächtigen Punkt.

Heydrich, erkennt plötzlich: „Das Regiment! Wo ist das Regiment?"

Oberst Schalk: „In der Tat. Zwischen der Burg und dem Belvedere lag ein Regiment. Abgezogen, wie ich bemerkt habe, ich vermied nur, Exzellenz wieder zu ärgern mit der Kleinigkeit."

Heydrich: „Noch eine Kleinigkeit, auch meine Gestapo scheint fortbeordert. Von wem?"

Oberst Schalk: „Vom Hauptmann Krach."

Heydrich: „Ihnen bleibt nichts verborgen."

Er setzt sich in Bewegung nach dem Eingang: „Mir noch weniger. Ich kann Ihnen voraussagen, eine Gestalt namens Krach, ob Hauptmann oder nicht, wird nächstens den Galgen verschönern."

49

Im Treppenhaus an sichtbarster Stelle lesen sie eine ausgehängte Bekanntmachung.

Oberst Schalk: „Historische Worte des Führers, groß und fett."

Heydrich: „Gesprochen zu Seiner Exzellenz dem Protektor von Böhmen-Mähren Reinhard Heydrich, nicht mal halb so groß und fett." Nach beendetem Lesen: „Was sagen Sie?"

Oberst Schalk: „Nicht viel. Der Führer hat gesprochen."

Heydrich: „Ich vielleicht auch?"

Oberst Schalk: „Das ist eine zweite Frage."

Heydrich: „Geben Sie auf sich acht. Ich bin keine zweite Frage. Der Führer redet auf dem Wisch nach zwei Buddeln Enzian."

Oberst Schalk, erschrocken: „Geben Exzellenz auf sich acht! Heil Hitler!"

Heydrich: „Heil Hitler! Wenn nicht sein blödsinniger Stil unverkennbar wäre, sagt ich: er war's gar nicht. Hat mich im Rausch als Leiche gesehen, auf dem Altmarkt anstatt in Brünn."

Oberst Schalk: „Die Fehler bestätigen, daß er's war."

Heydrich, entschlossen: „Ich erkläre das Pamphlet für eine grobe Fälschung. Nehmen Sie zur Kenntnis, Oberst Schalk, daß von der ganzen Regierung für

Böhmen-Mähren nicht einer auf seinem Posten bleibt. Alle nach Polen deportiert!“

Oberst Schalk: „Exzellenz wollten sich selbst –?“

Heydrich: „Fangen Sie schon wieder an?“

Oberst Schalk: „Dahin müßte es notwendig kommen, wenn der Führer erführe, daß Sie seine historischen Worte abstreiten. Es wäre, melde gehorsamst, das Ende Ihrer ruhmreichen Laufbahn.“

Heydrich: „Der Anfang war ein Fußtritt, den unser künftiger Afrikasieger bekam. Wo seid ihr Zeiten! Jetzt muß ich mir sagen lassen, ich hätte in Brünn drei alte Juden erschossen und sei davongelaufen.“

Oberst Schalk: „Abgereist, und Sie sagen es selbst, Ihr Sieg am Altmarkt über die tschechische Geheimarmee ist wirklich eindrucksvoller, zufolge Ihrem eigenen Bericht an den Führer.“

Heydrich: „Ich berichte, was ich nicht weiß, der Führer redet aus dem Schlaf, und Sie? Ihr Leben hat er in meine Hand gegeben.“

Oberst Schalk, ohne zu schwanken: „Nehmen Sie es!“

Heydrich: „Ich werde das ganze Gespräch für wahr hinnehmen müssen. Er nennt mich seinen Freund.“

Oberst Schalk: „Ich überließ es Ihnen, den Umstand zu bemerken.“

Heydrich: „Freund! Das erste Mal. Hier beginnt das Grenzenlose. Ich kann vorrücken bis an die Stelle des in England abhanden gekommenen Heß. Ich sehe mich als Nummer zwei.“

Oberst Schalk, steht stramm, knallt mit den Absätzen: „Melde gehorsamst, Oberst Schalk, Sippe sechshundert Jahre Erbbauern, Blut und Boden, volkhaft verwurzelt.“

Heydrich: „Ihr Alter ist immer noch Bankier, auf sein bloßes Manneswort geht hier keinem was durch. In der Burg sollen sie Blut und Wasser schwitzen, jeder einzelne!“

Er reißt die Tür auf. Oberst Schalk beeilt sich, dahinter noch eine aufzureißen.

50

Geheimrat Rumfutsch, sein Sekretär und die Stenotypistin springen von den Sitzen.

Alle drei: „Heil Hitler!“

Heydrich: „Heil Hitler!“ Auf Geheimrat Rumfutsch los: „Sie hatten am Flugplatz zu sein.“

Geheimrat Rumfutsch: „Melde gehorsamst, ich war dort. Befehlsgemäß, um der Abreise Eurer Exzellenz nach Berlin beizuwohnen.“

Heydrich: „Die bekannte Arie. Den Befehl hatten Sie von Hauptmann Krach.“

Alle drei, atmen auf: „O schön! Er ist im Bilde.“

Oberst Schalk: „Immerhin hätte Seine Exzellenz diesen Hauptmann gern vorgefunden.“

Der Sekretär: „Zu Befehl.“ Er ergreift das Telefon.

Die Stenotypistin: „Es kann nicht mehr schiefgehen.“

Oberst Schalk: „Moment mal! Der Protektor wünscht Aufklärung über den komischen Anschlag, den er gelesen hat.“

Der Sekretär, fällt auf seinen Stuhl: „Der ist es ja doch!“

Die Stenotypistin, muß sich setzen: „Der ist es ja doch nicht!“

Geheimrat Rumfutsch, steht und schlottert, er kann nicht sprechen.

Heydrich: „Ich verstehe. Sie wollen sagen, der Anschlag war befohlen von Hauptmann Krach.“

Geheimrat Rumfutsch, ringt nach Worten: „Eure Exzellenz befahlen ihn selbst.“ Er schluckt und verstummt.

Die Stenotypistin: „Das Herz geht mir auf, wenn ich denke, wie der Protektor verklärt aussah nach dem Gespräch mit unserem herrlichen Führer.“

Heydrich: „In meiner Kanzlei hat Ihnen kein unpassender Körperteil aufzugehen. Eine Hitlerbraut – ist vierzehn, nicht achtundzwanzig.“

Der Sekretär, listig: „Exzellenz setzten alle Aufständischen vom Altmarkt in Freiheit, die ganze tschechische Geheimarmee. Geheimrat Rumfutsch gehorchte ohne Besinnen. Ich – hätte mir's überlegt.“

Heydrich: „Mensch! Ich befehle, und Sie Krüppel wollen überlegen?"

Die Stenotypistin: „Was sagte ich, er gibt zu, er war es!"

Der Sekretär, zerbricht in zwei Teile, noch einen Augenblick, und er wird auf dem Bauch liegen. Er stammelt: „Es ist derselbe."

Heydrich: „Geheimrat Rumfutsch, Ihre amtlichen Belange sind verwahrlost, daß der stärkste Mann es nicht glauben würde."

Geheimrat Rumfutsch, kläglich: „Wir glauben schon lange nichts mehr."

Oberst Schalk: „Dieser traurige Herr hat gewagt, mich bei seiner Exzellenz zu verdächtigen."

Geheimrat Rumfutsch: „Wenn dieser nicht einwandfreie Herr mich denunzieren will."

Heydrich, in voller Furchtbarkeit, wie nur Pavel: „Beide Herren werden Gelegenheit bekommen, sich über ihren Verrat an dem Führer auseinanderzusetzen. Die russische Front braucht Helden." Für den Sekretär: „Sie kann sogar Krüppel gebrauchen."

Er stelzt in Richtung seiner eigenen Zimmer.

Oberst Schalk möchte ihm zuvorkommen und die Tür öffnen.

Die Stenotypistin, erleichtert sich: „Herr Oberst, geben Sie es auf! Der neue persönliche Adjutant des Protektors ist allgemein bekannt."

Heydrich, kalter Ingrimm: „Sogar ich kenn ihn. Hauptmann Krach wird vorgelassen, falls er in Erscheinung tritt, was ich bezweifle. Geheimrat Rumfutsch, ich suspendiere Sie vom Amt, aber Sie bleiben zu meiner Verfügung." Geschmettert: „Raus! die ganze Gesellschaft."

Oberst Schalk: „Melde Exzellenz pflichtschuldigst, daß kein anderes Personal da ist. Auch kein Chef."

Heydrich: „Doch. Der Marokkaner, der am Flughafen den Kommandanten macht. Der wird sich hier gut ausnehmen."

Er schlägt die Tür hinter sich zu.

51

Oberst Schalk, ist bei Geheimrat Rumfutsch zurückgelassen: „Was sagen Sie?“

Geheimrat Rumfutsch: „Dasselbe wie Sie.“

Oberst Schalk: „Seien wir vorsichtig!“

Geheimrat Rumfutsch: „Dasselbe wollte ich anheimgeben.“

Oberst Schalk: „Man kann tatsächlich nicht wissen –.“

Geheimrat Rumfutsch: „Ob Hauptmann Krach existiert? Seien Sie darüber beruhigt, der persönliche Adjutant sind Sie gewesen.“

Oberst Schalk: „Und Sie der Chef der persönlichen Kanzlei.“

Geheimrat Rumfutsch: „Nur unter dem Protektor, der soeben das Zimmer verläßt.“

Die Stenotypistin, über den Sekretär geneigt: „Adolf! Aufgepaßt, jetzt redet er sich um den Hals.“

Oberst Schalk: „Ein anderer hätte Sie behalten?“

Geheimrat Rumfutsch: „Wer spricht von einem anderen? Einfach war der Protektor gestern besserer Laune.“

Oberst Schalk: „In Brünn nicht. Es ärgerte ihn, daß den Ingenieuren das Material fehlte, um die Stadt dem Erdboden gleichzumachen.“

Geheimrat Rumfutsch: „In Prag hat er bei restlosem Erfolg gegen den Aufstand kein einziges Haus zerstört.“

Oberst Schalk: „Ein technisches Wunder, das erste der Art in der Geschichte der Belagerungen. Für Sie steht es fest, daß der Protektor gestern in Prag war?“

Geheimrat Rumfutsch: „Sie wissen am besten, daß Sie heute mit einem Protektor aus Brünn gekommen sind.“

Die Stenotypistin: „Aufgepaßt, Adolf!“

Oberst Schalk: „Ein Protektor war es.“

Geheimrat Rumfutsch: „Meiner – schien sogar der gewohnte.“

Oberst Schalk: „Meiner – beinahe auch. Als Blut floß, verschwand er. Merkwürdig, er kam nicht zum Vorschein, als gehängt wurde.“

Geheimrat Rumfutsch: „Das versäumt er sonst nie. Hier war alles in Ordnung, bis auf das verrutschte Bärtchen."

Der Sekretär: „Ich protestiere mit ganzer Kraft, das Bartchen saß richtig."

Geheimrat Rumfutsch: „Sie – wollten ihn nicht nach Berlin fliegen lassen. Sie meinten, den hätten wir das erste und letzte Mal gesehen."

Die Stenotypistin: „Kein Wort wahr!"

Der Sekretär: „Unerhörte Anwürfe!"

Die Stenotypistin: „Und wir sind zwei Zeugen – gegen einen entlassenen Chef."

Geheimrat Rumfutsch: „Entlassen – sind Sie beide, von mir, der den Platz behauptet."

Er geht mit Oberst Schalk in das Vorzimmer, er schließt die Tür. Der Sekretär und die Stenotypistin stürzen sich auf die Tür. Er legt das Ohr daran, sie sieht durch das Schlüsselloch.

Im Vorzimmer.

Geheimrat Rumfutsch: „Lieber Freund, hätten Sie etwas dagegen, daß wir unverbindlich aber immerhin, sagen, was wir denken?"

Oberst Schalk: „Lieber Freund, ich atme dieselbe Luft mit dem Mann, der über mich einen Schriftsatz verfaßt hat, und den besitzt der Protektor."

Geheimrat Rumfutsch: „Ihre Luft ist auch die meine. Aber dieser Protektor besitzt weder Ihren noch meinen Schriftsatz."

Oberst Schalk bemüht sich zu verstehen. Pause.

In der Kanzlei.

Die Stenotypistin: „O Adolf!"

Der Sekretär: „Wenn ihre goldechten Berichte über einander nicht mehr bei dem heutigen Protektor sind, dann trägt der gestrige sie in seiner Tasche. Um so besser, den haben wir gut bedient. Die pünktliche Verbindung mit dem Führer vergißt er uns nicht."

Die Stenotypistin, seufzt: „Ob er je wiederkommt? Unser lieber Protektor!"

Im Vorzimmer.

Oberst Schalk, entschließt sich zu verstehen: „Sie, Rumfutsch, stellen die Theorie auf, daß gestern ein zweiter Protektor hier war. Der trüge jetzt in der Tasche die Dokumente, von denen unsere Existenz abhängt."

Geheimrat Rumfutsch: „Womit allein die seine schon bewiesen wird. Sicher hat er noch andere schriftliche Beweise mitgenommen."

Oberst Schalk: „Mitgenommen – wohin?"

Geheimrat Rumfutsch: „Müssen wir es durchaus wissen? Hauptsache, er kommt wieder."

Oberst Schalk: „Das ist im deutschen Interesse zu wünschen. Der gestrige war der, mit dem der Führer sprach. Der Führer irrt nie."

Geheimrat Rumfutsch: „Darauf ist Verlaß. Irren können allerdings wir. Die Kardinalfrage, sind Sie heute aus Brünn mit dem echten eingetroffen?"

Oberst Schalk: „Alles wohl erwogen, kann die Antwort so oder so heißen. Er muß sich richtig verhalten."

Geheimrat Rumfutsch: „Uns rausschmeißen geht nicht."

Oberst Schalk: „Da ist noch mehr. Er legt auf der Burg die ganze Mannschaft krumm, wegen Kegelns, das der andere ihnen erlaubt hat."

Geheimrat Rumfutsch: „Mit dem anderen läßt sich auskommen. Dieser macht uns unmöglich. Der Schreckensmann spielt mit unserem Leben."

Oberst Schalk: „Die deutsche Besatzung muckt auf, als ob sie Tschechen wären."

Geheimrat Rumfutsch: „Und sind nur höchstens Ungarn."

Oberst Schalk: „Seine Gestapo ist so deutsch wie er."

Geheimrat Rumfutsch: „Um nicht zu sagen, wie wir."

In der Kanzlei.

Der Sekretär: „Was da hochkommt von Verrat, und wie schnell!"

Die Stenotypistin: „Du mußt dich beeilen, das Tempo zu halten."

Surren im Apparat.

Der Sekretär nimmt den Hörer: „Zu Befehl, Exzellenz. Die Beine unter die Arme, zu Befehl. Oberst Schalk läuft schon, daß ihm die Zunge heraushängt."

Oberst Schalk hat gehört, er öffnet die Tür: „Was erlauben Sie sich, die Zunge hängt meistens nur, wenn man selbst hängt."

Der Sekretär, krümmt sich: „Pflichte Herrn Oberst ergebenst bei."

Die Stenotypistin: „Wir sind immer zwei, wenn wir aussagen wollten, was wir alles anhören müssen."

Oberst Schalk entfernt sich gemessen durch die Verbindungsräume nach den Zimmern des Protektors.

52

Heydrich, in seinem Arbeitszimmer noch allein: „Den Hauptmann Krach werde ich nie erleben. Er existiert nicht. Dieses Phantom ist das Kernstück einer Verschwörung gegen meine unantastbare Person. Wer mich verrät, verrät den Führer. Ein Anruf, er wird es einsehen!"

Er legt zwischen sich und den Apparat einen möglichst großen Abstand: „Die Dummheiten, die mein Führer selbst macht, sieht er nicht ein. Auf seinem Schreibtisch hat er die echte Hand des Gottes Wotan. Er glaubt es, ich glaub es, wir glauben es." Empört: „Mein Führer! Muß ich mir die Hand abhacken und sie Ihnen einsenden, zur Identifizierung?"

Oberst Schalk, tritt ein.

Heydrich: „Ach, nur Sie, ich hatte Ihre Existenz vergessen."

Oberst Schalk: „Ihre eigene droht in Vergessenheit zu geraten."

Heydrich: „Fast hätte ich mich selbst abgesetzt. Ich brauchte nur Ihren tückischen Anregungen zu folgen, dann behielt der verdammte Anschlag recht."

Oberst Schalk: „Vielleicht hat er recht?"

Heydrich, es verschlägt ihm den Atem: „Sie sind nicht Oberst Schalk!"

Oberst Schalk: „In Brünn war ein Oberst Schalk mit einem Protektor Heydrich. Irrtum beiderseits vorbehalten."

Heydrich: „Wieso beiderseits?"

Oberst Schalk: „Ich könnte in Wirklichkeit der Hauptmann Krach gewesen sein."

Heydrich: „Und ich? Sie insinuieren –?“

Oberst Schalk: „Was Sie am besten wissen.“

Heydrich: „Ich höre immer Exzellenz. Sie sagen, was Exzellenz am besten wissen.“

Oberst Schalk: „Seine Exzellenz der Protektor ist bei weitem nicht eingeweiht wie wir.“

Heydrich: „Wo haben Sie ihn versteckt?“

Oberst Schalk: „Sie gestehen, daß Sie ihn erwarten.“

Heydrich: „Was erwarten?“

Oberst Schalk: „Daß er Sie entlarvt.“

Heydrich, zieht seinen Revolver.

Oberst Schalk, hat seinen schon in der Hand.

Heydrich, nach ergebnisloser Spannung: „Auch ohne das Ding sind wir deutlich genug geworden.“

Sie stecken die Waffe wieder ein, keiner entblößt sich von ihr früher als der andere.

Heydrich: „Sie haben nichts dagegen, daß ich telefoniere und Sie verhaften lasse.“

Oberst Schalk: „Telefonieren Sie! Eine Verhaftung nehme ich selbst vor.“

Heydrich: „Mensch! Sind Sie denn im Ernst gepiekt?“ Er nähert sich dem Oberst Schalk, scheinbar, um den Geisteszustand des anderen durch den Augenschein festzustellen. Bei ihm angelangt, versucht er ihn in den Bauch zu treten.

Oberst Schalk war darauf gefaßt, er weicht aus, mit berechneter Verspätung. Heydrich, das Bein erhoben, verliert sein Gleichgewicht, er stürzt rückwärts über den Schreibtisch, strampelt in der Luft, gelangt auf der entgegengesetzten Seite zu Boden.

Oberst Schalk: „Sie haben einen Umweg nach der Schieblade gemacht.“

Heydrich öffnet die Schieblade. Während er sucht: „Allerdings. An meinem Fußtritt sollten Sie mich erkennen. Feldmarschall Rommel würde nicht zweifeln.“

Oberst Schalk: „Unsere großen Männer werden gern nachgeahmt, dieser mit dem Fußtritt, jener mit dem falschen Zungenschlag."

Heydrich, in die Schieblade: „Heil Hitler!"

Oberst Schalk: „Heil Hitler! Sie suchen vergebens, wie einer, der hier nicht Bescheid weiß."

Heydrich, findet nichts: „Schon gefunden! Warum sollt ich es Ihnen zeigen, Ihre eigene Handschrift ist Ihnen nicht neu. Was Geheimrat Rumfutsch schreibt, würde Ihnen auffallen."

Oberst Schalk: „Keine Ahnung, was gemeint ist. Jedenfalls befindet es sich – in einer Tasche, die nicht Ihre ist."

Heydrich: „Sie scheinen die Tasche und den Mann zu kennen."

Oberst Schalk: „Ich? Bewahre. Mich hat er meiner Funktionen enthoben."

Heydrich: „Das bin ich, der Sie abgesetzt hat."

Oberst Schalk: „Aber nahmen Sie für mich den Hauptmann Krach? Diese Unterlassung ist Ihr Verhängnis."

Heydrich: „Sprechen wir offen und als anständige Menschen!"

Oberst Schalk: „Das eine ist zu machen."

Heydrich: „Ich habe gegen Sie nichts mehr in Händen."

Oberst Schalk: „In Schiebladen."

Heydrich: „Ich bin in der Lage, so drollig es aussieht, daß Sie mich identifizieren müssen."

Oberst Schalk: „Ich muß keineswegs, und Ihre Lage fordert zur Heiterkeit kaum heraus. Indessen will ich, der Ordnung wegen, eine Prüfung vornehmen."

Heydrich: „Ich bin gewappnet."

Oberst Schalk: „Als der Führer den Protektor ernannt hatte, begleitete ich Seine Exzellenz im Wagen von Berlin nach Prag. Wer steuerte?"

Heydrich, matter Versuch zu scherzen: „Hauptmann Krach."

Oberst Schalk: „Sie geben seine Existenz zu."

Heydrich: „Wer zweifelt an Hauptmann Krach?"

Oberst Schalk: „Auf der Reise verließen Sie zehnmal den Wagen. Wo fühlten Sie das vierte Bedürfnis?“

Heydrich, schon sicherer: „In Chicago.“

Beide lachen aufgeräumt.

Oberst Schalk, klopft Heydrich auf die Schulter: „Nummer zwei, Ersatz für Heß: müssen Sie zurückstellen. Bestenfalls können Sie sich halten.“

Heydrich: „Wenn ich Heydrich bin.“

Oberst Schalk: „Das entscheidet nicht. Ein großartiges Beispiel! Feindlicherseits behauptet sich das Gerücht, daß im Radio jetzt ein anderer Hitler redet.“

Heydrich: „Wenn er nur redet.“

Oberst Schalk: „Sehen Sie. Der andere Heydrich erfüllt den Zweck des ersten auch.“

Heydrich: „Aber wird er auftauchen? Ist er schon mal aufgetaucht?“

Oberst Schalk: „Die Frage ist belanglos. Natürlich traue ich Rumfutsch nicht. Gesehen aber, den anderen gesehen haben alle. Was beweist das?“

Heydrich: „Daß er eine tschechische Erfindung ist.“

Oberst Schalk: „Oder eine deutsche. Jeder Deutsche glaubt, was er glauben soll. Daher sind wir das Herrenvolk.“

Heydrich: „Angenommen, ich wäre der Falsche, vergrößert sich meine Aussicht, den Echten vorzustellen.“

Oberst Schalk: „Und anerkannt zu werden von uns Realisten.“

53

Oberst Schalk geht. Er hat draußen noch die Tür in der Hand, als das Ankleidezimmer sich öffnet. Hervor tritt der Geheime Blumentopf.

Der Geheime: „Befehlen Exzellenz, daß ich den Mann festnehme?“

Heydrich, erwacht aus einer Hypnose: „Endlich ein Wort!“ Gebieterischer Wink.

Der Geheime eilt dem Abgegangenen nach.

Heydrich erwartet festen Fußes die Ereignisse.

Der Geheime, kehrt zurück: „Ich habe Oberst Schalk einem meiner Beamten übergeben."

Heydrich: „Einem?"

Der Geheime: „Über mehr als einen verfüge ich umständehalber nicht."

Heydrich: „Oberst Schalk ist bewaffnet."

Der Geheime: „Der begleitende SS-Mann drückt ihm den Lauf seines Revolvers in den Rücken, auf dem Weg durch die Kanzlei."

Heydrich: „Er wird durch die Kanzlei geführt, gut, ein warnendes Beispiel."

Der Geheime: „Geheimrat Rumfutsch ist mitgenommen worden."

Heydrich: „Noch einfacher, Sie hätten beide Herren gleich abgeschossen."

Der Geheime: „Exzellenz belieben zu vergessen, daß der Fall nach strengster Untersuchung verlangt. Oberst Schalk wie auch der andere Verräter kämen zu leicht davon, wenn eine Kugel sie unserem Verhör entzöge."

Heydrich: „Sie haben die geheime Tür benutzt."

Der Geheime: „Zu Befehl."

Heydrich: „Im Ankleidezimmer haben Sie alles gehört?"

Der Geheime schlägt die Augen nieder, lispelt: „Ich schäme mich, daß der angestrengteste Dienst der Geheimen Staatspolizei einer Verschwörung dieses Umfanges nicht vorbeugen konnte." Stark: „Der Protektor soll fürchterlich gerächt werden, das gelobe ich."

Heydrich, ebenso gehoben: „Geheimer Oberkommissar Blumentopf! Welchen Protektor meinen Sie?"

Der Geheime, im Brustton: „Ich kann nur meinen Boß meinen. Sie sind von der Gestapo wie ich, das täuscht nicht, vor mir stehen Sie nackt."

Heydrich: „Danke."

Der Geheime: „Könnt ich Sie verwechseln, ich wäre auch vor keinem falschen Himmler sicher, und die deutsche Welteroberung als Gipfelleistung der Polizei geschähe versehentlich."

Heydrich: „Das ist das gesunde Gefühl meiner gesamten Gestapo!“

Der Geheime: „Ein einziger war anfällig und ist der Infektion erlegen. Ziegensack – den ersten Zweifel an der Identität des Protektors äußern, schon streckte mein Schuß ihn hin.“

Heydrich, peinlich berührt: „Gerade Ziegensack, das beste Gehirn von euch allen.“

Der Geheime: „Exzellenz! Die moralische Ansteckung schleicht sich in ein Gehirn, das übermäßig gebraucht worden ist.“

Heydrich: „Wo – vollzogen Sie an Ziegensack die Sühne?“

Der Geheime: „Ein Dorf, genannt Lidice.“

Heydrich: „Das muß ich kennen. Ja doch, einer meiner ersten Eindrücke, ein durchweg ungünstiger.“

Der Geheime: „Hatten Exzellenz schon mal günstige?“

Heydrich: „Das – fehlte noch!“

Der Geheime: „Lidice, wohin meine Nachforschungen betreffs der tschechischen Geheimarmee mich gestern führten, unterschied sich sonst in gar nichts von dem und jenem böhmischen Dorf. Nur daß –.“ Er meckert ingrimmig.

Heydrich: „Nur daß wer? Die tschechische Geheimarmee?“

Der Geheime: „In Lidice beging sie eine Verlobung, mit Gesang und Tanz.“

Heydrich: „Warum sollte sie nicht. Eine Armee, die sich am Altmarkt von mir hat schlagen lassen, ohne daß ich selbst es bemerkte!“

Der Geheime, meckert.

Heydrich, drohend: „Ich scherze nicht. Gestehen Sie, Blumentopf! Sie suchten in Lidice – den anderen.“

Der Geheime, in der Abwehr: „Heil Hitler! Nur Ziegensack hatte ihn entdeckt.“

Heydrich: „Den – anderen?“

Der Geheime: „Er lebt nicht, oder allenfalls in der Legende, wie jetzt auch Ziegensack. Keinen Augenblick fiel mein Verdacht auf den Kaplan. Ein beschränkter Dorfgeistlicher sollte – nur weil er blond wie Eure Exzellenz ist –.“

Heydrich: „Wie überführten Sie den Verdächtigen? Oberkommissar Blumentopf, Sie hängen am Leben."

Der Geheime: „Bis jetzt nur am Leben. Dieser Umstand erlaubt mir zu bekunden, erstens, daß der Kaplan auf die Bibel schwur. Untermenschen sollen sich dabei etwas denken. Ferner war das ganze Dorf betrunken. Wie in allen von mir besichtigten Ortschaften hatte nachweislich keiner der Einwohner zur Zeit der Schlacht den Altmarkt betreten."

Heydrich, entspannt: „Sagen Sie, existiert wenigstens der Altmarkt?"

Der Geheime: „Vorzüglich, Exzellenz! So viel überlegene Drolligkeit, wo es um den Kopf geht!"

Heydrich: „Ist das Ihr Eindruck? Um – meinen Kopf?"

Der Geheime: „Gesetzt, der Führer verleugnet Sie. Er ist unfehlbar."

Heydrich: „Heil Hitler! Dann bezweifle ich selbst meine Identität."

Der Geheime, hat Heydrich bezwungen: „Sehen Sie. Noch weiter darf es nicht kommen."

Heydrich: „Was raten Sie mir?"

Der Geheime: „Den Terror. Am Durchgreifen erkennt man den Protektor."

Heydrich: „Mir sagen Sie das! Sagen Sie es Verrätern wie Oberst Schalk! In Brünn hat er mich sabotiert, und Brünn steht noch."

Der Geheime: „Lidice – nicht mehr lange."

Heydrich: „Wieso Lidice?"

Der Geheime: „Ein aufgefangenes Wort, bei mir schlug es ein. Ziegensack in seiner letzten Stunde hatte für das Wesentliche kein Gehör."

Heydrich: „Heraus mit dem wesentlichen Wort!"

Der Geheime: „Padesat."

Heydrich: „Sie meinen Sesam oder Menetekel."

Der Geheime: „Es kam aus Kindermund und tut die Wahrheit kund. Mein Polizeiinstinkt wurde wach bei Padesat."

Heydrich: „Warum schläft dann meiner?"

Der Geheime: „Heinrich Himmler an Ihrer Stelle ließe sich nicht lange zureden. Er nähme das Wörterbuch und fände, daß padesat soviel wie fünfzig ist."

Heydrich: „Was hilft mir das." Er begreift und leuchtet furchtbar auf: „Fünfzig Verschwörer."

Der Geheime: „Fünfzig Galgen. Fünfzig Erhängte, und das Gerücht von einem falschen Protektor findet in ganz Prag keinen Mund mehr, es weiterzutragen."

Heydrich: „Die Liste aufgesetzt! Professor Napil voran, die Tschechen ehren ihre Intellektuellen." Er schreibt.

Der Geheime: „Leider sind Deutsche mit verschworen. Der Protektor in seinem unentwegten Dienst am Führer –."

Heydrich: „Ist verhaßt, bis in meine Gestapo hinein. Ziegensack war der Getreueste, er wollte den – anderen entlarven. Sie, Blumentopf, haben ihn stumm gemacht."

Der Geheime, führt die Hand an das treue Herz.

Heydrich, hat den Revolver gezückt: „Hand weg von der Brusttasche!"

Der Geheime, gekränkt: „Der Protektor entzieht mir sein Vertrauen, ich erspare ihm meine Gegenwart."

Heydrich, zielt auf den Abgehenden: „Halt!"

Der Geheime: „Hüten Sie sich, Sie könnten Blut fließen sehen."

Heydrich, recht elend: „Lassen Sie mich noch nicht allein! Dies Durcheinander erschüttert den gesundesten Kopf."

Der Geheime: „Zu schweigen von Ihrem."

Heydrich: „Wir hatten die Verschwörung. Wir hatten Padesat. Nummer eins, Professor Napil. Folgt zweckmäßig der falsche Protektor, wenn er nur existierte!"

Der Geheime: „Ganz Prag hat ihn gesehen. Welcher falsche Protektor kennt nichts Eiligeres, als sich überall vorzuführen? Ergo, er war nie da. Am intimsten stand er mit Geheimrat Rumfutsch."

Heydrich: „Geheimrat Rumfutsch, der ist greifbare Wirklichkeit." Er übergibt dem Geheimen die Liste: „Füllen Sie auf bis fünfzig! Vergessen Sie kein prominentes Mitglied der tschechischen Geheimarmee!"

Der Geheime: „Gemacht. Wir langen uns jeden, den wir brauchen, aus einer Armee, die nur als Gerücht auftritt. Die Gestapo hat von ihr nicht die Spur entdeckt, obwohl wir Mann für Mann über das Land ausschwärmten – befehlsgemäß."

Heydrich: „Auf Befehl von Hauptmann Krach."

Der Geheime: „Oder seiner Erfinder."

Heydrich: „Hauptmann Krach, auch er eine Erfindung! Sie nehmen mir alles."

Der Geheime: „Ich bedauere. Ich bin Wahrheitsfanatiker."

Heydrich: „Hauptmann Krach bestellt mir das Flugzeug nach Berlin. Er kommandiert zur Verabschiedung die gleichen Personen, die mich aus Brünn nicht erwarten. Hauptmann Krach hat den öffentlichen Anschlag meines Führergespräches befohlen, sonst habe ich selbst ihn befohlen. Er oder ich, einer nur existiert."

Der Geheime: „Exzellenz mögen mein Wort hinnehmen für das, was es ist, das Wort eines Blumentopf! In derselben Minute, wo Hauptmann Krach erscheint, sichtbar in dieser wirklichen Tür – schieß ich mich durch mein hundertprozentiges Gestapoherz."

54

Die Tür geht auf, über die Schwelle tritt Hauptmann Krach.

Hauptmann Krach: „Melde gehorsamst, Hauptmann Krach zur Verfügung Seiner Exzellenz."

Heydrich, steht vor Schrecken stramm: „Heil Padesat!"

Der Geheime, stammelt: „Heil Padesat!" Er macht einen behutsamen Bogen um die unglaubwürdige Erscheinung. Heimlich bekreuzigt er sich.

Heydrich, als der Geheime die Tür erreicht: „Sie dort hinten! Sie vergessen sich zu erschießen."

Der Geheime: „Tun Sie es für mich!" Er drückt hinter sich die Tür zu.

Heydrich, klanglose Stimme, zitternde Wangen, aber kalter Ingrimm: „Hauptmann Krach, ich hätte fast gewartet."

Hauptmann Krach, klappt die Absätze: „Heil Hitler! Ich komme geradeswegs vom Flughafen. Eure Exzellenz hatten mir befohlen, die Reise abzusagen."

Heydrich: „Woher dann Ihr unnützer Weg?"

Hauptmann Krach: „Ein Anruf aus Berlin, der Führer befahl Sie zu sich. Traumwandlerisch hatten Sie es vorausgesehen."

Heydrich: „Heil Hitler! Ich bin fertig. Kommen Sie!"

Hauptmann Krach: „Zu Befehl! Der Führer verzichtet."

Heydrich, wankt: „Hauptmann Krach! Sie muten meinen Nerven allerhand zu."

Hauptmann Krach: „Ihre Natur ist Stahl. Am Altmarkt haben Sie es bewiesen."

Heydrich: „Am Altmarkt warf ich den Aufstand nieder, der Führer nannte mich Freund; was ist geschehen, daß er auf mich verzichtet?"

Hauptmann Krach: „Geruhen Exzellenz –!"

Heydrich: „Und das versetzt mir mein alter Hauptmann Krach!"

Hauptmann Krach: „Himmeldonnerwetter, melde gehorsamst. Wenn Exzellenz mich zu Worte kommen ließen!"

Heydrich, sein Mund schmollt gekränkt, er hat seine ganze Furchtbarkeit abgelegt. Wenn er könnte, würde er aussehen wie Pavel im natürlichen Zustand. Endlich bringt er hervor: „Machen Sie mit mir, was Sie wollen!"

Hauptmann Krach, schüttelt den Kopf: „Denk ich an meinen Protektor gestern, mancher würde sagen, dieser sei untergeschoben."

Heydrich: „Auch Sie?"

Hauptmann Krach: „Mancher, nicht ich, der weiß, wie gefährlich mein Gebieter lebt – und liebt."

Heydrich: „Und liebt. Sie wissen mehr als ich." Hauptmann Krach: „Der Führer weiß nicht nur mehr, sondern alles. Als ich den Führer durch Feldmarschall von Brauchitsch davon unterrichten ließ, daß ich seit heute früh sechs Uhr oft und oft, aber immer vergebens versucht habe, Exzellenz den Liebesarmen zu entreißen –."

Heydrich: „Liebesarme! Sie lassen den Führer unterrichten. Mit Liebesarmen kommen Sie ausgerechnet einem – Nichtschwimmer?" Schnell: „Heil Hitler!"

Hauptmann Krach: „Heil Hitler! Der Führer soll geantwortet haben, Sie erinnern ihn an einen seiner weniger begabten Vorgänger, Napoleon. Der hat nach jeder Schlacht ein Weib verlangt."

Heydrich: „Weib verlangt. Liebesarme statt Flugapparat. Ihn laß ich sitzen und liege wer weiß wo zu Bett. Das verziehe der Nichtschwimmer? Keine Ungnade?" Aufleuchtend: „Gewonnen! Er verzeiht mir, weil ich nur ein Napoleon bin, kein Hitler."

Hauptmann Krach: „Feldmarschall von Brauchitsch verbürgt sich dafür, daß Sie an die Stelle von Heß treten."

Heydrich: „Nummer zwei, ich bin Nummer zwei, Hauptmann Krach!" Er umarmt Hauptmann Krach, er küßt ihn auf beide Wangen.

Peinliche Pause.

Hauptmann Krach, will das Aussetzen des Protektors nicht gesehen haben, entfernt von seinem Ärmel ein Stäubchen.

Heydrich, hat sich zurück, wird scharf wie je: „Hauptmann Krach!"

Hauptmann Krach: „Zu Befehl."

Heydrich: „Ich bitte mir Bericht aus. Mein gestriger Abend, Stunde für Stunde, ohne etwas zu verschweigen oder zu beschönigen."

Hauptmann Krach: „Zu Befehl. Exzellenz hatten Geheimrat Rumfutsch nicht schlecht geängstigt, mit Ihrer Drohung, nach Berlin zu fliegen."

Heydrich: „Ich kenne die Memme."

Hauptmann Krach: „So nannten Sie ihn. Er bat Sie kniefällig –."

Heydrich: „Kniefällig? Keine Metaphern! Kein schmückendes Beiwerk!"

Hauptmann Krach: „Die Nüchternheit im Überschwang der geschichtlichen Handlung ist das Vorrecht der Unsterblichen. Ich bin Gefühlen unterworfen."

Heydrich: „Ich scheinbar auch. Die Liebesarme."

Hauptmann Krach: „Unvergleichlich, darin wie überall!"

Heydrich: „Weiter! Sonach blieb ich in Prag. Warum hatte ich auch das Regiment nach Brünn geschickt, wo nichts los war, und meine Gestapo nach allen Windrichtungen."

Hauptmann Krach: „Exzellenz vergessen Padesat."

Heydrich, ein Schritt rückwärts: „Das sogar weiß er schon."

Hauptmann Krach: „Sie selbst riefen mir bei meinem Eintreten ein Wort entgegen, der geheime Herr dasselbe Wort. Seit gestern habe ich manches zu erraten gelernt, das ist alles."

Heydrich: „Wenigstens kein Magier. Als normaler Hauptmann sind Sie mir lieber. Ich blieb in Prag."

Hauptmann Krach: „Und fuhren in das Theater Rococo, bekannt durch den Komiker Wokurka und die Schatzova."

Heydrich: „Eine komische Alte."

Hauptmann Krach, lacht diskret: „Diese ausgedehnte Nacht hindurch nahmen Exzellenz die komische Alte ernst und gestanden ihr die Reize der Jugend zu."

Heydrich: „Das sind die Liebesarme. Mir kommt immer das Flugzeug dazwischen. Ich bestellte es ab, aus dringendem Verlangen nach dem Führer bestellte ich es wieder."

Hauptmann Krach: „Aus einem anderen, höchst dringenden Verlangen ließen Sie es vorläufig startbereit."

Heydrich: „Das war die komische Alte, wie sagten Sie?"

Hauptmann Krach: „Schatzova."

Heydrich: „Ihr Liebhaber hieß?"

Hauptmann Krach: „Wenn Wokurka ihr Freund gewesen sein sollte, jetzt ist er glänzend übertroffen und beseitigt. Von Mitternacht bis Mittag, wer kann das?"

Heydrich: „In der Tat, wer kann das? Ich nicht, aber wenn Sie sich persönlich überzeugt haben –."

Hauptmann Krach: „Stündlich, seit sechs Uhr früh. Jedesmal beschied die Jungfer, eine Sechzigerin, mich dahin, daß ich entbehrlich sei."

Heydrich: „Entbehrlich, Sie? Hauptmann Krach, wenn nicht Sie und Ihr unfehlbares Gedächtnis wären, im Drang der Geschäfte hätte ich die ganze Affäre der komischen Alten vergessen."

Hauptmann Krach: „Schatzova, jugendliche Liebhaberin, Revuestern, bewegt sich dauernd im Flimmerglanz, man glaubt an die ewige Seligkeit."

Heydrich: „So begeistert?"

Hauptmann Krach: „Die Seligkeit ist allerdings nur für einen, aber ewig kann man sie nennen, denn gleich soll sie wieder anfangen."

Heydrich: „Erbarmen Sie sich, Väterchen! sagen wir zu den Rotarmisten, wenn sie uns irgendwo in der Falle haben."

Hauptmann Krach: „Als ich zuletzt nach Eurer Exzellenz fragte, hatten Sie das Haus in der Wassergasse ohne mich verlassen."

Heydrich: „Endlich heraus aus der Wassergasse!"

Hauptmann Krach: „Die Dame war nicht sichtbar, Grund – Erschöpfung. Die Sechzigerin eröffnete mir, daß sie mit dem Protektor auf drei Uhr verabredet sei."

Heydrich: „Nur die Sechzigerin? Nein, ich mache mir nichts vor, mit dem Revuestern habe ich mich schon wieder verabredet."

Hauptmann Krach: „Um drei."

Heydrich: „Daran fehlt wenig. Aber ich gehe nicht."

Hauptmann Krach: „Slecna Schatzova kommt her."

Heydrich, packt ihn an der Brust, schüttelt ihn: „Sie übertreiben. Dermaßen mißbraucht man meine Zwangslage nicht."

Hauptmann Krach, so unschuldsvoll, daß Heydrich ihn losläßt: „Exzellenz bestimmten selbst. Die Dame schliefe lieber noch eine Stunde."

Heydrich: „Augenscheinlich. Die Leidenschaft für die komische Alte ist mir über den Kopf gewachsen. Nur das eine müssen Sie rückgängig machen, die Nutte darf nicht herkommen."

Hauptmann Krach: „Sie wird unterwegs sein!"

Heydrich: „Abweisen! Herauswerfen!"

Hauptmann Krach, deckt vorsorglich mit seinem Rücken das Telefon: „Melde gehorsamst, Exzellenz werden in Erwägung ziehen, daß die Beziehungen der Schatzova zu dem Protektor allbekannt sind."

Heydrich: „Der Führer! Er weiß davon – durch Sie."

Hauptmann Krach: „Der Führer ist von selbst allwissend. Heil Hitler!"

Heydrich: „Heil Hitler! Ist denn gar nichts zu machen? Ganz Prag wird reden."

Hauptmann Krach: „Redet längst. Achthundert Personen haben im Theater Rococo beigewohnt, wie die Affäre Protektor – Flimmerschönheit sich anbahnte."

Heydrich: „Ich erregte Skandal?"

Hauptmann Krach: „Nichts weniger. Das Publikum sympathisierte. Der Protektor gewann die Herzen dieses Volkes im Sturm."

Heydrich: „Dieses Volkes. Tschechen, wollen Sie sagen? Ich erobere tschechische Herzen, das setzt allem die Krone auf."

Hauptmann Krach: „Die Krone, melde gehorsamst, ist die Schatzova."

Heydrich: „Auch sie, eine Tschechin?"

Hauptmann Krach: „Was dachten Sie?"

Heydrich: „Fertig. Das bricht mir den Hals."

Hauptmann Krach: „Es macht nicht den Eindruck. Zu beweisen war, daß die Laune des Protektors über dem Gesetz steht. Rassenschande, ohne ihn, bitte."

Heydrich: „Auch wieder richtig." Nach einiger Überlegung: „Noch richtiger wär es, die Person zu hängen."

Hauptmann Krach, ruhig: „Man hielte Exzellenz für eine männliche Turandot."

Heydrich: „Was ist das?"

Hauptmann Krach: „Die Kandidatin hat das Rätsel des Protektors nicht gelöst, sie muß sterben."

Heydrich: „Mein Rätsel." Er hat begriffen. Furchtbar: „Wer ich bin? Das werden fünfzig Kandidaten am Galgen beantworten. Aber wer sind Sie, Hauptmann Krach?"

Hauptmann Krach, sehr ruhig: „Drei Uhr. Exzellenz befehlen, daß ich der Dame bis zu der Anfahrt entgegengehe." Er wendet sich nach dem Ankleidezimmer. „Ich lasse sie durch die geheime Tür hier ein."

55

Heydrich, allein: „Die geheime Tür, er kennt sie! Dem ist nicht beizukommen. Die geheime Tür, ein Augapfel meines Polizeigenies, kein Blumentopf hat sie von selbst entdeckt. Dieser Hauptmann Krach genießt mein Vertrauen länger, als ich dachte. Sonderbare Mattigkeit."

Er sinkt in den Sessel, streckt die Glieder von sich.

„Wenn er mich vergiftet hätte? Eine Spritze, ich merkte wohl nichts. Mein Wahrnehmungsvermögen hat gelitten. Die Liebesarme – rein vergessen. Ich habe, um ich selbst zu bleiben, nur Hauptmann Krach. Er kennt, besser als ich, die Person, wie heißt sie, Turandot? Alles, was er mir vorlügt, ist wahr und wirklich geschehen, denn der Führer weiß es! War ich nicht dabei, bin ich der Protektor Heydrich nicht."

Er verkriecht sich, soweit möglich, in den Polstern.

„Ich kann ein falscher Protektor sein. Man fängt an, mich dafür zu halten, nicht ohne einen Schein von Recht. Was ich seit gestern alles getan haben soll, habe ich nie getan, ich kenne den Altmarkt vom Sehen und die komische Alte nicht einmal daher."

Über die Rückenlehne hinweg schielt er nach dem Bildnis des Führers.

„Der Falsche – wäre meinem Führer willkommener als ein Echter, der den Anschluß verpaßt. Verwandlungen sind immer denkbar. Meine verkrachte Doktorarbeit handelte von verwandelten Eseln, mit denen es schon zu ihrer Zeit irgendwo gehapert haben wird. Eins ist sicher: der Esel merkt es nicht."

Er kommt mühselig auf.

„Knickbeine, von der zwölfstündigen Nacht, du Esel! Die Identität verschiebt sich, wenn einer nicht aufpaßt. Sind das meine Sorgen? Der Falsche redet aus mir, er muß ein Intellektueller sein. Genug, die Identität des Protektors entzieht sich dem Zugriff."

Vor den Führer hin, stramme Haltung.

„Mein Führer! Melde untertänigst, Protektor von Böhmen-Mähren Reinhard Heydrich bezweifelt seine Identität."

Wendet ihm den Rücken und erschlafft.

„Der kann lachen. Einzig in der Geschichte, da versuche keiner, sich unterzuschieben. Was mich betrifft, ich gehe zu Bett. Nichts wie schlafen!“

Es schlägt vier.

„Ach so, jemand sollte kommen, durch die geheime Tür. Aber um drei war die Dame fällig. Ist nicht erschienen. Existiert nicht. Wachträume, Hauptmann Krach gleich Wachmann Traum. Mein Bett werd ich doch finden?“

56

Heydrich, seidener Schlafrock, liegt anmutig ausgestreckt, den Kopf im gebogenen Arm, unter den silbernen Geweben, die sein Bett verschleiern. Die indirekte Deckenbeleuchtung sickert zart durch Wolken desselben Stoffes. Sie schweben und flimmern, vermöge der Wände aus Spiegelglas, bis in endlose Tiefen.

Draußen spricht Hauptmann Krach: „Gnädigste sind angelangt.“

Milo Schatzova, noch unsichtbar: „Hauptmann Krach, ich bin mit Ihnen zufrieden. Die Leute auf den Treppen und Gängen flogen an die Wand, sobald sie uns erblickten.“

Hauptmann Krach: „Die öffentliche Ehrfurcht gebührt der mächtigsten Frau dieses Protektorates. Ein Wagen des Protektors steht jederzeit zu Ihrem Befehl. Genehmigen Sie weiter meine Begleitung?“

Milo Schatzova: „Warten Sie vor der geheimen Tür! Wenn ich hinaus will, kratze ich.“

Heydrich, auf seinem Bett: „Sie kratzt. Ich hoffe noch immer, daß es ein Kater ist.“

Milo Schatzova, erscheint im Hintergrund des Schlafzimmers, unter den Wolkenvorhängen. Wie diese, flimmert auch sie und wird von den Spiegeln vervielfacht.

Heydrich: „Nicht mal eine komische Alte ist es. Komme, was will!“

Milo Schatzova: „Lauter! Das ging nicht über das Orchester weg.“

Heydrich: „Wieso Orchester?“

Milo Schatzova: „Hier sind wir auf der Bühne.“

Heydrich: „Sie werden beeindruckt von dem Rahmen, den ich meiner Individualität verleihe."

Milo Schatzova: „Unglücklicher! Wo ich beruflich jeden Abend der Mittelpunkt desselben falschen Zaubers sein muß, gerate ich hier in ein Kokottenzimmer."

Heydrich: „Was ist hier falsch? Wer soll falsch sein?" Er hat sich aufgesetzt. „Meine Dame, Sie sind nicht mehr erwartet worden."

Milo Schatzova, übersieht sein Mißtrauen: „Meine leichte Verspätung verstimmt den hohen Herrn. Aber nur für ihn habe ich stundenlang meine Schönheit wiederhergestellt."

Heydrich: „Hatte er sie zerstört?"

Milo Schatzova: „Grausamer! Verbietet mir die einfachste Erfrischung, selbst aber ruht er, ein lieblicher Ephebe, das edle Haupt in der Rundung des Armes, auf seinem märchenhaften Lager!"

Heydrich, nimmt die Stellung, die sie beschrieben hat, folgsam wieder ein: „Märchenhaft, wenn man will. Jedenfalls einsam."

Milo Schatzova, setzt sich zu ihm, aber der durchsichtige Vorhang trennt die beiden. Sie betrachtet den Mann als Expertin: „Der ist nicht grausam. Er will es sein."

Heydrich: „Ich bin gefälligst grausam! Keine Verwechslung mit dem deutschen Oberst in Norwegen, der immer jammerte, weil er die Norweger unterdrücken mußte!" Er möchte nochmals hochkommen.

Milo Schatzova, deckt ihm den Schleier über das Gesicht: „Still! Daß ich dich bewundere!"

Heydrich, hält still.

Milo Schatzova: „Reinhard! Schönheit!"

Heydrich: „Ich kann mir nicht helfen, ich hör es gern, je unverhoffter die Dame erscheint."

Milo Schatzova: „Ich, unverhofft? Sag nicht noch einmal Dame! Du hattest für mich andere Namen, in dem heißen Sturm einer Nacht, ich wäre – siebenmal darin untergegangen, nur deine Glockenstimme rief meine ertrinkenden Sinne an die Oberfläche zurück!"

Heydrich: „Berauschende Komödiantin! Mir ging in dem bewußten Sturm dein Name verloren. So ist es. Tatsächlich erscheinst du mir zum zweiten Mal unverhofft. Mit dem ersten meiner Blicke, im Theater, sah ich dich auch schon unglaubwürdig über dem Boden schweben, zu meiner Seele sprach ich, Reinhard, das gibt es nicht."

Milo Schatzova: „Meine Rolle enthält keinen Luftakt."

Heydrich: „Ich selbst taumelte."

Milo Schatzova: „Meinen Namen vergißt man nicht. Ich bin die Schatzova."

Heydrich: „Eine Wirklichkeit? Sozial? Amtlich?"

Milo Schatzova: „Du kannst meine Papiere prüfen." Sie zeigt ihm etwas Schriftliches durch den Schleier.

Heydrich, liest mit polizeilichem Ernst: „Das ist nicht in Ordnung."

Milo Schatzova: „Ich bin verloren!"

Heydrich: „Es sollte deutsch sein, mindestens nicht fremdsprachig allein. Schatzova scheint sich zu bestätigen."

Milo: „Nicht der andere Name? Den mein Freund in allen Stimmlagen sang?"

Heydrich: „Milo? Genehmigt." Er bemüht sich um Wohllaut: „Milo! Milo!"

Milo Schatzova: „Einen Viertelton höher!"

Heydrich: „Milo! War es das?"

Milo Schatzova: „Ob das der Klang war, der mich verführte!"

Heydrich: „Wahr? Ich hab dich verführt?"

Milo Schatzova: „Kühner du! Eine große Frau, aber er nimmt sie sich."

Sie küßt sein Gesicht durch den Schleier, der ihn einwickelt und ihm hinderlich ist. Er versucht Bewegungen, die mißlingen, sie macht andere, ihm nicht erwünschte.

Heydrich: „Schluß mit der Spielerei!"

Milo Schatzova: „Das sag ich auch. Eh wir's denken, muß ich wieder im Theater sein."

Heydrich: „Das verbiete ich."

Milo Schatzova: „Absagen? Du wärest imstande und verführst mich auch dazu noch." Sie lacht auf.

Heydrich: „Meine Ahnung, ich bin lächerlich."

Milo Schatzova: „Mir fällt nur die Geschichte vom Wokurka ein, wie er im Extrazug nach Czernowitz die Greislerova verführte."

Heydrich: „Lächerlich ist höchstens dieser Wokurka."

Milo Schatzova: „Was willst du von einem Komiker?"

Heydrich: „Aber den Komiker liebst du."

Milo Schatzova: „Schon eifersüchtig!"

Heydrich, befreit sich gewaltsam aus der Umschleierung, verläßt das Bett: „Wenn dir das Leben deiner Liebhaber lieb ist, vergiß nicht, wer ich bin!"

Milo Schatzova ist von ihrem Platz gewichen, steht ihm gegenüber: „Henker Heydrich, sagen deine Schmeichler."

Heydrich stelzt im Halbkreis um sie her: „Auf der Liste fehlt der Einundfünfzigste, Wokurka."

Milo Schatzova: „Ich bin gekränkt, mein Name war dir weniger geläufig. Was soll es mit der Liste?"

Heydrich, unbeherrscht: „Morgen, spätestens übermorgen wird Prag sie auswendig wissen. In der Luft wird sie abzulesen sein, wo fünfzig Verschwörer hängen werden – jetzt einer mehr."

Milo Schatzova, schreit auf: „Christi Himmels willen, mein armer alter Kamerad!" Sie fällt gebrochen auf den Bodenbelag.

Heydrich, Triumph: „Hab ich dich?"

Milo Schatzova, starr: „Du hast mich." Sie stöhnt in ihren Schoß: „Ich hätte mir damit nichts anfangen dürfen."

Heydrich: „Hinterher die Reue. Mich betrügt keiner."

Milo Schatzova: „Läßt du mir dafür die Zeit? Die Kraft? Macht es mir denn Vergnügen? Ich kenne den männlichen Körper von der weniger erotischen Seite."

Heydrich: „Von welcher? Gestehe!"

Milo Schatzova, steht auf: „Aus dem Pathologischen Institut. Bevor dein Amtsvorgänger unsere Universität zusperrte, war ich eine Medizinerin und sezierte Leichen."

Heydrich: „Das mußte kommen. Der Revuestern geht über Kadavern auf. Der Stern des Protektors desgleichen. Schatzova! Milo! Du mit deinem Reinhard Heydrich, wir haben uns gesucht und gefunden." Er bietet ihr die Hand an.

Milo Schatzova, kurzes Zögern, sie nimmt die Hand: „Das Paar, wie man es träumt."

Heydrich: „Dies, meine Beste, ist endlich nackte Wirklichkeit."

Milo Schatzova: „Einverstanden. Daher hast du gewiß die Güte, mir nicht meine zweite Karriere zu verderben. Die Medizin wurde mir abgeschnitten. Wenn durch meine Schuld der Wokurka hängen muß, liegt auch die Bühnenlaufbahn hinter mir."

Heydrich: „Beruhige dich!"

Milo Schatzova: „Ich bin ruhig, ich kenne dich. Reinhard! Von uns beiden bist du der größere Komödiant."

Heydrich, geschmeichelt: „Man kann der Meinung sein." Er hat sich gesetzt, er zieht sie auf sein Knie.

Milo Schatzova, tändelt: „Einer mehr oder weniger auf deiner Liste, im Grunde läßt mein fünfzigjähriger Kollege dich kalt."

Heydrich: „Wokurka, schon fünfzig?" Mißtrauisch: „Er kam mir jünger vor."

Milo Schatzova: „Unter der Schminke. Aber höre, mein Kleiner, deine Todesliste muß reizvoll sein."

Heydrich: „Auch du? Schau einer die Flimmerdiva, ihre Augen leuchten, sie möchte hängen sehen."

Milo Schatzova: „Ich bin wie du. Erfülle mir eine Bitte, die erste. Zeig deine Liste her!"

Heydrich: „Aber –."

Milo Schatzova: „Du machst Geschichte. In der Geschichte labt immer der mächtige Despot sich mit seiner verruchten Geliebten an den Opfern, die sie abmurksen werden."

Heydrich: „Entzückende Kanaille!“

Milo Schatzova: „Reini, dummer Galgenstrick, wo bleibt die Liste?“

Heydrich: „Aber die ist noch in der Anfertigung. Bei der Gestapo natürlich.“ Bereitwillig: „Der Kommissar heißt Blumentopf!“

Milo Schatzova: „Auf zu Blumentopf!“ Im Abgehen: „Bis morgen hütest du das Bett, du bist überreizt, dir könnte etwas zustoßen, ich überlebe es nicht.“ Sie eilt durch die Mitte, den Weg, den sie gekommen war.

Heydrich, gibt es auf, ihr zu folgen. Als sie fort ist: „Blumentopf wirft sie hinaus. Hätte er gar den Einfall, sie selbst auf die Liste zu setzen, dann war es Schicksal.“ Nach näherer Prüfung: „Nein! Verdammt, die will ich nicht los sein.“

Er geht zu Bett.

57

Hauptmann Krach öffnet von außen die geheime Tür, die hervortretende Milo Schatzova empfängt er wortlos mit der Ehrenbezeigung.

Milo Schatzova spricht nicht, ihr Gesicht ist plötzlich verstört, sie versucht zu laufen. An einer Ecke der verwickelten Gänge stößt sie mit einem Mann zusammen.

Hauptmann Krach: „Wollen Sie achtgeben, Kommissar Blumentopf!“

Der Geheime, die Hand auf dem Herzen: „Ich bin ganz Demut, ganz Gehorsam.“

Milo Schatzova: „Blumentopf? Sie bringen die Liste.“

Der Geheime: „Zu Befehl.“

Milo Schatzova: „Der Protektor will die Liste jetzt nicht sehen. Er hat sich zur Ruhe begeben. Für die Exekution Ihrer fünfzig Freunde wird der Protektor wieder aufstehen.“

Der Geheime, freudig: „Mir allein bleibt die Auswahl überlassen!“

Milo Schatzova: „Wir überlassen sie Ihnen, Kommissar Blumentopf, in Würdigung Ihrer Verdienste.“

Hauptmann Krach, flüstert ihr ein: „Ober! Oberkommissar.“

Milo Schatzova: „Für die Sie ein Chef geworden sind, Oberkommissar, und sollen mit meiner Hilfe noch höher steigen."

Der Geheime, händereibend: „Geheimrat Rumfutsch hat wenig Aussicht, auf seinen Posten zurückzukehren."

Milo Schatzova: „Weil er auf Ihrer Liste steht. Nachdem wir von den fünfzig Namen Kenntnis genommen haben, entscheiden ich und Reinhard, ich will sagen der Protektor, welcher der Namen durch Ihren ersetzt werden soll."

Der Geheime, erschrickt furchtbar, das Papier, das er schon in der Hand hielt, entfällt ihm.

Hauptmann Krach, hebt es schnell auf, steckt es weg: „Die gnädige Meinung ist in welches Amt Sie eintreten anstelle des endgültig Verhinderten."

Der Geheime, scharwenzelt: „Natürlich habe ich die gnädige Meinung richtig verstanden. Meine Dame, zählen Sie auf mich, wie ich auf Sie! Brot schmeckt süß, überall."

Hauptmann Krach: „Vertraulichkeiten erübrigen sich."

Milo Schatzova, will gehen: „Hauptmann Krach!"

Hauptmann Krach, geleitet sie, den Arm aufmerksam hinter ihr gerundet, für den Fall, daß sie schwach würde.

Der Geheime, verharrt tief geneigt, bis die beiden verschwinden.

58

Die Burgwache tritt ins Gewehr, als Milo Schatzova mit Hauptmann Krach den bereitgehaltenen Wagen des Protektors besteigt.

Eine Strecke wird schweigend zurückgelegt.

Milo Schatzova: „Es geht wieder. Die Liste!"

Hauptmann Krach, überreicht sie ihr, sieht diskret aus dem Fenster.

Milo Schatzova: „Der Chauffeur soll langsam fahren. Wozu nach Haus? Oder was tu ich im Rococo? Auftreten? Und hier, die fünfzig Menschen!"

Hauptmann Krach, öffnet die gläserne Scheidewand, befiehlt: „Nach der Wassergasse mit höchstens dreißig Kilometer Geschwindigkeit“, und schließt die Scheibe sorgfältig.

Milo Schatzova: „Zu viel, damit werd ich nicht fertig.“

Hauptmann Krach: „Slecna Milo! Machen Sie sich nichts daraus, alles kommt immer entgegengesetzt, wie wir seit gestern wissen.“

Milo Schatzova: „Gestern! Da hielt ich in meiner armen, mitschuldigen Hand noch kein einziges Todesurteil, geschweige fünfzig.“

Hauptmann Krach: „Hatten Sie nicht auch den Eindruck, daß kurz vor uns ein anderer Wagen abgefahren war?“

Milo Schatzova: „Von der Burg, ein anderer Wagen? Was soll das? Ah! der Protektor.“

Hauptmann Krach: „Sie glauben selbst nicht, daß er es allein mit sich noch aushält.“

Milo Schatzova, ihm in die Augen: „Wieviel wissen Sie?“

Hauptmann Krach, hebt die Schultern: „Er bleibt ein Träumer stets und hängt am Weibe.“

Milo Schatzova: „Das scheint ein Vers zu sein. Verse – für Henker Heydrich! So läßt er sich von mir nennen.“

Hauptmann Krach: „Da sehen Sie's.“

Milo Schatzova: „Er will nicht sein wie sein Bekannter, der deutsche Oberst in Norwegen, der unter ständigem Selbstbedauern alle hinrichten läßt.“

Hauptmann Krach: „Ein deutscher Protektor darf sich unter keiner Bedingung leid tun.“

Milo Schatzova: „Sie halten auf deutsche Würde. Die muß ich wahren, ich, die Schatzova. Lesen Sie mit! Die Liste trägt – weniger deutsche Namen als tschechische.“

Hauptmann Krach: „Aber was für deutsche. Ich bin entsetzt. Wenn die Gestapo dem Protektor ans Leben wollte, genau dieses Verzeichnis hätte sie verfaßt.“

Milo Schatzova: „Die tschechischen Namen sagen Ihnen nichts.“

Hauptmann Krach: „Doch. Es sind Ihre Freunde, hier steht Ihr Lehrer.“

Milo Schatzova: „Es ist mein Prag und alles, was mir von ihm übrigblieb.“ Ihr schaudert: „Hauptmann Krach, wer sind Sie?“

Hauptmann Krach: „Das fragte mich heute schon einer. War es der Protektor? Ich bin ein gewöhnlicher Normaler – die jetzt selten werden.“

Milo Schatzova, ruht ihren Kopf an seiner Schulter aus: „Was soll ich tun?“

Hauptmann Krach: „Ihn warnen. Folgt er dieser Liste, die geopferten Tschechen würden ihm gefährlich werden wie die hingemordeten Deutschen. Das Land mitsamt der Besatzung hetzt ihn, bis er fällt.“

Milo Schatzova: „Wer will das?“

Hauptmann Krach: „Wird nie an den Tag kommen. Er ist nicht mehr genehm.“

Milo Schatzova: „Das soll ich ihm sagen? Seine Antwort wird sein, daß er die Liste um einige Namen verlängert.“

Der Wagen hält.

Hauptmann Krach befiehlt dem Chauffeur: „Warten Sie auf den Protektor!“

Milo Schatzova: „Auf wen?“

Hauptmann Krach: „Nur der Vorsicht wegen begleite ich Sie über die dunkle Treppe. Ihnen ist wieder ganz wohl.“

59

Milo Schatzova öffnet die Tür ihrer Wohnung.

Hauptmann Krach: „Den zweiten Schlüssel hat der Protektor.“

Milo Schatzova: „Warum?“

Hauptmann Krach: „Weil er drinnen sitzt.“

Milo Schatzova folgt seinem Blick. Hinter einer Glastür ist Pavel zu sehen, wie er, fertig in Uniform, vor dem Spiegel seine Maske verbessert.

Sie wendet sich nach Hauptmann Krach um: „Schnell! Verschwinden Sie!“

Hauptmann Krach, ist schon nicht mehr da.

Milo Schatzova, entsetzt: „Er hat es gewußt!“

Pavel, ihr entgegen: „Wer hat was gewußt? Aber Milo, wie siehst du aus.“

Milo Schatzova: „Hauptmann Krach sagte mir gleich unten, daß du oben bist. Er sagte, undurchdringlich wie immer, da sitzt der Protektor.“

Pavel: „Ganz natürlich. Aber du, Milo, du?“

Milo Schatzova: „Ich, ganz natürlich sehe ich aus wie vor der Hinrichtung.“

Pavel: „Wessen?“

Milo Schatzova: „Es sind nur fünfzig.“ Sie wankt und kommt gerade noch auf den Diwan zu sitzen.

Pavel: „Milona! Militschka! Eine so verständige Person, war's denn nicht klar vorherzusehen, daß er Dummheiten machen würde, der arme Kerl?“

Milo Schatzova: „Einen armen Kerl nennst du das Ungeheuer!“

Pavel: „Ein verabscheuenswürdiges Ungeheuer, mir verhaßter mit jedem Tag. Ein Kranker natürlich. Im Pathologischen Institut würde ich ihm kaltblütig das Gehirn herausoperieren.“

Milo Schatzova: „Bravo!“

Pavel: „Aber ich täte es am Lebenden. Er weiß nicht mehr, wer er ist.“

Milo Schatzova: „Bald wirst du mir unheimlich wie Hauptmann Krach.“

Pavel: „Ich bin unheimlicher. Meine Erfolge rächen sich an mir.

Milo Schatzova: „Du schnappst über.“

Pavel: „Begreife nur, ich habe mich zu berühmt gemacht.“

Milo Schatzova: „Ihn vielmehr.“

Pavel: „Uns beide: Der Protektor von Böhmen-Mähren, gleichviel welcher, seit meinen sensationellen Taten steht er zu hoch in der Gunst des Führers.“

Milo Schatzova: „Er? Du? Es ist um den Verstand zu verlieren.“

Pavel: „Wer hatte die historische Unterredung? Wem verlieh der Führer die Gewalt über Leben und Tod?“

Milo Schatzova: „Du bist wahrhaftig übergeschnappt.“

Pavel: „Du sagst es. Mein Erfolg hat mich erstens verrückt gemacht. Zweitens mußte er mir unerbittliche Feindschaften zuziehen."

Milo Schatzova: „Darum willst du alle hängen."

Pavel: „Des Glanzes wegen – und in der Notwehr. Mir selbst wird nach dem Leben getrachtet."

Milo Schatzova: „Von –"

Pavel: „Von meinen Neidern. Mein Sinnen und Trachten ist, wen ich gegen sie ausspielen könnte. Herkömmlicherweise, meine Gestapo."

Milo Schatzova, hält ihm die Liste vor Augen: „Deine Gestapo taucht dich in Schokolade. Unterschreibe dies und du bist geliefert, sagt Hauptmann Krach."

Pavel: „Ein wirklich echter Deutscher."

Milo Schatzova: „Echter als du, der Protektor."

Pavel: „Echter als du, die Geliebte des Protektors."

Milo Schatzova: „Aber ich bin es!" Verzweifelt beißt sie ihre Hand.

Pavel: „Unser erotischer Umgang gipfelt darin, daß du mir die Liste entlockt hast."

Milo Schatzova: „Nicht einmal so viel. Ich bekam sie von Blumentopf."

Pavel: „Schau, schau, mein Blumentopf. Daran erkenne ich ihn."

Milo Schatzova, ängstlich: „Mir kommt vor, du hältst dich tatsächlich für –!"

Pavel: „Ich büße es, daß ich mir das Gehirn eines Unmenschen aneigne. Mir bleibt nur übrig, ihn vor sich selbst zu retten."

Milo Schatzova: „Anstatt ihn einfach kaltzumachen."

Pavel: „Wer käme dann? Meinst du, es bliebe bei fünfzig Gehängten?"

Milo Schatzova: „Rette wenigstens die fünfzig auf deiner Mordliste!" Pavel: „Das auch. Das mit der linken Hand. Du sollst eine Galgenszene erleben!"

Er vertieft sich in die Liste. Zerstreut spricht er: „Kameradin Milo, bei der Bühne sagt ihr wohl: in einer Rolle aufgehen, und versteht euch selbst nicht."

Milo Schatzova, folgsam: „Dort erwarten sie mein Auftreten, ich habe Verspätung."

Pavel: „Einer wartet ungeduldig. Ihn hat es zu Haus nicht gelitten: Sitzt längst in meiner Proszeniumsloge."

Milo Schatzova: „In deiner –. Ah! Der falsche Protektor. An ihn hatt ich vergessen – wie an den Tod."

Vom Ausgang her ruft sie: „Ich muß deinen Wagen nehmen. In zehn Minuten steht er wieder da unten."

Als sie fort ist, fällt Pavel mit der Stirn auf die Liste. Er schluchzt trocken: „Keine Tränen! Nicht den Protektor beschädigen!"

60

Pavel, im Fortgehen auf der dunklen Treppe. An einer Wendung tritt Hauptmann Krach hervor.

Hauptmann Krach: „Melde gehorsamst, Wagen soeben vorgefahren."

Pavel: „Sie kommen mit."

Hauptmann Krach: „Ganz gehorsamst bitte ich, Exzellenz vor dem Hause des Professors Napil erwarten zu dürfen. Der Fahrer hat die Weisung."

Pavel: „Woher wissen Sie, daß ich dorthin will? Nun gut, Sie wissen."

Hauptmann Krach: „Zu Befehl. Auf der Fahrt könnte ich stören. Ihr Wagen wird schärfstens bewacht – vom Oberkommissar Blumentopf persönlich."

Pause. Das übrige wird weniger gesprochen als angedeutet.

Pavel: „Haben Sie etwas bei sich?"

Hauptmann Krach, gibt ihm einen Revolver, den Pavel im rechten Ärmel verwahrt. Unter der linken Hand läßt er etwas wie einen Bleistift sehen.

Hauptmann Krach: „Sehr wohl."

Pavel betritt allein die Straße, die Ordonnanz öffnet ihm den Schlag. Bevor der Fahrer auf seinem Platz zurück ist, steigt drüben der Geheime Blumentopf ein. Der Wagen startet.

Der Geheime, neben Pavel: „Mit gnädiger Erlaubnis Eurer Exzellenz ist Ihre Sicherheit bedroht."

Pavel: „Ich habe Ihre Liste. Im ganzen bin ich einverstanden."

Der Geheime: „Dann überlassen Sie mir auch diese Kleinigkeit."

Schneller getan als gesagt, reißt der Geheime dem Protektor das Bärtchen von der Lippe. In demselben Augenblick krümmt er sich schon, die Mündung des Revolvers drückt ihm das Herz.

Pavel: „Sie sind einer alten Versuchung erlegen, Geheimrat Blumentopf."

Der Geheime: „Geheimrat! Nicht ich verdiene die jähe Rangerhöhung, aber mein treues Herz. Bitte, bitte, nehmen Sie den Druck davon weg!"

Pavel: „Sie vergessen die Fliege, Sie Löwe."

Geheimrat Blumentopf, beeilt sich, das Bärtchen wieder anzukleben wie vorher: „Sie konnten und konnten nicht in der Wassergasse sein, indessen Sie zu Hause schliefen."

Pavel: „Ich schlafe nie. Wenn nötig, schieße ich."

Geheimrat Blumentopf beendet die Toilette Pavels um so schneller. Er begutachtet, was er vollbracht hat: „Den Protektor ganz allein geht es an, wenn er seinem, vielleicht mangelhaften Bartwuchs nachzuhelfen geruht."

Pavel: „Meinem blonden Bartwuchs."

Geheimrat Blumentopf: „Ihrem blonden."

Pavel: „Geheimrat Blumentopf, Sie sind von Ihrem verewigten Freunde Ziegensack erblich belastet in dieser Welt zurückgelassen worden. Die krankhafte Vorstellung von der Existenz eines Doppel-Protektors verfolgt Sie, soviel Sie dagegen anwenden."

Geheimrat Blumentopf: „Soviel Exzellenz dagegen anwenden. Jetzt haben Sie mich befördert, es hilft alles nichts."

Pavel, grüßt aus dem Fenster die aufgepflanzten Passanten: „Grüßen Sie mal mit!"

Geheimrat Blumentopf wendet den Hals.

Pavel grüßt. Seine rechte Hand ist immer noch von der Waffe beansprucht. Seine linke sinkt langsam bis zur Höhe des Blumentopfschen Ohres, auf dessen Gehörgang sein Bleistift zielt.

Geheimrat Blumentopf, seufzt einmal auf. Versagende Stimme: „Es gibt nur einen."

Er sitzt aufrecht angelehnt, die Augen offen und starr, der Mund, als ob er sprechen wollte.

Pavel: „Sie sind auf dem Wege der Besserung, Geheimrat Blumentopf. Hören Sie nicht? Eine leichte Störung – schon vorbei, bis ich wieder unten bin."

Der Wagen hält, die Ordonnanz öffnet.

Pavel: „Geheimrat Blumentopf beaufsichtigt von hier aus die Straße. Sie haften mit Ihrem Kopf dafür, daß niemand ihn anspricht."

Die Ordonnanz: „Zu Befehl, Exzellenz."

Pavel: „Sie decken mit Ihrer Kehrseite den Wagenschlag."

Ordonnanz: „Melde gehorsamst, dann sieht er nichts."

Pavel, drohend: „Sie sieht er."

Die Ordonnanz, erschrocken, „Zu Befehl."

Pavel stelzt nach dem Haus, wo Professor Napil wohnt. Mehrere Geheime, die darüber wachen, tun, als bemerkten sie den Protektor nicht. Auch Pavel scheint sie nicht zu beachten.

Gegen das offene Haustor spricht er: „Die Verhaftung nehme ich persönlich vor. Ich will kein Aufsehen. Die Kontrolle wird eingestellt – auch hinten."

Er tritt ein.

Die Geheimen, untereinander, mit Blinzeln, aber ehrfürchtig: „Er kennt das Durchhaus wie ein alter Prager."

Einer: „Bringen wir ihnen drüben wirklich den Befehl?"

Ein anderer: „Finassieren, mit ihm? Er ist dabei, auch wo er nicht ist."

61

Pavel, mit Professor Napil, in seinem Bücherzimmer: Licht fällt nur von den Straßenlaternen herein, und die geschlossenen Vorhänge der Fenster halten das meiste ab.

Professor Napil: „Wer ist das? Wie kommen Sie herein?"

Pavel, kann nicht sprechen.

Professor Napil: „Sie sehen mich vielleicht nicht?“

Pavel, mit seiner natürlichen Stimme, sehr beklommen: „Danke, es ist noch immer zu hell. Niemand verbot mir einzutreten, weil ich –.“

Professor Napil: „Weil Sie – ?“

Pavel: „Ich gleiche mir nicht.“

Professor Napil: „Wenn Sie mich kennen, finden Sie, daß ich mir noch gleiche?“

Pavel, leise: „Nein.“ Immer leiser: „Verzeihen Sie mir!“

Professor Napil: „Wem? Bei uns ist keiner, der nicht leidet.“

Pavel: „Durch einen einzelnen Elenden.“

Professor Napil: „Seinesgleichen sind jetzt viele, überall. Seine nicht geglaubte Eitelkeit macht ihn grausam. Solange er martert, vergißt er, daß er ein Nichts ist. Sie sind wohl hier, um Ähnliches von mir zu hören. Ich werde beobachtet.“

Pavel: „Spion – bin ich nicht. Der Protektor hat verdient, was Sie ihm sagen.“

Pause. Professor Napil blickt an Pavel vorbei. Endlich, im Ton der tiefsten Gleichgültigkeit: „An den Protektor, wenn er vor mir stünde, verschwende ich kein Wort.“

Pavel, flehentlich: „Sehen Sie mich doch nur an!“

Professor Napil: „Umsonst. Ich bin zerrüttet durch alles, was vorgeht. Von meiner Sehkraft bleibt mir ein unbedeutender Rest.“ Er entfernt seine grauen Gläser, die Augen sind geschlossen: „Am besten so.“

Pavel, schwach und stürmisch, ohne Wechsel der Stimmlage: „Ich bin der Protektor – bin nicht er, aber jede Stunde, die vorbeigeht, verwandelt ihn und mich, bis wir derselbe sind.“

Professor Napil: „Jetzt höre ich dich sprechen, Pavel Ondracek.“ Er setzt sich.

Pavel, kniet vor ihn hin: „Professor Napil, ich glaube an die ewige Güte. Ich bin bei Ihnen.“

Professor Napil, will den gesenkten Scheitel Pavels berühren, zieht die Hand zurück: „Ich weiß nicht, was ich da berühren würde.“

Pavel: „Einen sehr schuldigen Kopf.“

Professor Napil: „Nur der Kopf? Dann wäre dir noch zu helfen."

Pavel: „Nein. Das Herz unter dieser Uniform wird nachgiebiger gegen das Böse. Mich freuen meine Erfolge."

Professor Napil: „Die Erfolge des Protektors."

Pavel: „Meine. Kein gelegentlicher Vertreter hätte sie gehabt."

Professor Napil: „Dein neuester Treffer ist ein Massenmord."

Pavel, schluchzt still, heftig und lange.

Professor Napil, tastet mit den Fingerspitzen nach dem Gesicht des Knienden: „Tränen dürfen – sein Gesicht nicht entstellen. Der Strick ist uns allen übergeworfen von – ihm."

Pavel, springt auf, schreit auf: „Von mir!" Er erschrickt und raunt: „Wir hätten es nicht gekonnt ohne die unbemessene Macht, die ich allein uns errang."

Professor Napil: „Kampf und Errungenschaft – müssen einen Grund haben."

Pavel: „Ich dachte ihn zu stürzen. Ich hasse ihn."

Professor Napil: „Selbsthaß! Euch beide stürzen. Tröste dich, euer Abgang will bezahlt sein. Auf jeden erlegten Schreckensmann kommen so viele Tote, als seine Gewebe an Zellen hatten, seine Ganglien an Gedanken."

Pavel, angstvoll: „Meister! Hätte ich es nicht beginnen sollen?"

Professor Napil, fest: „Du mußtest, Pavel Ondracek."

Pavel: „Es war absurd. Daß ich vor Ihnen nicht fehlgreife, Meister! Der Anfang – und daß er gelingen konnte – war absurd. Streng logisch war, was Schritt um Schritt daraus wurde. Sogar der Meister darf mit dem Verlauf zufrieden sein."

Professor Napil, lächelt: „Denn morgen werde ich gehängt."

Pavel: „Denn logisch wie je, widerruft der Protektor."

Professor Napil: „Welcher Protektor? Ich frage falsch. Ein Protektor, ein Strick, und wenn er klug ist, ein Widerruf. Stimmt es so?"

Pavel, dringend: „Für jeden eintretenden Fall müssen Sie verreisen."

Professor Napil: „Das Weite suchen? Wer läßt mich auch nur dieses Zimmer verlassen?"

Pavel: „Hier, Ihre Pässe." Er gibt sie ihm in die Hand: „Sie sind in Ordnung."

Professor Napil: „Der Protektor muß es wissen. Mit noch weniger Recht als du, stellt auch der andere keine Pässe aus.“

Pavel: „Ich kann Sie in Sicherheit bringen, er nicht. Sie werden heute abend auf das Land geführt und erwarten Ihren Zug, er fährt morgen, man begleitet Sie.“

Professor Napil: „Wenn ich dir danken wollte –.“

Pavel: „Würde ich antworten, daß ich die erbarmungslose Logik der Dinge keineswegs durchbreche, weil ich außer der Reihe wie ein Mensch handele.“

Professor Napil: „Nackt sich der Ungeheuer erwehren, dieses unser beständiges Leben und ganzer Beruf geben sogar dem flüchtigsten Entschluß, Mensch zu sein, das Ansehen eines freien Verdienstes. Sei bedankt!“

Pavel: „Ihr niedrigster Schüler dankt Ihnen, wenn Sie ihn nicht ganz verwerfen. Als Mediziner erlernte ich vom Menschen einen Teil, mir scheint, den leichteren. Ich hörte aber Ihre Philosophie des anderen Teiles. Mit Wesen, vielfältig wie ihr Schöpfer, von ihrer Schöpfung bestimmt wie er von seiner, und auch unsichtbar im Grunde – hab ich es aufgenommen.“

Professor Napil: „Hattest es aber von dem Lehrer, der dich wissend machte. Wieviel Unheil oder Heil du Knabe jetzt verbreitest, den Antrieb messe ich mir bei. Jetzt lernen wir beide ein Kapitel – über die Verteilung der Schuld.“

Pavel, besinnt sich: „Ich bin kein Student mehr.“

Professor Napil: „Sondern?“

Pavel, Stimme des Protektors: „Professor Napil, ich verhafte Sie.“

Professor Napil: „Exzellenz verspäten sich. Ich bin verhaftet.“

Pavel: „Höchst persönlich nehme ich Sie in Gewahrsam. Sie bürgen mir dafür, daß dieses Volk die Ausbrüche seines Wahnsinns zurückstellt.“

Professor Napil: „Ich verstehe. Sie benutzen mich als Geisel.“

Pavel, öffnet die Tür. „Kommen Sie!“

Mehrere Frauen, die hinter der Tür standen, erheben flehend die Hände.

Professor Napil: „Seid ihr da? So fürchtet für mich nichts! Ein einfacher Ausgang.“

Pavel befiehlt ihnen: „Mantel, Hut! Den Stock nicht zu vergessen." Der alten Gattin ins Ohr: „Sagt den Leuten, er sei in Sicherheit."

Er führt Professor Napil die Treppe hinab und durch das Haus bis zu dem Tor nach der hinteren Gasse. Die nächste Lampe ist weit entfernt.

Hauptmann Krach, tritt aus dem Dunkel: „Melde Exzellenz gehorsamst, Hauptmann Krach zur Stelle."

Pavel: „Sie haben einen Wagen – auf dieser Seite."

Hauptmann Krach, weist in die Dunkelheit: „Zu Befehl."

Pavel: „Und fahren ihn selbst."

Hauptmann Krach, schweigt.

Pavel: „Gut. Sie führen Professor Napil nach Lidice, über das Dorf hinaus zum Hof des Bauern Ondracek. Es sind wohlgesinnte Leute, sie werden den Gefangenen beaufsichtigen. Seine Familie folgt nach."

Hauptmann Krach: „Melde gehorsamst, der Wagen ist ein Jagdwagen, in einer Stunde acht Minuten bin ich zurück."

Pavel: „Im Theater Rococo. Sie kommen zum Schluß der Vorstellung. Sie wissen, wo Sie mich finden."

Hauptmann Krach: „Ich weiß, wo ich – den Protektor finde."

Pavel: „Dort erhalten Sie weitere Befehle."

Hauptmann Krach: „Heil Hitler!" Mit Professor Napil, halb trägt er ihn, in das tiefere Dunkel. Wenige Schritte, sie sind verschwunden.

62

Pavel tritt aus dem vorderen Tor des Durchhauses. Die Ordonnanz, noch immer mit dem Rücken gegen den Wagenschlag, reißt ihn auf. Pavel befiehlt: „Nach der Burg."

Pavel, solange die Ordonnanz die Tür in der Hand hat: „War hier alles in Ordnung, Geheimrat Blumentopf?"

Keine Antwort. Die Fahrt vergeht mit Schweigen. Sie ist nahe dem Ziel.

Geheimrat Blumentopf, plötzlich normal: „Soeben die Wassergasse, schon die Burg, Exzellenz haben Eile."

Pavel: „Allerdings. Sie hätten sich wer weiß wo aufgehalten. Ich habe Geschäfte."

Geheimrat Blumentopf: „Morgen vor Sonnenaufgang findet die große Hinrichtung statt. Fünfzig."

Pavel: „Der Einundfünfzigste ist gefunden."

Geheimrat Blumentopf: „Wokurka!"

Pavel: „Ich höre immer Blumentopf. Ihre beispiellose Treue allein wird meine Täuschung berichtigen."

Geheimrat Blumentopf: „Die Treue ist das Mark der Ehre."

Anfahrt im Burghof. Die Wache tritt ins Gewehr, der Offizier stürzt herbei.

Pavel: „Sturmbannführer Jellinek!"

Der Sturmbannführer: „Zu Befehl, Exzellenz."

Pavel: „Gestern war ich gegen Sie unfreundlich."

Der Sturmbannführer: „Kassiert, eingesperrt, Hungerkur und Umschulungslager, melde gehorsamst. Aus Mangel an Offizieren mach ich vorläufig Dienst."

Pavel: „Ihre Strafen sind aufgehoben – obwohl Strafen nicht verdient sein müssen. Sie sind immer verdient."

Der Sturmbannführer, verständnislos, aber begeistert: „Zu Befehl. Untertänigsten Dank. Heil Hitler!"

Pavel: „Sie werden mir die beiden Arrestanten vorführen."

Der Sturmbannführer: „Exzellenz haben alle flottweg ins Kittchen gesteckt. Verzeihen Exzellenz meine frischfromme Ausdrucksweise, ich bin fröhlicher Rheinländer."

Pavel: „Sie wissen, wen ich meine."

Der Sturmbannführer: „Zu Befehl. Geheimrat Rumfutsch, Oberst Schalk. Ich habe die Aufsicht über die Herren."

Pavel: „Die liefern Sie oben bei mir ab. Den Mann, der dort vorn das Freie sucht, bringen Sie mit. Bei Widerstand ins Kittchen mit ihm!“

Der Sturmbannführer, begeistert: „Kommissar Blumentopf, wie gern!“

Pavel: „Nennen Sie ihn Geheimrat! Wahren Sie Ihre Grenzen!“

Der Sturmbannführer, im Anlauf, vermeidet einen Fall: „Geheimrat, das Schwein!“ Er läuft, in der Hoffnung, daß der Protektor nichts gehört hat.

Pavel, ruft ihm nach: „Heute ernannte ich Geheimrat Blumentopf, in Würdigung seiner Treue.“

Geheimrat Blumentopf, dem der Sturmbannführer den Ausweg abschneidet: „Das Mark der Ehre!“ – Er wird ergriffen.

Pavel, stelzt nach dem Eingang, er spricht laut, die Wachen hören: „Unnachsichtig aufräumen! Zustand! Ein Arrestant bewacht die anderen. Das ist kein deutsches Protektorat mehr.“

63

Pavel, besichtigt sein Schlafgemach. Er versetzt das Bett in künstliche Unordnung, er legt einen Stuhl um, als wäre der Stuhl hingeworfen, er stellt Cognac auf und gießt ein Glas über den Tisch. Er läutet.

Der Kammerdiener tritt ein und erschrickt.

Pavel: „Sie sind der Mann, den Hauptmann Krach mir besorgt hat.“

Der Kammerdiener: „Eurer Exzellenz zu dienen.“

Pavel: „Sie können tschechisch. Die Dame in ihrer Erregung drückte sich manchmal tschechisch aus. Ich habe nicht verstanden, aber Sie, hinter der Tür.“

Der Kammerdiener: „Zu Diensten. Die Dame verlangte, stürmisch sogar, daß der Protektor die Hinrichtungen hinausschieben möge.“

Pavel: „Sie wollte nicht im Gegenteil, daß ich die Exekutionen beschleunige.“

Der Kammerdiener: „Mit gnädigster Erlaubnis verhielt sich die Dame durchaus als Dame.“

Pavel: „Der Zustand des Schlafzimmers ist auch nicht die Schuld der Dame. Dafür verantwortlich sind Sie.“

Der Kammerdiener: „Exzellenz schliefen bis jetzt, ich wagte nicht einzutreten. Verzeihung für meinen Fehler!"

Pavel, sieht ihn an: „Den Herren, die ich erwarte, brauchen Sie von diesen Tatsachen keine zu verheimlichen. Begriffen?"

Der Kammerdiener: „Nach meinen begrenzten Kräften. Unbegrenzt ist meine Ergebenheit."

Am Eingang der Wohnung wird geläutet.

Pavel: „Öffnen Sie! Den Sturmbannführer will ich zuerst sehen."

Der Kammerdiener, schon halb draußen, vor sich hin: „Ich bin bewaffnet." Er schließt hinter sich die Tür.

Pavel: „Ich auch. So einfach aber liegt dies nicht."

Im entferntesten Vorzimmer.

Der Kammerdiener: „Seine Exzellenz werden sogleich fertig angekleidet sein, sie befehlen den Herrn Offizier zu sich. Die drei Herren sind ersucht zu warten." Er weist den Sturmbannführer an: „Gradaus, das vierte Zimmer, ohne Klopfen."

Der Sturmbannführer marschiert munter darauf los.

Der Kammerdiener beeilt sich, in ganzer Gestalt den Ausgang zu decken. Möglichst weit fort von ihm, bilden die drei Herren eine Gruppe.

Oberst Schalk: „Was sagt man, er ist da!"

Geheimrat Rumfutsch: „Dann ist er es!"

Geheimrat Blumentopf: „Wie kommen die Herren zu den Zweifeln? Der Protektor weilte den ganzen Nachmittag zu Hause, und wie einige sagen –" Hinter der aufgestellten Hand: „Im Schlafzimmer."

Oberst Schalk: „Auf Ihre Wissenschaft wird verzichtet."

Geheimrat Rumfutsch: „Sie – Kommissar."

Geheimrat Blumentopf: „Gestatte mir, mich vorzustellen. Geheimrat Blumentopf."

Geheimrat Rumfutsch: „Wer hat Sie plötzlich zum Geheimrat gemacht?"

Geheimrat Blumentopf: „Natürlich der Protektor."

Geheimrat Rumfutsch: „Dieser?"

Geheimrat Blumentopf: „Ich verstehe wohl nicht."

Oberst Schalk: „Ihr Geschäft verstehen Sie. Liefern uns ans Messer und lassen sich befördern."

Geheimrat Rumfutsch: „Besetzen Sie meine Kanzlei, aber Sie müssen einen Schlosser holen!"

Geheimrat Blumentopf: „Ich habe immer das Gefühl, daß die Herren mir mißtrauen – und andererseits, daß ich selbst verhaftet bin."

Oberst Schalk, für Geheimrat Rumfutsch: „Sein neuester Trick."

Im Schlafzimmer.

Pavel: „Sie sind jetzt im Bilde."

Der Sturmbannführer: „Zu Befehl. Oberst Schalk, Geheimrat Rumfutsch, der Blumentopf von der Gestapo, alle haben glatt die deutsche Sache verraten. Mir wird schwarz vor Augen."

Pavel: „Nehmen Sie einen Cognac!"

Der Sturmbannführer, trinkt: „Heißen Dank."

Pavel: „Dem Anschein entgegen, bin ich ein milder Herr. Sie haben die drei Verräter niederzuschießen."

Der Sturmbannführer, will gehen: „Gemacht."

Pavel: „Hiergeblieben!"

Der Sturmbannführer: „Melde gehorsamst, ich bin von Geblüt spontan, aufgezogen mit dem Saft unserer Reben."

Pavel: „Setzen Sie Ihren Rheinländer auf halbe Kraft! Mein Auftrag gilt nur für den Fall, daß ich selbst die Herren nicht bis an das letzte Vorzimmer begleite. Sehen Sie mich nicken, dann lassen Sie alle drei frei gehen."

Der Sturmbannführer: „Die Leute sind verhaftet, melde gehorsamst."

Pavel: „Sie sind frei, sobald es mir gelungen ist, sie von ihrem Unrecht zu überzeugen. Die Verschwörung, von der Sie hörten, hat niemals bestanden, wenn ich es nicht will."

Der Sturmbannführer: „Der Protektor ist allmächtig."

Pavel: „Der Führer ist allmächtig."

Der Sturmbannführer: „Heil Hitler!"

Pavel: „Abtreten! Freuen Sie sich auf die Fangschüsse nicht mehr als nötig. Ich sehe voraus, daß die Herren von mir geleitet weggehen werden."

64

Pavel, zwischen den Spiegelwänden, schließt seinen Uniformrock. Er wendet sich um, als die drei Besucher von dem Kammerdiener eingelassen werden.

Alle drei: „Heil Hitler!"

Pavel: „Heil Hitler! Pardon die Unordnung."

Oberst Schalk, strafend: „Der Kammerdiener kündigte uns an, wir würden Exzellenz noch bei der Toilette finden."

Pavel: „Beim Ankleiden, was haben Sie dagegen?"

Geheimrat Rumfutsch: „Der Kammerdiener, ein geschickter Junge, unterrichtete uns davon, daß Eure Exzellenz den ganzen Tag ein Frauenzimmer hier hatten."

Pavel: „Während die Herren in einsamer Zelle saßen. So ist das Leben."

Geheimrat Blumentopf: „Ich würde die Schatzova zumindest eine Künstlerin nennen."

Oberst Schalk: „Ein kapitales Weib, ist kaum zuviel gesagt. Der Protektor hat weniger gute Einfälle."

Pavel: „Erinnern Sie mich an einen weniger guten!"

Oberst Schalk, drohend gegen Geheimrat Blumentopf: „Daß ich auf seiner Liste stehe."

Geheimrat Blumentopf, weicht nach der Tür zurück: „Auf meiner?"

Pavel: „Einen Cognac, die Herren. Er stärkt die Moral."

Geheimrat Blumentopf, hält sich lieber an die Tür.

Oberst Schalk, gießt ein Glas Cognac hinunter.

Pavel: „Sie, Geheimrat Rumfutsch, kenne ich als einen Mann. Die Frau bleibt nicht immer unser Spielzeug."

Geheimrat Rumfutsch: „Wahrhaftig nicht. Ich bin fünfzehn Jahre verheiratet.“

Pavel: „Ich, mit der Schatzova befreundet erst seit gestern, aber schon erlebe ich mein Schicksal. Von dieser Frau komme ich nicht mehr los.“ Er steigert sich: „Protektor von Böhmen-Mähren, und jeden Augenblick in Gefahr, daß die Person meinen Willen beugt! Das ertrage, wer kann.“

Geheimrat Blumentopf: „Hängen Sie die Schatzova auf!“

Oberst Schalk, nach dem zweiten Cognac: „Wenn er das fertigbrächte, wäre sie nicht die Schatzova.“

Geheimrat Rumfutsch: „Ich glaube, man nennt das Hörigkeit. Muß sehr unangenehm sein.“

Pavel: „Es ist die Leidenschaft und ihre Allgegenwart. Sie wundern sich, meine Herren, daß die Künstlerin nicht hier ist. Weil in Wahrheit ich selbst nicht hier bin, ich sitze im Theater Rococo.“

Geheimrat Blumentopf will entweichen.

Pavel: „Sie da! Wohin?“

Geheimrat Blumentopf: „Sicherheitsdienst im Theater.“

Der Kammerdiener stößt Geheimrat Blumentopf trotz Gegenwehr in das Zimmer zurück und schließt die Tür.

Geheimrat Blumentopf, trocknet seine Stirn.

Pavel: „Seien Sie froh, daß Sie nur Angst schwitzen. Wer weiß, was Ihnen im letzten Vorzimmer zugestoßen wäre.“

Geheimrat Blumentopf muß sich setzen.

Oberst Schalk und Geheimrat Rumfutsch tauschen ernste Blicke aus.

Pavel: „Er hat recht, setzen wir uns! Es handelt sich, wie Sie bemerken, um eine lebenswichtige Verständigung.“

Geheimrat Rumfutsch: „Wenn der Kammerdiener wirklich unterrichtet ist, spricht Fräulein Schatzova sich gegen unsere –.“ Er stockt.

Oberst Schalk: „Sich gegen unsere Hinrichtung aus.“

Pavel: „Sie verbietet mir meine Maßnahmen hinsichtlich der ganzen Verschwörung.“ An Geheimrat Blumentopf gerichtet: „Wie nannten Sie die Verschwörung?“

Geheimrat Blumentopf: „Ich weiß von nichts.“

Pavel: „Padesat – war es das?“

Geheimrat Blumentopf, die Hand auf dem Herzen: „Nie gehört. Klingt arabisch.“

Oberst Schalk: „Da Sie es erfunden haben, orientalischer Pferdedieb!“

Geheimrat Rumfutsch: „Meine Kanzlei will er erben, darum fünfzig Galgen.“

Pavel: „Wer spricht von fünfzig Galgen. Fünfzig Patienten hängen bequem an fünfzehn, etwas gedrängter sogar schon an zehn Galgen.“

Oberst Schalk: „Deutsche! Die gelungensten Typen der Herrenrasse an demselben Strick mit hergelaufenen Untermenschen!“

Geheimrat Blumentopf: „Jedem sein eigener Strick. Wir beschlagnahmten schon den Seilerladen.“

Geheimrat Rumfutsch: „Er gesteht – und alles, um an meinen Posten aufzurücken.“

Pavel, furchtbar: „Man schweige! Die Verschwörung ist Tatsache. Aber keine unwichtigen Nachgeordneten sind gemeint, die hängen nur. Der Protektor soll fallen, die Hochverräter halten ihn für sterblich. Es kommt noch schlimmer. Unantastbar ist ein Einziger, an ihm vergreifen sich die Verschwörer.“

Schaurige Stille.

Oberst Schalk, besinnt sich, steigt steil in die Höhe: „Heil Hitler!“

Geheimrat Blumentopf, erhebt sich entgegenkommenderweise: „Seiner Exzellenz und den anderen Herren kann ich versichern, daß der Führer aus dem Spiel ist.“

Pavel: „Sie, Geheimrat Blumentopf, sind mit hohem Einsatz im Spiel. Sie werden mir zu guter Letzt den nennen, der es leitet.“

Geheimrat Blumentopf: „Eure Exzellenz verlangen von einem bis in den Tod Getreuen, daß er das Amtsgeheimnis bricht.“

Pavel: „Vorher, einen Cognac!“

Die drei Gäste nehmen wieder Platz und trinken. Geheimrat Blumentopf scheint es am nötigsten zu haben.

Geheimrat Rumfutsch: „Mir ahnt allerlei.“

Oberst Schalk: „Intrigen und Machenschaften sind fremde Begriffe für einen alten Soldaten."

Pavel: „Soviel begreifen Sie, ich habe den Protektor von Böhmen-Mähren berühmt gemacht. Gewissen Personen ist er zu groß geworden."

Oberst Schalk: „Zweifellos, wer nahm schon mal am Telefon historische Äußerungen des Führers ab – dermaßen historisch, daß unsereinem der Verstand stillsteht."

Geheimrat Blumentopf, begeistert: „Keinem seiner Quislinge hat der Allgewaltige sein Recht auf jeden erwünschten Todesfall übertragen, nur unserem deutschstämmigen Protektor!"

Geheimrat Rumfutsch, zieht ein Telegramm hervor: „Noch mehr. Eine Minute bevor Kommissar Blumentopf mich verhaftete –."

Geheimrat Blumentopf: „Damals war ich immer schon Geheimer Oberkommissar."

Geheimrat Rumfutsch: „Eine Minute vorher lief diese chiffrierte Drahtmeldung des Feldmarschalls von Brauchitsch bei mir ein. Erst in meiner Haft konnte ich sie entziffern. Geruhen Exzellenz selbst zu lesen."

Pavel, liest: „Der Feldmarschall bestätigt sein Telefonat mit Hauptmann Krach. Der Führer hat beschlossen, dem Protektor sein Verhältnis zu der tschechischen Schauspielerin Schatzova in Gnaden zu bewilligen. Er erhebt die Schatzova in den Stand einer Ehrendeutschen."

Jubel der Geretteten, aller drei: „Heil Hitler!"

Oberst Schalk: „Die Schatzova schenkt uns das Leben. Dies Glas der Schatzova!" Er trinkt aus.

Geheimrat Rumfutsch: „Da der Protektor bei ihr hörig ist." Er trinkt aus.

Geheimrat Blumentopf: „Auch ich." Er trinkt aus.

Pavel: „Geheimrat Blumentopf, Sie wollen nicht sagen, daß Sie hörig sind. Ein Schwachkopf, wollen Sie sagen."

Geheimrat Blumentopf, reumütig: „Spät, sehr spät erkenne ich, daß Padesat mir schlecht bekommen wäre. Der Führer würde entsetzlich leiden, wenn er seinen Lieblingsprotektor verlöre. Wie lange wissen Exzellenz, daß Sie durch Padesat gestürzt werden sollten?"

Pavel: „Seit ich weiß, daß ich ausersehen bin als Nummer zwei, Nachfolger des verlorengegangenen Heß. Es gibt jemanden, den der Gedanke stört.“

Geheimrat Blumentopf, maßlos erstaunt: „Aber wer?“

Geheimrat Rumfutsch: „Ob wir nicht ausfindig machen können, wer selbst die Nummer zwei erstrebt – ?“

Pavel: „Und sie praktisch besaß, bis ich dazwischenfunkte –?“

Geheimrat Blumentopf, schwach: „Das werden wir nie herausbringen.“

Oberst Schalk, gegen Geheimrat Blumentopf: „Wenn Sie jetzt den Namen nicht aussprechen, erwürge ich Sie mit der bloßen Hand.“

Geheimrat Blumentopf: „Bei bescheidensten Mitteln haben auch Sie ihn endlich erraten. Heinrich Himmler.“

Oberst Schalk: „Heinrich heißt die Kanaille.“

Geheimrat Rumfutsch: „Und sein Werkzeug: Blumentopf.“

Geheimrat Blumentopf, in Auflösung: „Ich verwahre mich.“

Pavel: „Wozu? Meine Herren, dies Gespräch will immer wieder stürmisch werden. Dabei ist es so natürlich, daß der oberste Chef der Gestapo dem nächsthohen, mir, der ihm gefährlich wird, Fallen stellt. Jeder von Ihnen täte dasselbe.“

Oberst Schalk: „Nie! Den Führer um seinen besten Protektor betrügen, nie! Am Führerprinzip rütteln – ohne mich!“

Geheimrat Blumentopf, die Hand auf dem Herzen: „Was ich sonst auch sein mag –.“

Pavel, ergänzt: „Sind Sie doch der Mann, der noch heute alle fünfzig Galgenvögel fliegen lassen wird. Sonst kenne ich einen, der morgen hängt.“

Geheimrat Blumentopf, tief ergeben: „Mein Glück, daß auch ich ihn kenne.“

Geheimrat Rumfutsch, nach oben, in die Wolken flimmernder Gewebe: „Ich sehe alles. Ich sehe Himmler, den einzigen, der jederzeit beim Führer eintritt, ihn betrügen mit dem nichtssagenden Gesicht eines mittleren Postbeamten.“

Pavel: „Nur die Sterne trügen nicht.“

Geheimrat Rumfutsch: „Himmler telegrafiert seiner verlorenen Seele Blumentopf ein Wort, nur eines, Padesat, schon erhebt sich die Macht der

Finsternis. Der Protektor, im Hochgefühl von Glück und Gunst, wird nicht nur Tschechen, er wird Deutsche in hellen Scharen aufhängen. Den wahnsinnigen Cäsar, so rechnen Himmler–Blumentopf, hetzen alle vereint in den Tod."

Pavel: „Wer erschießt mich? Ein feiger Untermensch."

Oberst Schalk: „Pardon. Ein deutscher Herrenmensch aus uraltem Bauerngeschlecht."

Geheimrat Blumentopf: „Der Protektor hat rechtzeitig Lunte gerochen, ich wagte es nicht zu hoffen."

Pavel: „Ihnen bleibt erspart, dem Führer den Schmerz zu bereiten, daß Sie ihm seinen Freund erschießen."

Geheimrat Blumentopf, wieder auf der Höhe: „Die Macht des Führers ist die Macht der Gestapo."

Pavel: „Danke, meine Herren." Er steht auf.

Geheimrat Rumfutsch, bei Pavel, vertraulich: „An Padesat habe ich nie geglaubt!"

Pavel: „Aber an die tschechische Geheimarmee, die Mutter der Padesat-Verschwörung."

Geheimrat Rumfutsch: „Die tschechische Geheimarmee hatten Eure Exzellenz selbst erfunden. Wer vieles erfinden muß, versieht sich mal."

Pavel: „Ihr Leben scheint vorerst gesichert, weil ich auch die Schatzova erfunden habe."

Geheimrat Rumfutsch: „Samt Ihrer Hörigkeit bei der Künstlerin. Sie kennen sie gar nicht."

Pavel: „Sie haben mich durchschaut."

Geheimrat Rumfutsch: „Durchschaut und nahezu vollkommen befunden: Rolle, Spiel und Maske."

Pavel: „Ihre eigene wäre verrutscht, zöge ich aus meiner Tasche die Denunziation unseres Freundes Oberst Schalk, dem alle Ränke fremd sind."

Geheimrat Rumfutsch, knickt ein: „Zu Befehl, Exzellenz."

Pavel, für Oberst Schalk und Geheimrat Blumentopf, die schon das nächste Zimmer betreten: „Die Herren haben wichtigere Gründe, als Sie denken, um sich von mir erst beim Ausgang zu verabschieden."

Oberst Schalk, verhaltene Erbitterung: „Verdammt."

Geheimrat Blumentopf: „Ich war gewarnt. In der Menge der Gefahren übersieht man immer eine."

Oberst Schalk: „Das gefährliche Leben, wie der Deutsche es sich wünscht."

Pavel, nickt dem Sturmbannführer zu.

Die drei Besucher verlassen unbeanstandet die Wohnung des Protektors.

65

Pavel: „Sturmbannführer Jellinek, Sie gehören in die Klasse der denkenden Offiziere."

Der Sturmbannführer: „Zu Befehl. Wenn Exzellenz erlauben, wer mir zunickt, das seh ich immer."

Pavel: „Wirklich?"

Der Sturmbannführer: „Besonders bei Damen."

Pavel: „Sehr gut. Würden Sie scharf beobachten können, ob mein Kammerdiener Ihnen zunickt?"

Der Sturmbannführer: „Zu Befehl. Mit hundertprozentiger Garantie."

Pavel: „Sie fragen nicht, das gefällt mir."

Der Sturmbannführer: „Der deutsche Soldat fragt nicht."

Pavel: „Ich wünsche Sie aufzuklären."

Der Sturmbannführer: „Befehl, Exzellenz."

Pavel: „Sie kehren auf Ihren Posten im Burghof zurück. Die Wache tritt ins Gewehr. Aufgestellt ist ein Maschinengewehr und die Musik."

Der Sturmbannführer: „Maschinengewehr und Musik, Befehl, Exzellenz."

Pavel: „Die drei Herren, die soeben fortgingen, halten sich im Burghof auf."

Der Sturmbannführer: „Die Hochverräter! Wehe dem, der sich drücken will, ich hole ihn mit Einsatz militärischer Gewalt."

Pavel: „Unnütz. Die Herren interessieren mich nur, insofern sie von selbst dabei sind. Verstanden?"

Der Sturmbannführer, innig bemüht: „Das Maschinengewehr, die Musik, ein Oberst, zwei Geheimräte, wer fehlt, der fehlt, Befehl, Exzellenz."

Pavel: „Keiner wird fehlen. Jetzt äußerst scharf nachdenken, Sturmbannführer Jellinek!"

Der Sturmbannführer: „Melde gehorsamst, daß mir vor Anstrengung mein rheinisches Blut zu Kopf steigt. Das Leben für den Protektor!"

Pavel: „Aus dem Portal dort unten wird mein Kammerdiener hervortreten. Mit seiner Livree kann er Ihrem Scharfblick nicht entgehen."

Der Sturmbannführer: „Zu Befehl, ich bin Kostümzeichner, mehr Damenmoden, die Gesichter geraten immer konventionell."

Pavel: „Seines ist auch nur konventionell, aber die Livree."

Der Sturmbannführer: „Vornehm, ich hätte sie entwerfen können."

Pavel: „Der Kammerdiener wird einen zweiten Mann mitbringen. Auf ihn kommt nicht viel an."

Der Sturmbannführer: „Zweiter Mann unwichtig, Befehl, Exzellenz."

Pavel: „Nur das eine, der Mann muß ohne jede Störung seiner Wege gehen."

Der Sturmbannführer: „Zu Befehl. Wer wird das arme Luder schon stören."

Pavel: „Er ist ein Schneider und hat von mir einen eiligen Auftrag. Der Packen, den er trägt, darf nicht kontrolliert werden."

Der Sturmbannführer: „Wie werde ich, der Schneider Eurer Exzellenz ist mir heilig."

Pavel: „Denken Sie noch schärfer! Wer könnte ihn anhalten wollen und das Kleiderbündel schnappen?"

Der Sturmbannführer: „Entsetzlich! Die drei Spione! Die Feinde des Führers! Noch vor fünf Minuten – keine Ahnung, ich wäre in weittragende Staatsaffären verwickelt."

Pavel, läßt ihm Zeit.

Der Sturmbannführer: „Aber der Schneider braucht einen Wagen."

Pavel: „Richtig, ich hätte es vergessen."

Der Sturmbannführer: „Mein eigener, er ist unauffällig, auch ein Schneider kann ihn fahren."

Pavel: „Sie stellen ihn außerhalb des Burghofes hin."

Der Sturmbannführer: „Drinnen würde er auffallen."

Pavel: „Das Maschinengewehr befindet sich an dem Weg, den Kammerdiener und Schneider bis zu dem Wagen zurücklegen."

Der Sturmbannführer: „Der Kammerdiener fährt auch mit!"

Pavel: „Nein. Der Kammerdiener hat den Zweck, Ihnen zuzunicken, wenn alles in Ordnung und der Schneider abgefahren ist."

Der Sturmbannführer: „Jetzt kommt das Nicken. Daß ich alles zusammenhalte: der Wagen, der Schneider, das Nicken, das Maschinengewehr, die Musik. Wozu die Musik?"

Pavel: „Wozu das Maschinengewehr?"

Der Sturmbannführer, stutzt – und leuchtet auf: „Wenn die Spione einen Schritt gegen den Schneider machen, beim ersten Schritt mähe ich sie nieder."

Pavel: „Ihre Intelligenz verdient eine Ermutigung. Ich merke Sie mir."

Der Sturmbannführer, ermutigt: „Die Musik setzt mit dem Maschinengewehr ein und übertönt sein Geknatter."

Pavel: „Jetzt haben Sie alles erfaßt, handeln Sie mit militärischer Pünktlichkeit!"

Der Sturmbannführer: „Melde Exzellenz gehorsamst, daß ich die Treppe nicht nur laufen werde. Das Geländer werde ich runterrutschen, so sehr freue ich mich auf das Geknatter und die Musik."

Pavel: „Schnell, aber nicht vorschnell! Das Nicken ist vorzuziehen, falls der Kammerdiener nickt."

Der Sturmbannführer: „Falls der Kammerdiener nickt, zu Befehl!" Er grüßt: „Heil Hitler!"

Pavel: „Heil Hitler! Nebenbei will ich Geheimrat Blumentopf noch einmal sehen. Schicken Sie ihn herauf."

Der Sturmbannführer: „Mit Tritt in den Arm!“

Der Kammerdiener hat schon die Tür geöffnet, er entläßt den Sturmbannführer aus der Wohnung des Protektors und kehrt zurück: „Exzellenz haben Befehle?“

Pavel: „Keine anderen, als die Sie hinter der Tür mit angehört haben.“

Der Kammerdiener: „Ob ich wollte oder nicht, verstand ich jedes Wort.“

Pavel: „Das genügt.“

Pavel, in seinem Vorzimmer, berichtigt Haltung und Maske. Er tilgt die Spuren der aufgeregten Szene.

Geheimrat Blumentopf wird vom Kammerdiener eingelassen. Beim Anblick des Protektors erstarrt er. Hilfesuchend an den Kammerdiener geklammert: „Mensch! Was haben Sie gemacht? Das ist plötzlich der andere.“

Der Kammerdiener schüttelt ihn ab, schließt hinter sich die Tür.

Geheimrat Blumentopf, macht Miene, am Boden zu kriechen: „Exzellenz! Ich ersterbe.“

Pavel, kalte Grausamkeit: „Je früher, je besser für Sie. Mich hätten Sie des Vergnügens beraubt, Sie im Morgengrauen baumeln zu sehen.“

Geheimrat Blumentopf, empört sich: „Das wagen Sie nicht!“

Pavel: „Wiederholen Sie!“

Geheimrat Blumentopf, wird klein wie vorher: „Die Gnade Eurer Exzellenz ist meine ganze Hoffnung.“

Pavel: „Auf meine Gnade ist Verlaß, wie auf Ihre Treue.“

Geheimrat Blumentopf, murmelt: „Das Mark der Ehre.“

Pavel: „Keine zehn Minuten, da intrigierten Sie hier mit meinem Nachahmer – dem Sie jedesmal auf den Leim gehen.“

Geheimrat Blumentopf, verwirrt: „Jedesmal Leim.“

Pavel: „Kaum daß ich durch die geheime Tür eintrete, berichtet mir mein Kammerdiener erstens, daß ich hörig bin, zweitens, daß ich eine Heidenangst vor meiner Gestapo habe.“

Geheimrat Blumentopf, naiv: „So ist es.“

Pavel: „Heinrich Himmler ist auf Befehl des Führers in seiner Badewanne vergast. Mit ihm sein Kanarienvogel."

Geheimrat Blumentopf: „An das Vöglein glaub ich nicht. Exzellenz treten an seine Stelle?"

Pavel: „Das möchten Sie, daß ich ein Vöglein wäre. Ich bin der neue Chef der Gestapo – und Sie ein toter Mann."

Geheimrat Blumentopf: „Exzellenz werden mir nicht die Gelegenheit versagen, durch unbändigen Diensteifer meine Irrtümer zu sühnen."

Pavel: „Vor Ihrem Hintritt."

Geheimrat Blumentopf: „Den ich vorzudatieren gehorsamst möchte bitten dürfen. Das Padesat-Hängen muß nicht bis Morgengrauen warten. Mit hoher Genehmigung des Protektors –."

Pavel: „Chef der Gestapo."

Geheimrat Blumentopf: „Freund des Führers. Gehängt wird schon um Mitternacht."

Pavel: „Fangen Sie die Patienten wieder ein, wenn Sie können! Sie und Ihr Damenimitator haben alle laufenlassen."

Geheimrat Blumentopf: „Längst hat der unfehlbare Intellekt Eurer Exzellenz meinen Trick durchschaut."

Pavel: „Natürlich, Ihnen zu Gefallen werden die Verschwundenen binnen drei Stunden zu Hause sein und sich abholen lassen. Ich wäre nicht so dumm."

Geheimrat Blumentopf: „Auch Sie würden dem Wort des Protektors trauen."

Pavel: „Es war der falsche."

Geheimrat Blumentopf: „Ein Grund mehr, ihm zu glauben."

Pavel: „Ein Grund mehr für den Verdacht, daß dem echten Protektor – mir! – ein Streich gespielt werden soll."

Geheimrat Blumentopf: „Ich wage nicht zu verstehen."

Pavel: „Um Mitternacht wollt ihr mich killen."

Geheimrat Blumentopf, fällt auf die Knie: „Wenn der Gedanke mich von fern gestreift hat – meine Hand möge verdorren!"

Pavel: „Ist sie schon. Knipsen Sie mal mit den Fingern!“

Geheimrat Blumentopf, versucht es und kann es nicht. Er stammelt: „Ich bin nicht mehr Blumentopf.“

Pavel: „Sie sind es gewesen. Ab!“ Fußtritt. Der Getroffene kriecht auf allen vieren zur Tür, an ihr richtet er sich auf.

Geheimrat Blumentopf: „Es krümmt sich auch der Wurm. Die doppelte Besetzung des Protektors befindet sich noch immer hier. Liefern Exzellenz ihn mir aus!“

Pavel: „Keine Rede. Ich brauche ihn dringender als Sie.“

66

Im Burghof. Oberst Schalk, die Geheimräte Rumfutsch und Blumentopf gehen gegenüber dem Haupteingang auf und ab, sie rauchen Zigaretten und scheinen zu lustwandeln.

Der Sturmbannführer verläßt das Portal, er marschiert munter nach der Wachtstube, die eine seitliche Rundung des Gebäudes einnimmt.

Oberst Schalk: „Der wäre draußen.“

Geheimrat Rumfutsch: „Die Frage ist, er selbst, wie macht er selbst es, daß er fortkommt.“

Geheimrat Blumentopf: „Es wäre schlimm, wenn ich das nicht wüßte. Das Geheimnis gehört der Geheimen Staatspolizei.“

Oberst Schalk: „Sie kann es behalten. Diesmal behaupte ich den Platz, Rückzug ausgeschlossen.“

Geheimrat Rumfutsch: „Bis jeder Zweifel beseitigt ist.“

Geheimrat Blumentopf: „Die Herren werden ihn nicht erkennen. Wer denkt an einen Priester.“

Geheimrat Rumfutsch: „Ich.“

Oberst Schalk: „Als Tanzbären erkenn ich ihn auch.“

Geheimrat Blumentopf: „Mir hat der Kaplan seinen Namen zu Protokoll gegeben, er heißt –. Das lernen Sie nicht aussprechen.“

Geheimrat Rumfutsch: „Wenn Sie den Kaplan in Händen gehabt haben, warum ließen Sie ihn laufen? Merkwürdig."

Oberst Schalk: „Mehr als merkwürdig."

Geheimrat Rumfutsch: „So merkwürdig, daß es beinahe zu erklären ist. Sie haben den Kaplan für die Rolle gemietet."

Geheimrat Blumentopf: „Ich?"

Oberst Schalk: „Gemietet? Rolle?" Er schlägt sich vor die Stirn: „Blumentopf! Der zweite ist von euch erfunden. Sollten Sie uns für dumm gekauft haben?"

Geheimrat Blumentopf: „Sie mich. Ich hätte einen Strohmann abgerichtet? Was täte ich dann mit dem echten?"

Geheimrat Rumfutsch: „Ihn killen, natürlich."

Geheimrat Blumentopf: „Nicht so einfach. Zuerst hängt er uns. Um Mitternacht, ich weiß es von ihm selbst. Er ist droben."

Der Sturmbannführer: „Ich ersuche die Herren, Platz zu machen."

Soldaten angriffsbereit hinter sich, drängt er die drei Verdächtigen in den leeren Winkel.

Von der Wachtstube her formiert sich die Truppe im Halbkreis, die Musik am äußeren Flügel, im Zentrum das Maschinengewehr. Es ist gegen die drei Herren gerichtet.

Oberst Schalk, versucht vorzutreten: „Sturmbannführer, sind Sie des Teufels?"

Zwei Soldaten treiben Oberst Schalk bis unter die Mauer.

Der Sturmbannführer: „Befehl des Protektors."

Er macht kehrt, er nimmt Aufstellung an der Spitze seiner Mannschaft, neben dem Maschinengewehr. Er schwingt sein entblößtes Schwert, er kommandiert: „Gewehr – bei Fuß! Augen – links!"

Das Militär von links, die drei Eingekreisten von rechts, überwachen alle das Portal.

Die beiden bei den Herren zurückgelassenen Soldaten haben nur sie im Auge. Jeder auf seiner Seite, werden sie einem Durchbruch der Umzingelten zuvorkommen.

Geheimrat Rumfutsch: „Tatsächlich ein verteufelter Bursche."

Geheimrat Blumentopf: „Der Sturmbannführer."

Geheimrat Rumfutsch: „Sie wissen, wen ich meine."

Oberst Schalk: „Wir können deutlich reden. Die beiden Posten sind Slowaken."

Geheimrat Rumfutsch: „Herr Oberst, es wird für uns Zeit, den Echten vom Falschen zu unterscheiden."

Oberst Schalk: „Ich dächte, das steht fest."

Geheimrat Blumentopf: „Wahrheit bleibt Wahrheit."

Geheimrat Rumfutsch: „Wenn der eine uns das Leben schenkt und der andere uns hängen will? Auch Sie, Kommissar Blumentopf."

Geheimrat Blumentopf: „Wieso mich? Seinen Geheimrat?"

Geheimrat Rumfutsch: „Sie sind Geheimrat nur bei dem einen. Der andere wird seinerseits dahinterkommen, wenn er es nicht schon weiß, was Sie mit Padesat geplant hatten – einfach sein Ende. Der aber verzeiht nicht."

Oberst Schalk: „Nie. Erstens überhaupt nicht, und dann hat er es nicht so nötig wie – der Kaplan, vernünftig mit sich reden zu lassen."

Geheimrat Rumfutsch: „Meint er. In Wirklichkeit hat er mehr Aussicht als wir auf ein schnelles Ende."

Geheimrat Blumentopf: „Verstehe ich die Herren richtig, dann wollen Sie den Falschen für echt anerkennen."

Geheimrat Rumfutsch: „Das tun wir schon zu lange, als daß wir ungestraft zurück könnten. Wer ist übrigens der Echte?"

Oberst Schalk: „Der Falsche ist, wer mich hängen will. Punktum."

Geheimrat Blumentopf: „Mehrmals, wenn auch nicht oft, hat der echte Falsche sich verraten. Das werden Sie nicht leugnen, wenn Sie ihn als Kaplan erblicken."

Geheimrat Rumfutsch: „Wer wäre nicht schon mal als Kaplan gegangen. Der Echte, bei dem wir oben waren, hat Liebeshändel."

Geheimrat Blumentopf: „Echt, falsch, oder beides, er wird gehängt, denn Ordnung muß sein."

Oberst Schalk: „Und der andere, der uns hängen will?"

Geheimrat Rumfutsch: „Was hat Ihr hoher Chef mit ihm vor?"

Geheimrat Blumentopf: „Sie werden lachen, er selbst ist mein hoher Chef. Umstände sind eingetreten – wenn ich alles glauben wollte." – Er hat zu viel gesagt, er lenkt ab: „Achtung, die Herren!"

67

Unter dem Portal erscheint der Kammerdiener mit Pavel.

Der Kammerdiener: „Nur Mut, Herr Bihalek! Sie, ein Schneider."

Pavel, unverstellt, wie ein Schneider flott gekleidet mit dem schwarzen Bündel im Arm: „Darf man da hindurch? Als biederer Tscheche verstoße ich bittschön gegen keine noch so blöde Vorschrift."

Der Kammerdiener: „Für uns gilt sie nicht. Eiliger Auftrag des Protektors. Der Sturmbannführer weiß Bescheid." Er nimmt Pavel wie ein Kind bei der Hand, er führt ihn nahe an der Truppe vorbei: „Sehen Sie, daß er Bescheid weiß."

Der Sturmbannführer, blitzt aus aufgesperrten Augen nach den drei Spionen, ihm gegenüber. Für den Mann am Maschinengewehr: „Achtung, mein Kommando!"

Geheimrat Blumentopf tut ratlos einen Schritt vorwärts.

Oberst Schalk und Geheimrat Rumfutsch reißen ihn zurück.

Der Sturmbannführer schwingt den Säbel, auf seinen Lippen schwebt das Kommandowort.

Geheimrat Rumfutsch, umklammert Geheimrat Blumentopf: „Mensch, sind Sie verrückt geworden?"

Oberst Schalk: „Noch eine Sekunde, der tolle Kerl hätte Feuer kommandiert."

Alle drei brauchen Zeit, um sich von dem Schrecken zu erholen.

Der Kammerdiener und Pavel erreichen den Ausgang des Burghofes.

Pavel: „Pozor, Pan Krupitschka! Man soll, hör ich, die Todeslinie nicht überschreiten."

Der Kammerdiener: „Herr Bihalek, Befehl ist Befehl. Sind Sie denn ein Hase?"

Pavel, ein Sprung, im gestreckten Lauf, wie ein Hase, gelangt er, ehe jemand es denkt, zu dem Wagen, der dasteht. Pavel fährt ab.

Der Kammerdiener sieht dem Wagen nach, bis er verschwindet.

Die Hände auf dem Rücken, mit hochmütiger Haltung des Kopfes geht der Kammerdiener den Weg zurück. Als er an dem Sturmbannführer vorbeikommt, nickt er ihm gönnerhaft zu.

Der Sturmbannführer stößt erleichtert den angehaltenen Atem aus. Er wirft sein Schwert in die Scheide, schon will er seiner Truppe den Rückzug befehlen. Vom Portal her nickt der Kammerdiener nochmals.

Der Sturmbannführer, eilt hin. Sehr unruhig: „Ein zweites Nicken war nicht vorgesehen. Hab ich etwas versäumt? Sicherer war natürlich das Maschinengewehr – mit Musik."

Der Kammerdiener: „Nicht nötig, man ist mit Ihnen zufrieden. Jetzt bitte, Ihre eigene Initiative. Aus der Burg heraus ist der Schneider, in die Burg hinein gehe ich."

Der Sturmbannführer, wird rot vor Anstrengung.

Der Kammerdiener: „Der Protektor liebt denkende Offiziere."

Der Sturmbannführer, hat es: „Ich besetze alle Zugänge der Gebäude – und den Ausgang des Hofes."

Der Kammerdiener: „Den besonders. Eine halbe Stunde wird ausreichen, damit das etwa geplante Attentat von selbst wegfällt."

Der Sturmbannführer, stimmlos: „Das etwa –. Auf Seine Exzellenz!"

Der Kammerdiener: „Oder auf den Schneider. In diesem Fall wären der Schneider und Seine Exzellenz für mich – wie auch für Sie – dasselbe." Er geht hinein.

Der Sturmbannführer sieht ihm nach, erstarrt, mit vorgestrecktem Hals.

Dann überkommt ihn stürmische Bewegung. Er erteilt Befehle: „Alle Zugänge der Burg besetzen! Das Maschinengewehr nach dem Ausgang! In den Hof gerichtet! Niemand verläßt ihn!"

Drohende Wendung gegen die drei Attentäter. Aber der Sturmbannführer kann sich bei ihnen nicht aufhalten, er hat alle Hände voll zu tun.

Oberst Schalk: „Ein brauchbarer Offizier."

Geheimrat Rumfutsch: „Er hat uns am Kragen."

Geheimrat Blumentopf: „So viel Verstand findet sich auch bei unseren beiden Slowaken, sie legen ihre Gewehre auf uns an."

Oberst Schalk: „Wir haben Zeit, warten wir ruhig auf Ihren Kaplan, Herr Blumentopf!"

Geheimrat Rumfutsch: „Den Kaplan hab ich Ihnen nie geglaubt. Sie kennen Kapläne in Menge, aber keinen Schneider."

Geheimrat Blumentopf: „Gerade diesen kenne ich."

Die beiden anderen Herren lachen ihn schallend aus.

Oberst Schalk: „Sagen Sie nur noch, daß er ganz etwas anderes als ein Schneider ist!"

Geheimrat Blumentopf: „Mir hat er etwas anderes angegeben – kann sein, um großzutun. Sie lügen sogar aus kindischen Anlässen."

Geheimrat Rumfutsch: „Und jeder wie der nächste. Fragen wir den Kammerdiener, wer sein Freundchen ist, bestimmt bleibt er dabei, ein Schneider."

Oberst Schalk: „Ich habe einen glänzenden Einfall. Der Aufmarsch hier, mit Musik und Maschinengewehr, war vom Kammerdiener bestellt."

Geheimrat Rumfutsch: „Um sein Freundchen ein wenig zu foppen, so sind sie."

Oberst Schalk: „Der Protektor weiß von allem nichts."

Geheimrat Blumentopf, hält seinen Gedanken fest: „Der Kammerdiener bleibt dabei, daß es ein Schneider war. Der Schneider selbst, wenn ich ihn hätte, müßte mir Aufschluß geben. Das erste Mal nannte er sich einen Mediziner – aus Geltungsbedürfnis, er war der dümmste Mann im Dorf."

Geheimrat Rumfutsch: „Welches Dorf?"

Geheimrat Blumentopf: „Lidice."

68

Theater Rococo.

Hauptmann Krach fährt seinen Jagdwagen vor den Eingang.

Ein Verkehrspolizist: „Parken verboten, melde gehorsamst, Herr Hauptmann."

Hauptmann Krach: „Befehl des Protektors."

Der Portier, stürzt heraus: „Seine Exzellenz fragten mehrfach nach Herrn Hauptmann." Er geleitet Hauptmann Krach bis an den Fuß der Treppe: „Herr Hauptmann befehlen die Herren Direktoren."

Hauptmann Krach: „Ohne Umstände, ich kenne den Weg." Er durchschreitet ein Spalier von Dienern und Pagen.

Der Portier ruft ihm nach: „Die Direktion hätt ihren Frack angehabt zum Empfang, aber wer denkt gleich, Protektor kommt alle Abend."

Hauptmann Krach ist schon oben.

Der Portier, überstürzt: „Gleich wird Vorstellung aus sein. Nur bis Herren Swoboda und Niemitz Frack anhaben!"

Hauptmann Krach, betritt den Vorraum der Proszeniumsloge, trotz Räuspern wird er nicht beachtet.

Heydrich, sitzt und starrt auf die Bühne mit allen Anzeichen der Angst.

Hinter der Wand der nächsten Loge spricht jemand, und Hauptmann Krach versteht: „Der schaut darein, als hätt er sich selbst zum Hängen verurteilt."

Heydrich, wirft sich nach Hauptmann Krach herum: „Ach! nur Sie. Auf Sie warte ich – eine Weile."

Hauptmann Krach: „Melde Eurer Exzellenz gehorsamst –."

Heydrich: „Melden Sie mir, wie alt der Wokurka ist!"

Hauptmann Krach, sucht Zeit zu gewinnen: „Exzellenz meinen den Weihnachtsengel, der Fräulein Schatzova segnet."

Heydrich: „Allerdings. Jetzt hat er schon Flügel. Vorher als Zuhälter hatte er ein Messer, als Millionär eine Schere, als Schneider auch. Jedesmal verjüngt er sich unheimlich."

Hauptmann Krach, entschieden: „Der Komiker Wokurka ist ein guter Fünfziger."

Heydrich, schroff abgewendet: „Der lügt auch. Alle verschworen, ärger als Padesat."

Milo Schatzova, auf der Höhe einer strahlenden Schlußapotheose, unter Blütenregen und Harfenklang, versucht Heydrich anzulächeln. Sie singt ihm wonnevoll in das nahe Angesicht.

Sein Gesicht bringt es fertig, sie noch zu erschrecken. Sie sieht ihn leiden, was sonst zu seiner Furchtbarkeit gefehlt hatte.

Milo Schatzova, ohne die Stimme zu dämpfen, für ihren Partner Wokurka: „Der böse Narr, an fünfzig Morden hat er nicht genug, wen trägt er jetzt im Sinn?"

Der Komiker Wokurka: „Gern betrachtete er dich zärtlich. Hat es nie gelernt, armer Hund. Ich werde ihm Privatunterricht geben im Mienenspiel."

Beide beteiligen sich von neuem an dem Finale, Stimmen und Instrumente rauschen glänzend auf.

Der Vorhang beginnt zu fallen. Bevor die Gardine zu weit herunter ist, kann Heydrich feststellen, daß Milo Schatzova ihren nackten Rücken an die Hand Wokurkas stützt.

Beifall, der Vorhang hebt sich, da steht Milo Schatzova wieder auf eigenen Füßen, nicht von Wokurka getragen, sondern durch die Macht der Schönheit über diese Welt erhöht.

Heydrich windet sich unter dem Anblick, er stöhnt: „Ich hasse die Person."

Hauptmann Krach, versucht es mit ihm: „Melde Exzellenz gehorsamst –."

Heydrich: „Schnauze!" Er will in seine Qual versunken bleiben.

Hauptmann Krach horcht auf die Reden der nächsten Loge, während das unstillbare Verlangen des Publikums den Vorhang nötigt, die Apotheose noch und noch zu entblößen.

Jemand hinter der Wand der Loge: „Sie klatschen nur, um zu sehen, wie lange er es aushält."

Eine ältere Frauenstimme: „Gestern hat er mir besser gefallen."

Ein dritter: „Besonders, da es ein anderer war."

Der erste: „Pst. Weiß eh ein jeder im ganzen Haus."

Die Dame: „Nur er selbst merkt davon nichts, daß man weiß. Ich bin eigens wieder hergekommen, das war heut an der Kasse ein Geraufe."

Der dritte: „Ein schöner Mut, fünfzig zum Strang verurteilen, dann ins Rococo."

Der erste: „Das Verhalten des Publikums ist demgemäß ein kühles zu nennen."

Der dritte: „Kühl, aber würde sich erwärmen, wenn einer seinen Revolver mitgebracht hätte."

Hauptmann Krach, biegt Kopf und Schultern um den äußeren Rand der Loge: „Sie haben Ihre verbotene Waffe vorsichtig zu Haus gelassen." Er zieht sich zurück.

Die ältere Frauenstimme kreischt auf. Im allgemeinen Lärmen geht der Schrei mit hin.

Hauptmann Krach, hört nebenan eiliges Stühlerücken: „Gute Heimfahrt, die werden nicht mehr durch Lokale bummeln."

Gleich vor ihm, im Parkett, wird zwischen zwei Beifallsstürmen eine Bemerkung vernehmlich:

„Wollen sehen, wer's länger aushält, wir oder er."

Eine weniger schöne Dame: „Er doch. Der beschaut sich die Schatzova bis morgen früh."

Jemand, der sich einmischt: „Sie macht, hör ich, mit ihm, was sie will."

Ein ganz Unbeteiligter: „Soll sie einen anständigen Menschen aus ihm machen! Statt dessen –" Geflüstert: „Padesat."

Der den Austausch angefangen hatte: „In demselben Augenblick, wo sie seine Geliebte wird."

Die weniger schöne Dame: „Eine Schande für uns Tschechinnen, seine Geliebte!"

Der Eingemischte: „Ist sie's denn aber? Gestern soll man hier den – anderen gehabt haben."

Die Dame: „Ihr machen auch zwei nichts aus."

Der angefangen hatte: „Der – andere ist ein Spaßvogel."

Der Eingemischte: „Ein Volksheld ist er."

Der Vorige: „Ein Volksheld. Aber spaßig ist gerade der brave Soldat Schwejk. Vielleicht war auch der Žižka spaßig, später verliert sich das."

Die Dame: „Der oben rührt sich nicht. War er gar schon tot?"

Der Eingemischte: „Dann kommt die Stunde des anderen."

Der Vorhang will nicht mehr aufgehen. Die eifrigsten Rufer, die sich vorn gestaut haben, werden von den Dienern abgedrängt, der Saal wird geräumt.

Die beiden Direktoren persönlich führen die Aufsicht. Beinahe allein geblieben, stecken sie die Köpfe zusammen, spähen aus gedeckter Stellung hinauf.

Direktor Swoboda: „Den hat's."

Direktor Niemitz: „Er ist verrückt nach ihr. Unser Geschäft."

Direktor Swoboda: „Vier Wochen vorausverkauft. Aber dauert es vier Wochen, mit ihm und der Schatzova?"

Direktor Niemitz: „Das muß nicht unsere Sorge sein, bezahlte Plätze werden niemals zurückgenommen. Wir sollten hinauf zu dem Mann."

Direktor Swoboda: „Damit er uns hängen läßt. Wie er schon dasitzt!"

Direktor Niemitz: „Er wartet nur, daß wir ihn zu ihr bringen. Wozu haben wir unsere Fräcke an."

Direktor Swoboda: „Den Weg findet er allein, hat ihn schon einmal gefunden."

Direktor Niemitz: „Das war nicht derselbe."

Direktor Swoboda: „Sein Hauptmann Krach ist noch derselbe."

Gedeckter Rückzug der Direktoren.

Zwei deutsche Herren sind im Hintergrund einer verdunkelten Loge übriggeblieben.

Der eine: „Auf seiner Liste stehen deutsche Herren, Herren wie wir. Deutsche wie wir."

Der andere, sagt ihm einen Namen ins Ohr.

Der erste: „Der auch? Von den Skodawerken. Ich gehe nicht nach Hause, er ließe mich verhaften."

Der andere: „Er muß fort. Begriffen?"

Der erste: „Begriffen. Er muß fort." – Sie verschwinden.

In der Proszeniumsloge.

Heydrich, fährt aus seiner düsteren Erstarrung auf: „Ich will gehen."

Hauptmann Krach: „Wie Exzellenz befehlen."

Heydrich, kann sich nicht entschließen, aufzustehen: „Sie hatten eine Meldung?"

Hauptmann Krach: „Melde gehorsamst, Telegramm des Feldmarschalls von Brauchitsch. Der Führer ernennt die Künstlerin Fräulein Schatzova für besondere Verdienste zur Deutschen ehrenhalber." Er überreicht das Telegramm.

Heydrich, liest es: „Mensch! Das sagen Sie mir erst jetzt."

Hauptmann Krach: „Zu Befehl, Exzellenz wünschten nicht gestört zu sein. Mein unfreiwilliger Zeitverlust erklärt sich aus der Schwierigkeit, in den Besitz des Telegramms zu gelangen."

Heydrich: „Halten Sie mich nicht mit überflüssigen Erklärungen auf! Meine unmittelbare Pflicht verlangt, daß ich die Künstlerin von dem unerhörten Gnadenbeweis in Kenntnis setze. Wohin?" Er stürzt nach dem Ausgang im Vorraum der Loge.

Hauptmann Krach: „Eure Exzellenz verwechseln die Türen. Die andere, wenn ich bitten darf, führte schon gestern auf die Bühne." Er öffnet und tritt zurück.

Heydrich, geht hindurch: „Seit gestern – verwechsele ich."

69

Die Bühne ist schon leer. Der Feuerwehrmann salutiert wie gestern. Durch den Hintergrund gehen wenige Arbeiter. Der Inspizient, schon im Mantel, stutzt – glaubt dennoch, den Protektor grüßen zu müssen.

Heydrich, tut einen Schritt zurück: „Hauptmann Krach!"

Hauptmann Krach hatte abgewartet, ob der Protektor weiter begleitet werden will. Schnell verlegt er dem Inspizienten den Weg: „Abtreten!"

Der Inspizient: „Aber Herr Hauptmann! Wir kennen uns doch."

Hauptmann Krach: „Wenn Sie mich kennen, gehorchen Sie!"

Der Inspizient, verneigt sich seitwärts gegen den Protektor, in dieser schiefen Haltung geht er ab und murmelt: „Der Hauptmann ist auch nicht mehr derselbe. Die Deutschen lernt man nie aus."

Heydrich, für Hauptmann Krach: „Sie hätten den Mann nicht fortschicken sollen. Wer meldet uns der Künstlerin?"

Hauptmann Krach, geschmeichelt: „Ich genüge der Anforderung."

Heydrich: „Sie verkehren hinter der Szene?"

Hauptmann Krach: „Bei weitem nicht so intim wie Eure Exzellenz."

Heydrich: „Ich habe –."

Hauptmann Krach: „Die Künstlerin rief vernehmlich, der Protektor hatte gesiegt."

Heydrich: „Hier sagt man dafür fescher Kerl?"

Hauptmann Krach: „Niemals hätte ich mir erlaubt, die Bezeichnung auf Eure Exzellenz anzuwenden."

Heydrich, entfaltet das Telegramm: „Allerdings führe ich mich amtlich ein."

Vor der Tür der Garderobe.

Hauptmann Krach, klopft stark.

Die Stimme der Garderobiere: „Christi Himmels willen, Milo, wir werden abgeholt, sie haben alles entdeckt."

Milo Schatzova, von innen: „Schweig, Leikova, es gibt nichts zu entdecken." Lauter: „Die Tür ist nicht verschlossen."

Hauptmann Krach, öffnet die Tür und tritt zurück. Ein Blick Heydrichs befiehlt ihm, mit hineinzukommen.

Milo Schatzova, ist fertig angekleidet, sie setzt vor ihrem Spiegel den Hut auf. Ohne sich umzuwenden, etwas matt und leichthin ironisch: „Endlich, mein Geliebter! Warum so spät?"

Heydrich, nähert sich bis auf sechs Schritte. In der Taille elegant vorgebeugt, bleibt er stehen: „Ein hochwichtiges Telegramm."

Milo Schatzova: „Sie wollen Geschäfte mit mir besprechen? Ich kann nicht."

Die Garderobiere, macht gegen Heydrich auffallende Zeichen: „Geh laß sie, die Milo ist nervös.“

Milo Schatzova, spricht in den Spiegel: „Der Abend hat mich schrecklich hergenommen. Ein widerwärtiges Haus.“

Heydrich, stumme Frage an Hauptmann Krach, der diskret wegsieht. Heydrich versucht allein zu verstehen: „Sie meinen das Publikum? Es war sehr beifallslustig. Sie sind gefeiert worden.“

Milo Schatzova: „Danke. Im Nacken hab ich die feindliche Stimmung gespürt.“

Die Garderobiere: „Gleich hat sie ihren Weinkrampf. Pavel! Bist du heute ganz dumm geworden?“

Aus dem Vorhang der anstoßenden Garderobe greifen zwei Hände und reißen sie zurück. Ehe sie auch nur einen Seufzer tun kann, ist sie verschwunden.

Heydrich: „Was war das?“

Milo Schatzova, lacht gereizt: „Jemand, der aufpaßt.“

Hauptmann Krach, ohne gefragt zu sein: „Exzellenz erinnern sich, auch gestern abend war die Person betrunken.“

Heydrich: „Es ist mir nicht aufgefallen.“ Drohend: „Mir fällt auf, daß wir Zuhörer haben.“

Hauptmann Krach: „Melde gehorsamst, in der anderen Garderobe kleidet eine andere Schauspielerin sich an.“

Heydrich: „Und hat Männerhände?“

Milo Schatzova: „Wollen Sie es wissen? Der Wokurka war es.“

Heydrich: „Er war bei dir, bevor ich eintrat!“

Milo Schatzova: „Was weiter? Ich und mein Kollege, wir haben uns über die Stimmung im Hause beklagt.“

Heydrich: „Ich – hab ihn mir angesehen. Der ist nicht fünfzig, im letzten Aufzug war er keine dreißig alt.“

Milo Schatzova: „Von wem sprechen Exzellenz?“

Heydrich: „Verstelle dich nicht!“

Milo Schatzova: „Dafür bin ich Schauspielerin. Wenn ihr die Universitäten schließt!“ Sie hat sich jetzt doch nach ihm hingewendet. Sie setzt die Hände auf die Hüften. Ihr Gelächter wird verzweifelt, es wird herausfordernd bis zur Gemeinheit.

Heydrich: „So – so bist du?“

Milo Schatzova: „Ich bin, wie Eure Exzellenz mich will. Ich betrüge den Protektor mit dem Wokurka.“

Heydrich, fährt zusammen: „Das – hab ich nicht gesagt.“ Er sieht nach Beistand um.

Hauptmann Krach, mißversteht absichtlich: „Exzellenz befehlen, daß ich mich zurückziehe.“ Er tritt nahe hinter Heydrich. Er spricht dienstlich, aber beschwörend und gedämpft: „Wenn Exzellenz mir gestatten, gehorsamst zu melden, es erscheint angezeigt, die Künstlerin für morgen auf die Burg zu bestellen, zwecks Entgegennahme des hohen Gnadenbeweises.“

Heydrich: „Sie bleiben. Das Telegramm?“

Hauptmann Krach: „Zu Befehl. Eure Exzellenz hält es in der Hand.“

Heydrich hat sich zurück. Mehr als das, vor Freude wächst er, seine Maske geht in diesem Augenblick über die übliche Furchtbarkeit hinaus bis nahe an das Erhabene. Er spricht klingend: „Fräulein Milo Schatzova. Mitglied des tschechischen Theaters Rococo.“

Milo Schatzova, erstaunt: „Die bin ich.“

Heydrich: „Als Protektor von Böhmen-Mähren habe ich die Ehre, Ihnen eine außerordentliche Eröffnung zu machen. Der Führer erteilt der Künstlerin Emilie Schatz das Recht, sich eine Deutsche zu nennen.

Milo Schatzova: „Der Führer – mir? Wofür?“

Heydrich: „Für besondere Verdienste.“

Milo Schatzova, ist abwechselnd errötet und erbleicht. Sie wankt, sie stützt sich rückwärts auf ihren Toilettentisch. Tiefe Stimme, die sie noch niemals hatte: „Alles, – aber das, das ist zu viel.“ Sie erhebt den Arm, streckt den Zeigefinger gegen die Tür: „Hinaus!“

70

Heydrich würde dem Befehl vielleicht folgen, wenn er ihm nicht in die Beine gefahren wäre. Sein Ausdruck ist der eines Überfallenen, Abgestraften.

Hauptmann Krach, hinter ihm, ringt die Hände.

Der Vorhang der benachbarten Garderobe wird aufgehoben, es erscheint der Komiker Wokurka.

Der Komiker Wokurka: „Entschuldigen die großmächtigen Herrschaften meine geringe Anwesenheit." Verneigung und Kratzfuß vor Heydrich: „Ich bin nur der Wokurka."

Heydrich, Versuch sich aufzulehnen, der weinerlich ausfällt: „Das genügt. Eine Unverschämtheit."

Wokurka, durchdrungen von dieser Wahrheit, bereit, sie gegen alle und jeden zu verfechten: „Das ist das Wort, eine Unverschämtheit, oder es hätte noch nie eine Unverschämtheit gegeben. Ich bitt mir aus, ja ausbitten, dies betone ich, muß ich mir, daß es meine größte Unverschämtheit ist."

Milo Schatzova: „Laß deine Spaße, hier ist nicht der Ort."

Wokurka: „Mir mußt du das sagen? Eine gefeierte Künstlerin, in ihrer Garderobe sollt ich spaßen? Vor dem Angesicht des höchsten Herrn, der mir je untergekommen ist, sollt ich Spassetln einlegen?" Den Finger gegen den Fußboden gestreckt, gebieterisch: „Ich behaupte, daß ich unverschämt bin. Gespaßig mag sein, wer Lust hat, ich nicht, ich, der Wokurka, justament nicht."

Heydrich fängt an, den Zwischenfall zu begrüßen. Rückwärts nach Hauptmann Krach: „Ist er immer so?"

Hauptmann Krach: „Zu Befehl, ein Komiker privat."

Milo Schatzova, nervös: „Wenn wir die Szene abbrächen?" Gegen Wokurka: „Nachdem du sie einmal gestört hast."

Wokurka: „Ich störe, dafür bin ich da. Mich hat die Direktion engagiert, auf daß ich dazwischentrete, sobald eine Szene sich auszuwachsen droht – ins Heldenhafte, ins Tragische, in die heulende Unnatur. Da kommt der Wokurka heraus und spielt alle an die Wand."

Heydrich, gehorcht dem diktatorischen Tonfall des Komikers, er lehnt sich tatsächlich an die Wand.

Wokurka, in der Mitte, zeigt sich von allen Seiten: „Geruhen der gewaltige Herr, mein Kleid zu betrachten, ein französisches Sportkostüm, ich trug es in der Rolle des Topaze, als er aus einem Moralpauker ein Übermensch und Schweinehund wird. Nicht, daß ich an dieser Stelle provozieren und sabotieren wollte mit dem französischen Schweinehund, das sei fern von mir. Es verstieße gegen alle meine Grundsätze. Aber in dem Gewand, wie ich da stehe, bin ich dem Oberst Redl begegnet."

Milo Schatzova: „Hör auf. Der war längst vor dir."

Wokurka, unbeirrt: „Er läuft mir in die Arme auf der steilen Stiege vom Hotel Klomser, dieselbe Nacht, als er sich erschießen ging. Er vertraut sich mir an, weil ich eh nur der Wokurka bin und er der große Verräter, der die militärischen Geheimnisse der österreichisch-ungarischen Monarchie an den Feind verkauft hat. Eine solche Ehrlosigkeit! Ich stell ihm vor, Herr Oberst, geschehen ist geschehen, Ihr übertriebener Selbstmord rettet die Monarchie nicht mehr. Jetzt alsdann trinken wir ein Pilsner, und mit dem Frühzug verreisen Sie nach dem Ausland."

Hauptmann Krach: „Er hat sich doch erschossen."

Wokurka: „Aber eine halbe Stunde hat er geschwankt. Die halbe Stunde Leben verdankt der gewissenlose Mensch nur mir; kann ich dafür, daß er kein Reisegeld hatte?"

Milo Schatzova: „Was hat das mit mir zu tun?"

Wokurka: „Denke dir, Milo, du wärst die Baroness Vetsera. Der hochselige Kronprinz Rudolf will dich und sich selbst erschießen, ein Liebestod. Rechtzeitig betrete ich die Bühne – aus, der Liebestod; du wärest noch jetzt am Leben."

Milo Schatzova: „Und du, achtzig Jahre alt."

Heydrich düster: „Er ist keine vierzig."

Milo Schatzova: „Der Auftritt meines Kameraden Wokurka hat seinen Zweck erfüllt, ich bin ruhiger." Für Wokurka: „Du kannst abgehen."

Wokurka, zieht sich bis in den Vorhang zurück, aber nicht weiter. Er macht seinen schmollenden Mund, öffnet angestrengt die blassen Augen und bleibt aufmerksam.

Milo Schatzova, kommt in die Mitte: „Wir können von etwas anderem reden, wenn Eure Exzellenz vergessen will, was Sie mir am Anfang der Szene zu eröffnen gedachte."

Heydrich, macht sich von der Wand los, betrachtet das Telegramm: „Das kann nicht Ihr Ernst sein."

Milo Schatzova: „Ich weiß, was ich tue."

Heydrich: „Sie haben nicht überlegt, daß Sie einen Gnadenbeweis des Führers erhalten haben, den außerordentlichsten, den er einer Tschechin geben konnte. Sie sind eine Deutsche ehrenhalber."

Milo Schatzova: „Unehrenhalber. Ich lehne ab."

Heydrich: „Der Führer befiehlt, Milo, dir – und mir." Er beschwört sie, verhalten, von Gesicht zu Gesicht.

Milo Schatzova: „Um so schlimmer für Sie. Ich lehne ab."

Heydrich, kämpft mit dem Ausbruch, der bevorsteht. Er wirft den Arm in die Luft.

Hauptmann Krach, mißversteht die Geste und ruft: „Heil Hitler!"

Wokurka, in die Falte des Vorhanges: „Nazdar!"

Milo Schatzova, kommt Heydrich zuvor: „Machen Sie auch noch den wilden Mann! Ich kenne Ihre Furchtbarkeit – im Schlafzimmer. Die Menschen zwingen, daß sie sich selbst verachten – ist euer ganzes Geheimnis, ihr deutschen Sphinxe. Ich habe mich prostituiert, dem Schänder meines armen Landes. Judith und die anderen sind reine Jungfrauen neben mir. Auf mich wird mit Fingern gewiesen. Wenn ihr nachher abzieht, muß ich mit." Sie schreit. Sie beißt sich in den Knöchel ihrer Hand.

Wokurka, souffliert ihr im Rücken: „Ich ernenne Sie zum Ehrentschechen. Wir schlagen drei Purzelbäume und nehmen das Flugzeug nach dem Mond."

Heydrich, steht nach außen starr, aber sichtlich hat er es innerlich schwer mit sich.

Wokurka, heimlich: „Milo, dem hast du es gegeben; jetzt halt auf oder du spielst dich in Grund und Boden!" Schnell macht er sich in dem Vorhang unsichtbar.

Heydrich, hat seine metallene Stimme noch einmal zurück. „Milo! Wenn du nicht meine Schande bist, wie kann ich deine sein? Erbitte von mir, was du willst!"

Milo Schatzova, böse: „Zerreiß die Liste deiner fünfzig Opfer!"

Heydrich: „Die Tschechen, meinst du. Die Deutschen auch?"

Milo Schatzova: „Alle!"

Heydrich: „Warum?"

Milo Schatzova: „Weil ich's will."

Heydrich: „Heute nachmittag wolltest du es anders."

Milo Schatzova: „Du merkst nicht, Liebling, wenn man deinen Sadismus karikiert und sich lustig macht."

Heydrich, ungläubig, unsicher, die Stimme gebrochen bis zur Tonlosigkeit: „Dafür wärest du mir erschienen traumhaft schön?"

Milo Schatzova: „Was gehn mich deine Träume an."

Heydrich: „Du suchtest mich heim und – und –."

Milo Schatzova, kalt: „Und haßte dich."

Wokurka, souffliert ihr: „Ich werde dich lieben, wenn du, und so weiter."

Milo Schatzova, spricht nach, ihre Spannkraft setzt aus: „Zerreiß die Liste, ich werde dein sein."

Heydrich, bittend: „Bedenke die Folgen! Das sind meine Feinde, du verlangst ihr Leben und besiegelst meinen Tod. Schlimmer als das, wenn es auf Erden ein Fortleben gibt, ich soll mit Schanden fortleben."

Er besinnt sich: „Wir werden belauscht. Gleichviel, ich bin schon weiter, als Stolz und Vorsicht reichen. Ich soll, ob lebend oder tot, die Ungnade meines Führers tragen, und war sein Freund. Er nennt mich Freund."

Milo Schatzova: „Dich?"

Heydrich: „Wen sonst?"

Milo Schatzova: „Den, der ihm den Sieg am Altmarkt durch das Telefon blies. Bist du das? Meinen Geliebten nennt er Freund, bist du das?"

Heydrich, bricht zusammen.

Hauptmann Krach schiebt ihm gerade noch einen Stuhl unter. Er stellt sich vor Heydrich, der, um nicht herunterzufallen, seinen Ärmel anpackt.

Milo Schatzova, zuckt die Achseln, macht Miene aufzubrechen.

Hauptmann Krach, leise und fest: „Slecna! Sie lügen und betrügen viel, warum tadeln Sie für dasselbe Unrecht einen anderen? Sie wissen, wer Sie sind. Er – hat seine Identität verloren."

Heydrich, rafft alle Kraft zusammen, kommt steil auf: „Man sage mir, wer ich bin!"

Hauptmann Krach und Milo Schatzova, Aug in Auge, überlassen einander, den Anfang zu machen.

Wokurka, verläßt offen den Vorhang: „Ich staune. Demütiges Staunen ergreift meine Seele ob des berühmten Gastes in diesem Schmierentheater."

Heydrich, angstvoll: „Nun?"

Wokurka, gebieterisch: „Sie sind unser Protektor!"

Heydrich: „Wie lange kennen Sie mich?"

Wokurka: „Traurig genug, daß wir zwei bald die Letzten im Haus sind. Bleibt nur der hintere Ausgang. Morgen wird vorn eine Ehrenpforte aus Lorbeer aufragen!"

Heydrich: „Aber gestern?"

Wokurka: „Die Direktion hatte schon gestern auf die Ehrenpforte vergessen. Swoboda und Niemitz sind heute nicht wiederzuerkennen. Wir zwei – waren gestern dieselben."

Heydrich: „Sie sahen auch gestern mich, den Protektor, mich selbst, unverkennbar?"

Wokurka, mit Blick in den Spiegel: „Da schaut der Wokurka heraus, ich hätt es ihm übelgenommen, wenn er ein anderer wäre. Exzellenz, probieren Sie selbst! Sie sind kein Komiker vom Rococo – trotzdem, einen zweiten Protektor geben, das können Sie nicht, und Ihren Protektor spielt kein zweiter Ihnen nach. Ein Volk, ein Wokurka und ein Protektor." Er verschränkt die Arme: „Widerspruch dulde ich nicht."

Heydrich, atmet tief auf. Streng gegen Hauptmann Krach: „Sie hatten Zweifel."

Hauptmann Krach: „Melde gehorsamst, daß ich an nichts und niemandem zweifle. Sonst war ich selbst nicht, der ich bin.“ Er streckt dringend die Hand nach Milo Schatzova aus: „Die Künstlerin auch nicht.“

Milo Schatzova, ergibt sich: „Am Rococo bin ich allein für erstes ernstes Fach verpflichtet, und auf der Burg nur Sie.“

Heydrich, mit ihr Brust an Brust: „Du verleugnest den anderen?“

Milo Schatzova, leiser als er: „Ich kenne keinen anderen.“

Heydrich: „Du liebst ihn nicht?“

Milo Schatzova: „Ich hätte viel zu tun. Man soll zuerst leben.“ Sehr qualvoll: „Fünfzig Menschen sollen leben. Fünfzig!“

Heydrich, küßt ihr die Hände, spricht in das Innere ihrer Hand: „Sie sind frei.“

Milo Schatzova: „Hauptmann Krach! Befehl des Protektors, Sie haben gehört.“

Hauptmann Krach, mit Betonung: „Sie – sind – frei.“

Heydrich, ihr ins Ohr: „Einmal – vielleicht nie wieder – hast du mich erlöst.“

Er geht schnell aus der Tür, durch die er eingetreten war.

Hauptmann Krach muß eilen, um nachzukommen.

71

Auf der dunklen Bühne. Schwaches, bläuliches Licht einer einzelnen Lampe streift den Weg, den Heydrich geht. Hauptmann Krach bleibt ihm auf den Fersen.

Hauptmann Krach, flüstert ihm in den Nacken: „Nicht weiter, Exzellenz!“

Heydrich: „Nicht weiter, warum?“

Aber auch er, einmal aufmerksam gemacht, vernimmt die Stimmen im Haus.

Beide haben angehalten, sie sind nahe der Tür, durch die sie vordem die Proszeniumsloge verließen. Die Tür ist angelehnt.

Heydrich: „Wer hat die Tür geöffnet?“

Hauptmann Krach: „Ich ließ sie offen – eben für diesen Fall.“

Auf leisen Sohlen erreichen sie den Spalt. Dahinter führen zwei, drei Stufen hinauf, man meint die Brüstung der Loge zu unterscheiden. Was sie weiterhin sehen, ist bestimmt nur eine Einbildung ihres Gedächtnisses. Der Schatten bedeckt alles gleichmäßig. Wie tief müßten gewisse Schatten sein, um als Gestalten hervorzutreten. Übrigens vermutet man sie bald hier, bald dort, nicht anders als die Stimmen, die, unterdrückt wie sie sind, dennoch auf allen Seiten des leeren Hauses wiederholt werden und hölzern nachklappen.

Irgendwo spricht Geheimrat Blumentopf: „Ohne Sorge, meine Herren! Hier soll ihm nichts zustoßen. Ich weiß, daß ich die Nerven der Herren und ihren guten Ruf zu schonen habe."

Oberst Schalk: „Ich bin kein Polizist, ich habe bis jetzt nicht herausgebracht, was vorgeht."

Geheimrat Blumentopf: „Wir fangen ihn bei seiner Geliebten. Das war unser Plan."

Geheimrat Rumfutsch: „Ihrer?"

Eine noch unbekannte Stimme: „Meine Hochachtung, aber die tschechische Freundin ist ihm doch wohl von – einem anderen untergeschoben?"

Eine ebenso unbekannte Stimme: „Von – nun, von dem anderen."

Geheimrat Rumfutsch: „Nicht so übel – der andere."

Oberst Schalk: „Ich bin Soldat und brav, die Ehrlichkeit kann hier im Dunkeln nicht schaden. Der – andere –."

Geheimrat Rumfutsch, Anfall von Mut: „Pavel Ondracek."

Oberst Schalk: „Der andere hat den armen Heydrich bis zur Vernichtung geschlagen. Die Ernennung des Protektors zum Freund –."

Eine der unbekannten Stimmen: „Des Führers."

Oberst Schalk: „Die Ernennung seiner Tschechin zur Ehrendeutschen."

Geheimrat Rumfutsch: „So ziemlich der Gipfel, das Telegramm ließ mich vor Scham erröten, als ich es empfing, und noch jetzt werde ich rot."

Geheimrat Blumentopf: „Hier macht das keinen Unterschied."

Unbekannte Stimme: „Immerfort lassen die Herren die Hauptsache aus. Vier von uns, und sechsundvierzig andere, hätten morgen oder übermorgen hängen sollen."

Oberst Schalk: „Ondracek hat uns das Leben geschenkt."

Geheimrat Blumentopf: „Heydrich will uns kaltmachen. Ich hatte mit ihm ein historisches Gespräch."

Geheimrat Rumfutsch: „Mit dem wirklichen Heydrich?"

Oberst Schalk: „Der existiert nicht mehr."

Geheimrat Blumentopf: „Die beiden sind nicht zu verwechseln. Wer, wie ich, im Augenblick vorher den einen in voller Tätigkeit gesehen hatte, und jählings bekommt man es mit dem anderen zu tun –."

Unbekannte Stimme: „Was will er? Uns doch wieder hängen? Übermorgen?"

Geheimrat Blumentopf: „Irrtum. Weder übermorgen, noch morgen früh: gleich jetzt um Mitternacht."

Unbekannte Stimme: „Das las ich in seinem Sträflingsgesicht. Ich, Präsident Labyrinth –."

Zweite Stimme: „Ich, Präsident Meyer."

Präsident Labyrinth: „Wir beiden Präsidenten Labyrinth und Meyer verspäteten uns absichtlich heut abend nach der Vorstellung."

Präsident Meyer: „Auch der falsche, früher echte Protektor blieb sitzen. Aus unserer schon verdunkelten Loge erblickten wir in seiner noch beleuchteten das Sträflingsgesicht, das damit umging, deutsche – deutsche Männer hinzurichten."

Präsident Labyrinth: „Ein zartes Wort für morden. Das deutsche Brauchtum kennt keine Morde."

Geheimrat Blumentopf: „Wie wahr! Der Protektor muß hier im Theater verunglücken, vor Mitternacht. Ich habe Ihre Zustimmung, obwohl ich sie nicht brauche."

Eine Pause.

Ein Präsident, um endlich das Schweigen zu brechen: „Wir sind schon lange im Theater."

Der Zweite: „Wenn er uns entwischt wäre?"

Geheimrat Blumentopf: „Das kann er nicht. Vorn bei dem versperrten Eingang, auf welchem Wege er auch hingelangt, empfängt ihn der Portier, in der Livree steckt einer meiner Leute. Andere sind in der Nähe.“

Oberst Schalk: „Er ist verloren. Aus meiner militärischen Erfahrung kann ich Ihnen etwas mitteilen. Man hat sie immer erst, wenn sie sich selbst schon verloren geben.“

72

Noch immer die dunkle Bühne, aber Hauptmann Krach hat die Tür der Proszeniumsloge geschlossen. Er sieht nach Heydrich um. Der Protektor lehnt, mit bläulichem Licht übergössen, an einer wackligen Stange, die oben etwas Schimmerndes, Flimmerndes trägt, ein Fetzen davon berührt seine Schulter.

Heydrich: „Ich – mich aufgeben?“ Er reckt sich ungewöhnlich hoch. „Die Hinrichtung wird vollstreckt. Es ist Zeit. Wir gehen.“

Hauptmann Krach: „Dringlich ist allein die unmittelbare Sicherung Eurer Exzellenz. Ich werde das Telefon aufsuchen, ich rufe die Burgwache an und verlange Sturmbannführer Jellinek, einen durch und durch verläßlichen Mann. Nur zehn Minuten, elf und eine halbe nach der Uhr, und eine motorisierte Truppe umstellt das Theater.“

Heydrich: „Sie glauben, an den Apparat bekommen Sie Jellinek – und keinen von der Gestapo? Sie kennen uns schlecht.“

Er setzt sich in Bewegung, nach der Seite, von wo er gekommen war.

Hauptmann Krach, hinter ihm: „Es handelt sich darum, einen Trick zu finden. Wir werden ihn finden.“

Heydrich legt den Rest des Weges eiliger zurück.

Vor der Garderobe angelangt, will er den Türgriff erfassen, zieht aber die Hand zurück, als hätte er sich verbrannt. Er rührt sich nicht, nur daß er kleiner wird.

73

Als Heydrich sie verließ, vor wieviel Minuten, er weiß es selbst nicht, sind Wokurka und Milo Schatzova auf der Stelle verharrt. Sie lauschen. Die Schritte draußen entfernen sich.

Wokurka: „Milo, meine Hochachtung! Fünfzig Galgenstricke losmachen mit einer Hand, das verlangt Technik, das will eigentlich geprobt sein von zehn bis zwei, vierzehn Tage lang."

Milo Schatzova, Senkblick und herabgezogener Mund, sie zeigt ihm die Schulter.

Wokurka: „Nein. Der Komödiant bin ich nicht, der nicht. Ich hab auch Herz, damit ich dir's gestehe, und wär es vielleicht müde, dann danke ich dir, du hast es aufgefrischt."

Milo Schatzova: „Nichts zu danken."

Wokurka: „Du liebst noch die Menschen. Was du getan hast, ist schön." Dennoch als Schauspieler begeistert: „Wie du es gemacht hast, war gut."

Milo Schatzova: „Du hast recht, es befriedigt auch beruflich. Wenn ich Ärztin geblieben wäre, fünfzig Menschen auf einmal hätt ich nicht vom sicheren Tod errettet."

Wokurka: „Du hast den Mann gebändigt. Der Mann rührt mich."

Milo Schatzova: „Das Scheusal?"

Wokurka: „Ein Scheusal ist mehr als ein Kobold, der, wie ich, die blöden Menschen mit ihrer eigenen Schlechtigkeit ergötzt. Kollege Scheusal bricht mir das Herz. Hat nie geliebt und muß nun doch dran glauben."

Milo Schatzova: „Hast denn du schon geliebt?"

Wokurka, energisch: „So nicht. Ich muß protestieren, so, ganz bestimmt nicht. Dir fünfzig meiner Opfer als Angebinde schenken und nicht einmal mehr auf der Ehrendeutschen bestehen! Bin ich ein Trottel?"

Milo Schatzova, lacht kindlich auf, sie fällt ihm um den Hals und küßt ihn ab.

Wokurka erwidert mit Schmollmund und strengem Gesicht, während er auf ihren Hüften Klavier spielt.

74

Die Tür wird aufgerissen, Heydrich steht darin – furchtbar und stumm.

Wokurka schiebt Milo Schatzova von sich: „Es war vorauszusehen, vorn haben sie zugemacht.“ Laute Entrüstung: „Das will eine Direktion sein, und sperrt den Protektor im Theater ein!“

Heydrich, tritt vor, wahrt aber den Abstand.

Hauptmann Krach, zieht hinter sich die Tür an und verläßt sie nicht.

Spannung, was kommen soll.

Heydrich, weiß es selbst noch nicht, er sagt fremd: „Das war wohl nicht für mich bestimmt.“

Milo Schatzova: „Jeder darf zusehen.“

Heydrich: „Nur nicht ich. Denn betrogen werd ich allein – um alles.“ Er will umkehren, erblickt Hauptmann Krach und wendet sich wieder nach innen: „Was gibt es noch, worum ich nicht betrogen bin!“

Wokurka: „Sie sind theaterfremd. Merken Sie sich für alle Fälle, Exzellenz, bei uns wird geküßt, als ob Sie Heil Hitler sagen. Mehr denken wir uns dabei nicht. Es ist eine dumme Sitte.“

Milo Schatzova: „Wirklich nur eine Sitte. Ich küsse, wenn es darauf ankommt, den Vorhangzieher. Mein alter Kamerad hier –.“

Heydrich: „Du hattest ihn, mit Vorbedacht, um zehn Jahre älter gemacht.“

Wokurka: „Was hat sie Ihnen erzählt? Daß ich demnächst mein fünfundzwanzigstes Bühnenjubiläum begehe? Ein ordinäres Künstlerlos!“

Heydrich, immer im Abstand, aber vorgeneigt, und seine Stimme bebt: „Milo! Du hast mich nicht begriffen. Ich wollte dich für mich allein. Auch du hättest mich ganz besessen. Es war schlimm, der Führer konnte auf mich nicht länger bauen.“

Milo Schatzova: „So schlimm?“

Heydrich: „Ich verriet ihn schon, als ich die Padesat-Verschwörung in deinen Armen vergessen und verziehen hatte.“

Wokurka, abgewendet, wirft einen Blick nach der Decke: „Wo bleibt das Stück? Aus seiner Schurkenrolle macht der Mann ein unschuldiges Knäblein, es ist zum Weinen.“ Mit Schwung herum, gegen Heydrich: „Sie! Nehmen Sie sich in acht!“

Heydrich, kalte Wollust: „Nicht mehr nötig. Die fünfzig werden heute nacht noch hängen.“

Hauptmann Krach, lacht trocken auf. Er bedeckt den Mund, als hätte er gehustet. Er geht auf Wokurka zu: „Ihr großer Augenblick ist da, Herr Wokurka. Sie haben nichts mehr zu verlieren.“

Wokurka: „Gut, gestehen wir! Hab ich ihn betrogen.“ Vor Heydrich hin. Schlicht: „Lassen Sie alle leben, Exzellenz! Hängen Sie mich allein!“

Milo Schatzova: „Aber –.“

Wokurka: „Nichts aber. Der Mann leidet. Ich kann keinen Mann, und war es ein Henker, sich aufzehren sehen wegen eines Mädchens, das ihn mit mir betrügt.“

Milo Schatzova: „Aber –.“

Wokurka: „Nichts da. Jetzt wird die Wahrheit eingestanden, die ganze Wahrheit und nichts als die Wahrheit. Die Milo hat mich angebetet, nur um meinetwillen ist sie unter das Theater gegangen. Ich hab ihretwegen eine Frau und sechs Kinder schimpflich verlassen.“

Milo Schatzova: „Er lügt!“

Wokurka: „Es ist mein fürchterlicher Ernst.“

Heydrich: „Meiner auch. In einer halben Stunde werden Sie hängen. Kommen Sie!“

Wokurka, willfährig: „Befehlen sonst noch etwas? Ihr wertes Leben retten? Vor wem? Aber es wird gemacht.“

Hauptmann Krach, bei Wokurka: „Es ist ganz einfach, Herr Wokurka, die Mörder des Protektors sitzen zu dieser Stunde im verdunkelten Theater.“

Wokurka: „Erlauben Sie. Das ist gegen die Polizeivorschrift.“

Hauptmann Krach: „Sie betreten durch die Bühnentür das Haus, wo es stockdunkel ist.“

Wokurka: „Volle Beleuchtung verlange ich. Mich muß man sehen!“

Hauptmann Krach: „Nein hören. Sie ahmen die Stimmen deutscher Offiziere nach."

Milo Schatzova: „Seine Spezialität ist der Führer!"

Wokurka: „Ich sage, daß ich in Moskau bin."

Hauptmann Krach: „Sie sagen, daß Sie in Prag sind – auch nicht wahrscheinlicher."

Wokurka: „Und will zusehen, wie ich gehängt werde. Den Wokurka meint der Führer."

Hauptmann Krach: „Sie befehlen den versammelten Verschwörern, daß sie sich stehenden Fußes zu ihrer eigenen Hinrichtung zu begeben haben. Bei meiner Ungnade, sagen Sie."

Wokurka: „Das wirkt, von mir gesprochen. Ich garantiere. Jeder bringt seinen Strick gleich mit."

Milo Schatzova: „Von der ganzen Todesliste wird keiner da sein. Alle haben sich in Sicherheit gebracht." Sie tritt stürmisch vor Heydrich hin: „Den einzigen Wokurka wollen Sie Elender ermorden."

Sie hat die Hand erhoben, um Heydrich zu ohrfeigen.

Hauptmann Krach fängt ihre Hand ab. Gegen Heydrich: „Das Einverständnis Eurer Exzellenz vorausgesetzt, fährt mein Wagen uns nach der Burg."

Heydrich: „Aber ich komme nicht lebend hin."

Milo Schatzova, bei Wokurka: „Pavel hat gut gearbeitet. Dieser Mensch fährt nicht zu deiner Hinrichtung und zu niemandes sonst. Er fährt zu seiner."

Wokurka: „Pavel! Wo ist er? Wenn sie ihn nicht schon geschnappt haben."

Milo Schatzova: „Unbesorgt!"

Hauptmann Krach läßt Heydrich in seinem Ärmel die Mündung eines Revolvers sehen: „Die volle Beleuchtung des Hauses könnte dennoch angezeigt sein. Es sind fünf Attentäter: ebenso viele Schüsse hab ich."

Heydrich lacht höhnisch auf: „Der bildet sich ein, er wüßte mehr als ich. Es ist aus, wenn Sie es begreifen können: aus."

Hauptmann Krach wartet in dienstlicher Haltung.

Heydrich, ernst: „Gemeiner Soldat Krach! Der Pastorensohn Heydrich bittet Sie, erschießen Sie ihn!"

Hauptmann Krach: „Zu Befehl, nein, Eure Exzellenz muß sich gefallen lassen, daß ich Ihr Leben rette."

Heydrich senkt die Stirn.

Hauptmann Krach, im Abstand zu Wokurka: „Herr Wokurka, Sie werden doch ein Kostüm haben – für Fälle, in denen der Protektor vorzöge, unerkannt zu bleiben."

Wokurka: „Da hätten wir meinen Schneider Zwirn, eine bewährte Verkleidung."

Hauptmann Krach: „Schlank genug, daß darüber die Uniform paßt. Her damit! Wir haben keine Minute zu verlieren, bis Sie den Führer machen."

Wokurka, für Heydrich: „Wollen der gnädige Herr sich weiterbemühen."

Er hebt den Vorhang von der anliegenden Garderobe. Zusammen entfernen sich Wokurka und Heydrich.

75

Milo Schatzova, allein mit Hauptmann Krach: „Warum haben Sie ihm abgeschlagen, was er sich wünschte?"

Hauptmann Krach: „Ich bin nicht berufen."

Milo Schatzova: „Aber er! Als Schneider Zwirn in sein Verhängnis zu gehen."

Hauptmann Krach: „Wer will sagen, ob er nicht nach Amerika und in eine führende Stellung bei der Heilsarmee gelangt. Die Menschen sind wandlungsfähig. Dieser könnte in die Klasse der reumütigen Verbrecher gehören."

Milo Schatzova: „Sie verachten ihn bis zum Erbarmen. Sonderbarer Mann! Seid ihr Deutschen denn Christen, wenn ihr echt seid? Ich – hasse ihn."

Hauptmann Krach: „Um Sie handelt es sich. Slecna Milo, Sie müssen das Land verlassen."

Milo Schatzova: „Was fällt Ihnen ein! Mein Land in seiner Not und Größe, jetzt erst lerne ich, wie ein Land unser Schicksal wird."

Hauptmann Krach: „Seit Sie dem Unternehmen unseres Pavel beitraten. Sie mußten voraussehen, wohin es führen würde."

Milo Schatzova: „Wohin? Pavel sah keine Tragödie vor, ich auch nicht. Sie allein sind tragisch begabt."

Hauptmann Krach: „Ich befinde mich an einer Stätte der heiteren Kunst, wenn morgen heller Tag ist, werdet ihr fröhlich unterwegs nach Jugoslawien sein."

Milo Schatzova: „Ich kann nicht. Mein Vertrag. Das Haus ist vier Wochen ausverkauft."

Hauptmann Krach: „Vielleicht wird schon morgen abend nicht mehr gespielt."

Milo Schatzova: „Wegen – des Zwirn?"

Hauptmann Krach, Gebärde der Ohnmacht: „Oder weil die Primadonna fehlt. Pavel erwartet Sie gleich jetzt in der Burg."

Milo Schatzova: „Er ist in der Burg?"

Hauptmann Krach: „Sie werden ihn auftreten sehen."

Milo Schatzova: „Wenn ich nicht komme?"

Hauptmann Krach: „Er reist nicht ohne Sie. Lassen Sie ihn die Frist versäumen – aber das wollen Sie nicht."

Milo Schatzova: „Nein. Aber auch meinen Kameraden Wokurka will ich nicht verlassen."

Hauptmann Krach: „Bringen Sie ihn mit – zu seiner Hinrichtung, die nicht stattfindet. Er reist mit euch, morgen früh."

Hauptmann Krach, grüßt mit dem Kopf, will durch den Vorhang abgehen.

Milo Schatzova: „Hauptmann Krach!"

Hauptmann Krach: „Slecna Milo?"

Milo Schatzova: „Und Sie?" Angedeutete Bewegung, als könnte sie ihm ihre Arme öffnen."

Hauptmann Krach, Ansatz, stürmisch hinzueilen. Aber er reißt sich zusammen, er spricht mit der gewohnten Mäßigung: „Meine Zukunft verdient Vertrauen. Es ist die Zukunft des allerunglücklichsten Landes.“

76

Der Burghof. Außerhalb seines Tores wird laut gezimmert. Die Beleuchtung beschränkt sich in der Hauptsache auf den Mondschein: man erkennt nicht, was die Arbeiter machen.

Sie ermutigen einander durch Zurufe. Endlich steigt der Gegenstand, den sie handhaben, steil in die Höhe. Es ist ein Galgen.

Oberst Schalk: „Donnerwetter. Wirklich ein Galgen.“

Er und seine Freunde, die Geheimräte Rumfutsch und Blumentopf, die Präsidenten Labyrinth und Meyer, werden im Innern des Hofes von der Truppe des Sturmbannführers Jellinek bewacht und aufs Korn genommen.

Geheimrat Rumfutsch: „Einer? bis es fünfzig Galgen sind, bricht der Tag an, noch ein Tag, noch eine Nacht brechen an. Etwas Menschliches kann jedem zustoßen, auch – ihm.“

Präsident Labyrinth: „Wenn der Führer ihn nur ansieht, erkennt er die Nachahmung.“

Präsident Meyer: „Und hängt nicht uns, sondern ihn.“

Der Sturmbannführer: „Ich höre immer, die Herren wollen den Führer hängen. Das fehlte Ihnen gerade noch zum Hoch- und Landesverrat.“

Oberst Schalk: „Sturmbannführer Jellinek, Sie sind als brauchbarer Offizier vornotiert. Sparen Sie Ihren Übereifer!“

Geheimrat Rumfutsch: „Er könnte Ihnen falsch ausgelegt werden.“

Präsident Labyrinth: „Merken Sie sich, junger Mann, daß sogleich der Führer eintrifft.“

Der Sturmbannführer, erschrocken: „Persönlich?“

Präsident Meyer: „So persönlich wie möglich.“

Oberst Schalk: „Ich hatte die Ehre, ihm vorgestellt zu werden. Sie wohl auch?“

Der Sturmbannführer lacht schallend: „So was kommt höchstens im Märchen vor. Sein persönliches Erscheinen – desgleichen. Der Führer befindet sich bei seinen Soldaten, ich hörte es von seiner eigenen Stimme."

Geheimrat Rumfutsch: „Wir hörten seine Stimme deutlich sagen, daß er hier sein wird."

Der Sturmbannführer: „Dann hat er sich mit Ihnen einen Scherz erlaubt." Er hält sich den Mund zu. „Pardon die Entgleisung, der Führer scherzt niemals. Sie aber, meine Herren, haben Humor. So nah dem Galgen, und noch Witze. Da regt sich mein rheinisches Blut."

Er lacht aus vollem Halse. Er macht um den Hof die Runde.

Der Posten vor dem Haupteingang: „Melde gehorsamst, der Protektor sind oben."

Der Sturmbannführer: „Wird auf den Führer warten." Er lacht.

Präsident Labyrinth: „Der Sturmbannführer scheint uns nicht zu glauben."

Präsident Meyer: „Er hat nicht gehört, was wir hörten."

Geheimrat Blumentopf, sein erstes Wort: „In dem stockdunklen Theater."

Oberst Schalk: „Soll das Zweifel andeuten? Wenn jemand die Stimme des Führers kennt –."

Geheimrat Rumfutsch: „Bin ich's. Meine Kanzlei hatte ihn telefonisch mit dem Protektor verbunden, als er ihn seinen Freund nannte."

Oberst Schalk: „Den echten Protektor. Nicht den anderen, der uns hängen will."

Geheimrat Blumentopf: „Meine Herren! Den falschen Protektor kennen Sie nur in der einen seiner Glanzrollen. Wer sagt Ihnen, daß er nicht auch den Führer täuschend nachahmt – in einem verdunkelten Theater."

Präsident Labyrinth: „War es wieder nur der Schwindler, wozu sind wir denn hergekommen?"

Präsident Meyer: „Wenn unsere Hinrichtung abgesagt ist?"

Geheimrat Blumentopf: „Wohin sonst mit uns? Er oder wir, so weit ist es. Mir sagt mein Polizeiinstinkt: er."

Stimmen erheben sich auf der anderen Seite des Hofes.

Geheimrat Rumfutsch, streckt den Finger nach dem entgegengesetzten Winkel: „Die Tschechen werden übermütig. Das kommt davon, wenn eine Hinrichtung ohne amtliche Kontrolle abgesetzt wird. Für den Stundenplan des Protektors bin ich verantwortlich."

Präsident Labyrinth: „Dem Höchsten."

Präsident Meyer: „Ihm. Ich kann mir nicht helfen, ich glaube an seine sichtliche Offenbarung, und sie ist nahe."

Oberst Schalk: „Ich vermisse die militärische Pünktlichkeit. Der Protektor ist nicht da, aber wir selbst haben uns verspätet. Die Schuld trägt Herr Blumentopf."

Geheimrat Blumentopf: „Nein, Sie."

Oberst Schalk: „Bei nicht weniger als fünf Lokalen haben Sie halten lassen. Überall mußten Sie sich stärken."

Geheimrat Blumentopf: „Sie auch. Wenigstens nahm ich tschechische Gäste mit – nur wer einen Wagen hatte, um uns zu begleiten. Dieser 30. Juni darf nicht an Deutschen allein vollstreckt werden."

77

Die tschechischen Todeskandidaten sind gleichfalls von einer Truppe bewacht und aufs Korn genommen. Anfangs hat bei ihnen eine gedrückte Stimmung vorgeherrscht. Das Gelächter des Sturmbannführers wirkt belebend.

Eine Dame mit scharfer Stimme, bekannt aus dem Theater Rococo, wo sie sich neben der Loge des Protektors respektlos geäußert und eine Verwarnung von Hauptmann Krach empfangen hatte: „Er lacht so herzhaft, der Sturmbannführer. Der will uns nichts antun."

Ihr Begleiter: „Wer sind wir denn auch? Mir scheint, hätten wir keinen Wagen gehabt, wir wären gar nicht hier."

Ihr zweiter Kavalier: „Bei den Deutschen ist alles Zufall. Nachher nennen sie es planmäßig."

Die Dame: „Aber ich war gleich gegen das Kolibri. Im Palais Paradis hätte uns niemand gesucht."

Eine andere, weniger schöne Dame, im Theater Rococo verweilte sie während der ersten Anwesenheit Heydrichs lange auf ihrem Parkettplatz: „Uns haben sie aus dem Paradis geholt."

Einer ihrer Freunde: „Ohne daß sie uns suchten. Der Herr von der Gestapo nahm uns mit, weil –."

Ein Unbeteiligter: „Weil Sie zugaben, daß Sie einen Wagen hätten. Ich ganz Unbeteiligter mußte als Geisel mit, wie ihr."

Die weniger schöne Dame; die ungenügende Beleuchtung ist ihr günstig: „Geisel. Ich muß lachen. Der Sturmbannführer lacht selbst."

Sie bekommt einen Lachkrampf. Ihre Freunde suchen sie zu besänftigen.

Der erste Freund: „Das ist schrecklicher, als gehängt werden!"

Der zweite, der sich im Rococo eingemischt hatte: „Ich mußte mich in Ihre Sachen einmischen!"

Der erste: „Sie mußten mit der Dame ausgehen. Das nächste Mal, wenn Prag von den Deutschen besetzt wird –."

Der zweite: „Nie wieder bummeln mit einer Hysterischen." Er stopft der Dame sein Taschentuch in den Mund. Sie erlangt ihr Gleichgewicht zurück.

Die Dame: „Wo bin ich? Oh! bei meiner Hinrichtung."

Ein Begleiter der Dame mit der scharfen Stimme: „Ein einfaches Mißverständnis. Von der Liste der fünfzig Ausersehenen ist kein einziger zur Stelle."

Wokurka, von draußen, wo er die Arbeiten besichtigt hatte: „Doch. Ich bin da. Meinen Auftritt versäum ich nicht."

Die scharfe Dame: „Der Wokurka! Wenn Sie schon draußen waren, kommen Sie wieder herein?"

Der zweite Kavalier: „Sind Sie blöd? Ich dachte, auf der Bühne machten Sie es künstlich."

Die Dame, die gelacht hatte: „Ich fühle es, ich werde nochmal anfangen."

Ihre Begleiter stürzen sich auf sie.

Der Unbeteiligte: „Ich als Unbeteiligter wundere mich über nichts mehr."

Wokurka: „Das einzig Richtige, Herr! Nil admirari, sagen die Juden; obwohl ich ein arischer Komiker und der Freund unseres Protektors bin. Er gab mir dies Stelldichein."

Alle durcheinander: „Dann wird nicht gehängt? Dann brauchen Sie vielleicht ein Publikum, Herr Wokurka, für Ihre Einfälle? Und die Gestapo klaubt es Ihnen in den Nachtlokalen zusammen?"

Wokurka, ernst: „Geht nicht zu weit, Freunde! Meine geliebten Landsleute die ihr seid! Fälle gibt es, wo ich scherzen weder kann noch will."

Stimmen: „Was ist nun das für eine Albernheit! Er meint es anders herum."

Wokurka: „Anders meinen es unsere biederen tschechischen Zimmerleute. Die werden uns keine Galgen bauen, die nicht."

Stimmen: „Einer steht schon."

Wokurka: „Noli me tangere, sagt er. Rühr mich nicht an, sonst fall ich um."

Er lauscht. Er gibt das Zeichen, still zu sein. Auch die Geräusche des Zimmerns haben aufgehört. Pause.

78

Der Sturmbannführer eilt zu den deutschen Verurteilten: „Die Herren haben den Arbeitern zugerufen, sie möchten die Arbeit niederlegen."

Oberst Schalk: „Die Arbeiter haben ein besseres Gehör als Sie."

Der Sturmbannführer: „Auf Sabotage steht Todesstrafe."

Geheimrat Rumfutsch: „Das sagen Sie uns?"

Die beiden Präsidenten: „Ein Anfänger. Der Mangel an geeigneten Kräften macht sich fühlbar."

Der Sturmbannführer hört das Signal eines anfahrenden Wagens. Er erschrickt heftig: „Der Führer! Also doch."

Geheimrat Blumentopf: „Gehört hätten Sie. Aber diesmal ist es der Protektor. Und Sie sind hier mit nichts fertig."

Der Sturmbannführer, verzweifelte Gebärde nach den Fenstern der Burg: „Der Protektor ist droben."

Der Wagen hält draußen. Die Arbeiter haben mit ihren Hölzern den Weg verlegt. Zwei Scheinwerfer beleuchten grell die Gestalt des Protektors, der ausgestiegen ist und über die Hindernisse klettert. Hinter ihm Hauptmann Krach.

Der Sturmbannführer in voller Panik befiehlt seine Mannschaften in die Mitte des Hofes, zur parademäßigen Aufstellung. Die einen trennen sich von den deutschen Herren, die sie bewachen, die anderen überlassen die tschechischen Geiseln sich selbst.

Die Aufstellung fällt nicht nach Wunsch aus. Die beiden Trupps verwickeln sich ineinander. Die Kommandorufe des Sturmbannführers bewirken nur, daß alle Soldaten wie ein Mann sich dem Protektor entgegenwerfen: Hauptmann Krach entzieht ihn dem Zusammenstoß.

Heydrich, bleich, aber beherrscht: „Das und nichts anderes war zu erwarten. Wer kommandiert hier?"

Der Sturmbannführer: „Melde gehorsamst, Sturmbannführer Jellinek."

Heydrich: „Natürlich der fröhliche Rheinländer." Mit Genugtuung in seiner metallischen Stimme: „Sie sind mit den Attentätern verschworen. Treten Sie zu den übrigen fünfzig!"

Der Sturmbannführer, begeistert: „Heil Hitler!"

Geheimrat Rumfutsch, leidenschaftlich: „Eure Exzellenz bemerkt, daß wir deutschen Herrenmenschen bis jetzt nur fünf sind."

Oberst Schalk: „Drüben mögen es ein paar mehr sein."

Geheimrat Blumentopf: „So viele ich unterwegs auftreiben konnte. Exzellenz hatten die Hinrichtung abgesagt."

Präsident Labyrinth: „Exzellenz hatten einen klaren Augenblick!"

Heydrich: „Den muß ein anderer gehabt haben."

Geheimrat Blumentopf: „Fragen Sie ihn selbst – falls eine Begegnung stattfände."

Heydrich zieht sich eilig zurück: „Eine Begegnung?"

Der Sturmbannführer hat sich versehentlich zu den Tschechen begeben.

Der Unbeteiligte: „Sehr erfreut, Herr Sturmbannführer. Ich bin ein Unbeteiligter, Sie gehören auch nicht hierher, aber der Tod macht, hör ich, alles gleich."

Geheimrat Blumentopf: „Alles ist improvisiert. Nur den Haupttreffer erwarte ich mit steigender Sicherheit."

Den Soldaten ist es gelungen, sich aufzustellen. Sie haben den Protektor in die Mitte genommen. Der Weg hinaus, ist von ihnen verlegt, aber eine Gasse bleibt offen nach dem Haupteingang.

Heydrich: „Ich befehle die Hinrichtung."

Hauptmann Krach: „Melde gehorsamst, der Henker wird vermißt."

Wokurka: „Wird ihn jemand gehängt haben."

Der Unbeteiligte: „Eine saubere Ordnung dahier."

Heydrich: „Wo sind die Galgen?"

Keine Antwort.

Heydrich: „Wer kommandiert den Richtplatz?"

Der Sturmbannführer: „Melde gehorsamst, Sturmbannführer Jellinek wegen Todesfalls beurlaubt."

Wokurka: „Gut, mein Lieber. Könnte von mir sein."

Über die Köpfe weg, für den Protektor: „Erinnern Exzellenz sich gnädigst unserer guten Beziehungen! Übertragen Sie halt mir den Oberbefehl."

Heydrich: „Wer ist das?"

Hauptmann Krach: „Ein Komiker."

Heydrich: „Er kommt als erster daran."

Oberst Schalk: „Das ist ein deutsches Vorrecht!"

Stimmen drüben: „Wir sind nicht ehrgeizig. Wir lassen euch den Vortritt."

Geheimrat Rumfutsch, mit dem Mut der Verzweiflung: „Es ist eine Schändung des deutschen Namens, was dieser Protektor sich erlaubt!"

Präsident Labyrinth, mitgerissen von der Wildheit des Geheimrates: „Dieser Protektor soll seinen Morden allein zusehen, ich nicht!"

Präsident Meyer, gleichfalls angesteckt: „Bis er selbst an der Reihe ist, dieser sogenannte Protektor."

Geheimrat Blumentopf: „Sogenannt: das Wort ist gefallen. Folgt der Haupttreffer, wie ich ihn voraussah."

Oberst Schalk: „Sie wußten. Sie sind erkannt als Intellektbestie."

Am Rande des Haupteinganges erscheint Pavel, in Uniform und Maske. Er steht ohne Regung, er betrachtet die Szene. Seine äußerst furchtbare Miene zeigt Verachtung und Hohn. Auch Genugtuung liest man darin.

Heydrich sieht ihn nicht, obwohl er nahe genug wäre. Aber er wendet dem Gebäude den Rücken. Er erhebt die Stimme, seine Befehle sollen überall gehört werden, bei den Gruppen der Tschechen und der Deutschen, bei den Arbeitern außerhalb des Burghofes. Besonders richtet er sie an die Soldaten, die ihn auf drei Seiten einschließen: frei ist nur der Zugang nach dem Portal, wo Pavel steht.

Heydrich: „Ich befehle eine Massenerschießung meiner sämtlichen Feinde. Alle auf einen Haufen, und hingeschossen! Die Zimmerleute! Wer keinen Galgen machen will, bekommt eine Kugel. Blumentopf oder Wokurka, mir eins, die Kugel!"

Die Arbeiter sind von selbst im äußeren Tor versammelt – nicht um sich erschießen zu lassen: sie wollen Pavel sehen. Sie wollen der Begegnung der beiden Protektoren beiwohnen.

Ebensowenig Entgegenkommen findet Heydrich bei den anderen Gruppen. Niemand rührt sich, Furcht ist nirgends zu bemerken, wohl aber gespannte Neugier.

Heydrich, für Hauptmann Krach: „Die Leute sind verrückt geworden. Formieren Sie das Erschießungskommando!"

Hauptmann Krach, in einer Lücke der dünn verteilten Truppe: „Zu Befehl. Auch die Mannschaft ist nicht mehr bei Trost. Ich muß sogar meine eigenen Sinneswahrnehmungen bezweifeln."

Heydrich wirft einen Blick auf die Soldaten. Jetzt ist er belehrt über den Ort, wo die Ursache so bedeutender Veränderungen zu suchen ist: hinter seinem Rücken.

Seine Schultern nehmen eine Schutzhaltung ein, aber er bleibt bedacht, kein Erschrecken zu zeigen. Seine Wendung geschieht langsam.

79

Heydrich und Pavel, aus einem Mund, mit derselben Stimme: „Da wären wir!"

Heydrich berichtigt sich: „Das ist der Hochstapler. Verhaften!"

Die Soldaten sehen einander nur an.

Heydrich, beginnt die Nerven zu verlieren: „Wo ist euer Kommandant?"

Wokurka: „Hier. Er ist tot und hat mich mit seiner Vertretung betraut." Er tritt vor. Seine Autorität ist augenscheinlich, die Soldaten machen ihm Platz. Dem Protektor ins Gesicht spricht er: „Ich bin so gut Sturmbannführer, wie Sie Protektor sind."

Heydrich versucht, ihn in den Bauch zu treten. Wokurka weicht aus, Heydrich trifft einen Soldaten, der aufschreit und umfällt.

Die Truppe murrt vernehmlich.

Oberst Schalk, zorngerötet, impulsiv: „Festnehmen! Fesseln! Wird's bald? Der Untermensch hat der deutschen Sache genug geschadet."

Die Soldaten sind grundsätzlich geneigt, sie zögern nur.

Oberst Schalk will reden, um sie anzutreiben: „Deutsche Soldaten!"

Wokurka unterbricht ihn alsbald, er hat die tragende Stimme: „Deutsche Soldaten! Nichts da! Ihr vergreift euch an keinem deutschen Protektor. Ich selbst werde mich nie und nimmer vergreifen, aus Hochachtung vor dem Führer. Wenn der Protektor falsch ist, der Führer ist echt."

Die Gruppe der Tschechen ist näher gerückt. Allen voraus meldet sich der Unbeteiligte mit aufgerecktem Finger.

Der Unbeteiligte: „Ich bin unbeteiligt. Die beiden Protektoren habe ich mir genau angesehen." Er deutet auf Heydrich: „Dieser ist der echte."

Wokurka, weich: „Sie Esel tun mir leid."

Der getretene Soldat, der noch am Boden liegt: „Er ist der echte. Das war sein Tritt." Er stöhnt und windet sich.

Die Dame mit dem Lachkrampf: „Soll ich mal?"

Ihre beiden Begleiter stürzen sich auf sie.

Die ältere Dame, scharf: „Feine Zeugen, was der echte Protektor hat!"

Sie wird gezwickt.

Die ältere Dame, noch schärfer: „Sie Schlimmer!"

Präsident Labyrinth: „Ausschließlich das Schutzvolk beglaubigt ihn."

Präsident Meyer: „Auch der getretene Soldat ist fremdstämmig."

Pavel, auf der oberen Stufe des Portals, hat die Arme verschränkt. Sein unerbittlicher Blick hält Heydrich fest, seit Heydrich unvorsichtig genug war, den Augen Pavels zu begegnen. Er ist unfähig, den Hals nach Beistand umzudrehen, weiß übrigens, daß er keinen fände.

Heydrich verfällt zusehends in Haltung und Ausdruck des schlechten Gewissens. Sein fürchterliches Gesicht von ehedem ist bei seinem Gegner allein. Er fühlt es. Ein langsames, schweres Nicken des anderen bestätigt ihm sein Gefühl.

Pavel wiederholt: „Da wären wir."

Keine Antwort.

Murmeln bei den Gruppen, die zuerst gehängt, dann erschossen werden sollten: „Es ist beinahe peinlich. Es wird einem schwül."

Der getretene Soldat ist vom Boden hochgekommen, er drückt sich beschämt aus: „Nein doch, der Tritt war unecht. Der dort oben tritt anders."

Der Kammerdiener ist hinter Pavel erschienen: „Geruhen Exzellenz, die Dame droben bittet dringend, Ihren Auftritt abzukürzen. Es sei geraten. Sie kenne das Theater."

Anschwellendes Volksgemurmel.

Auch bei den Arbeitern, die Heydrich verurteilt hatte: „Der Pavel hat seine Freundin droben, verfluchter Kerl."

Sogar bei den Soldaten: „Klar. Der eine wohnt oben, der ist es. Dieser da hat sich draußen herumgetrieben, und hier will er treten."

Der Aufgeweckteste gelangt zu einem eigenen Entschluß: „Faßt ihn!"

Aber Heydrich ist nicht zu finden. Von allen unbeachtet hat er den dunkelsten Winkel erreicht, dort trifft er den Sturmbannführer.

Der Sturmbannführer: „Willkommen, Exzellenz. Ich lasse es bei der Exzellenz."

Heydrich: „Gerade Sie hätte ich besser nicht erschossen.“

Der Sturmbannführer: „Was wollen Sie, jetzt bin ich erschossen. Und Sie?“

Heydrich: „Jellinek, helfen Sie mir aus dem Burghof! Sie machen Ihr Glück.“

Der Sturmbannführer: „Glücklich war ich, als ich an nichts zweifelte. Jetzt frage ich mich: Jellinek willst du heißen und fröhlicher Rheinländer sein?“

Heydrich: „Aber Sie sind Sturmbannführer!“

Der Sturmbannführer: „Gewesen. Ich trat das Kommando ab.“

Heydrich: „Ich übergebe es Ihnen aufs neue.“

Der Sturmbannführer: „Wer? Sie? Oder Sie?“

Heydrich: „Sturmbannführer! Säubern Sie mit Ihrer Mannschaft den Burghof! Ich befehle.“

Der Sturmbannführer: „Wo sind Befehle, wo wird noch gesäubert? Ach! als Exzellenz mir befahlen, hier das Maschinengewehr und die Musik aufzustellen.“

Heydrich: „Hab ich Ihnen niemals befohlen.“

Der Sturmbannführer: „Sie sehen. Ein Märchen aus uralten Zeiten, das will mir nicht aus dem Sinn.“ – Er schluchzt.

80

Hauptmann Krach steht in dienstlicher Haltung vor Pavel. Niemand hört sie; das Treiben auf dem Burghof ist bewegt.

Pavel: „Sie haben Blumentopf entwaffnet?“

Hauptmann Krach: „Mit Genehmigung Eurer Exzellenz band ich ihm nur die Hände auf den Rücken.“

Pavel: „Wenn er ein Entfesselungskünstler wäre?“

Hauptmann Krach: „Ich war bei der Marine. Den Knoten löst er nicht.“

Pavel: „Sie begreifen, der gute Ruf des Protektors, der reine Ehrenschild des Führers. Mein Imitator, mag er noch so schlecht sein –.“

Hauptmann Krach: „Heute abend versagte er beispiellos.“

Pavel: „An diesem Ort, unter meinen Augen darf er nicht erlegt werden."

Hauptmann Krach: „Die ganze Ordinärheit eines Blumentopf ist nötig, um so sehr das ästhetische Gesetz zu verkennen."

Pavel: „Ich wünsche nicht, daß Heydrich durch uns stirbt."

Hauptmann Krach: „Zu Befehl, er soll sich anderswo hängen lassen."

Pavel, will natürlich sprechen, aber er kann es nicht: „Hauptmann Krach, ein noch schwereres Schicksal, als wir von jetzt an tragen sollen –."

Hauptmann Krach: „Gibt es. Unseres ist: fliehen, um zu kämpfen."

Pavel, Stimme seiner Maske: „Gemacht. Sie nehmen den verhaßten Schwindler in Ihrem Wagen mit."

Hauptmann Krach: „Und bringe ihn in Sicherheit – als ob er vor seinem Schicksal sicher wäre. Sie selbst?"

Pavel: „Haben Sie schon erlebt, daß ich nicht hingelangt bin, wohin ich wollte?"

Hauptmann Krach: „Auch Milo Schatzova muß glücklich durchkommen." Zum ersten Male weich: „Milo hat droben zugesehen. So mutig sie immer ist, klopft ihr das Herz."

Pavel: „Um sich bangt sie nicht, ebensowenig um mich. Vielleicht um einen anderen."

Hauptmann Krach, schlägt die Augen nieder.

Pavel: „Sie werden sie wiedersehen."

Hauptmann Krach salutiert: „Ersuche Exzellenz um gnädige Erlaubnis, abtreten zu dürfen."

Pavel: „Nach Ausführung meiner Befehle erscheinen Sie zum Bericht am bekannten Ort!"

81

Hauptmann Krach macht kehrt. Geradewegs durch dick und dünn erreicht er den dunklen Winkel.

Heydrich, unsicher: „Was gibt es?"

Hauptmann Krach: „Melde gehorsamst, Hauptmann Krach zur Verfügung des Protektors."

Heydrich, für den Sturmbannführer: „Hören Sie das? Wenn ich Zeit hätte, würde ich Sie in Eisen krummlegen."

Hauptmann Krach: „Sie haben keine Zeit." Gegen den Sturmbannführer: „Sie führen wieder die Truppe. Befehl des Protektors."

Der Sturmbannführer: „Welches Protektors?"

Hauptmann Krach: „Mensch! Es fehlt noch, daß Sie mehr als einen kennen."

Der Sturmbannführer: „Ich sehe immer zwei."

Hauptmann Krach, wegwerfend: „Leute wie Sie verlassen sich noch auf ihre paar Sinne. Denken Sie lieber an Ihren schwachen Kopf!"

Der Sturmbannführer, ermuntert: „Der deutsche Soldat denkt nicht."

Heydrich: „Endlich."

Hauptmann Krach: „Stellen Sie Ihre Truppe auf, der Protektor will reden."

Der Sturmbannführer: „Welcher?"

Heydrich: „Er fängt schon wieder an." Für Hauptmann Krach: "Was fällt Ihnen ein? Reden! Ich türme. Mein Führer! Melde gehorsamst, Reinhard Heydrich, Protektor von Böhmen-Mähren, türmt."

Hauptmann Krach wirft den Sturmbannführer zum Winkel hinaus.

Der Sturmbannführer, einmal in Bewegung gesetzt, marschiert darauflos.

Wokurka, während der andere vorbeimarschiert: „Herr Sturmbannführer! Ich trete Ihnen den Oberbefehl ab."

Der Sturmbannführer, ohne Aufenthalt: „Wohl verrückt geworden?" Er trampelt über die Füße Wokurkas hinweg.

Wokurka: „Ich darf mich als entlassen betrachten. Es trifft sich, wegen einer vorhabenden Reise. Die Dame ist noch droben." In den Winkel: „Herr Hauptmann erwarten vielleicht die Dame?"

Zu seinem Erstaunen ist der Winkel leer.

Hauptmann Krach hat Heydrich aus dem Tor des Burghofes geleitet. Sie sind verschwunden, ohne jedes Aufsehen, ausgenommen nur Geheimrat Blumentopf.

Alle anderen, möglichen Zuschauer werden abgelenkt durch das kraftvolle, keineswegs geräuschlose Vorgehen des Sturmbannführers. Er läßt die große Mitte des Platzes von Zivilisten räumen. In Front des Gebäudes, Augen geradeaus auf den Protektor, empfangen die Soldaten seine Ansprache, wobei einigen der Mund aufgeht und offenbleibt.

Aus Mangel an Mannschaft ist das Militär lückenhaft verteilt. Im Verlauf der Rede dringen die vertriebenen Zivilisten dazwischen ein. Hierbei kommt es von selbst, daß Herren- und Schutzvölker sich, als ob nichts wäre, untereinander mischen.

Die Arbeiter ihrerseits finden es, je weiter Pavel im Text geht, um so zulässiger, die ersten Plätze zu besetzen, noch vor dem Militär, gleich unter den Knien des Redners.

Er nimmt die höchste Stufe des Portals ein. Aber mit der metallenen Stimme des Protektors beherrscht er diese angesammelte Auswahl menschlicher Arten. Man traut ihm soviel Gehör als Stimme zu; die ausgetauschten Bemerkungen fallen gedämpft, unterdrückt wird sogar das begreifliche Erstaunen.

82

Pavel, der schon sprach, als die eifervolle Tätigkeit des Sturmbannführers ihn hätte stören können, aber nicht störte, fährt fort: „Angehörige des Protektorats! Ich bin euer Protektor, damit ich euer Leben schütze. Noch soeben sahet ihr, daß es um euch, wer ihr auch seid, geschehen war."

Geheimrat Rumfutsch: „Leider, leider."

Der Unbeteiligte neben ihm, ebenso leise: „Hat er vorhin gesagt, daß die ganze Padesat-Verschwörung eine böswillige Erfindung ist?"

Geheimrat Rumfutsch: „Allerdings verstand ich so."

Der Unbeteiligte: „Ich jedenfalls bin unbeteiligt."

Geheimrat Rumfutsch: „Wie ich."

Pavel, mit seinem Höchstmaß von Maske: „Die Autorität des Protektors, seine Befehlsgewalt, ja, das Führerprinzip, ich verteidige sie, wenn ich zu dieser Stunde eure Galgen nicht aufstelle, sondern sie umwerfe. Ihr alle wäret durch bloßen

Zufall daran aufgehängt worden, mit listiger Absicht war der Strick allein gedreht für mich – und einen höheren."

Wokurka, ohne die Stimme zu heben, aber sie trägt: „Heil Hitler!"

Oberst Schalk, bei ihm, wird etwas zu laut: „Heil Hitler!"

Der Sturmbannführer blitzt ihn strafend an.

Oberst Schalk taucht unter, er murmelt nur: „Wenn der Sturmbannführer es vorzieht, rufe ich Heil Heydrich – oder wie der Name war."

Wokurka: „Schon vergessen! Sic transit."

Ein Begleiter der Dame mit dem Lachkrampf: „Die Situation ist einzig in der Geschichte."

Die Dame: „Soll ich mal?" Aber sie sieht selbst ein, daß es nicht angebracht wäre.

Pavel: „Ich bin verantwortlich für das deutsche Ansehen und daß der Protektor respektiert werde."

Präsident Labyrinth, mitten unter Tschechen: „Er geht zu weit. Finden Sie nicht?"

Mehrere antworten: „Er ist der erste Deutsche, der mir wirklich gefällt."

Präsident Labyrinth: „Kein Kunststück. Aber er ist ein geschickter Mensch."

Pavel: „Hier stehe ich. Meine Soldaten sind mir treu. Wer nach meiner Brust zielte, käme nicht zum Schuß."

Der Sturmbannführer fährt auf, erregt sucht er nach Revolvern, die gegen den Protektor gerichtet wären. Sichtlich wird er beschließen, nochmals zu räumen.

Pavel: „Sturmbannführer Jellinek, lassen Sie mir mein Herren- und mein Schutzvolk in Ruhe! Dieses wie jenes hat allen Grund, meine Erhaltung zu wünschen. So gut hat noch niemand sie bedient. Beinahe würden sie mich lieben – wenn meine Maske liebenswert wäre."

Präsident Meyer: „Was sagt man. Seine Maske!"

Die Dame mit der scharfen Stimme: „Was nennt er Maske? Er trägt keine, seht ihr nicht?"

Oberst Schalk, zu der Dame mit dem Lachkrampf: „Legen Sie los, meine Dame! Jetzt können Sie nicht. Es verschlägt Ihnen den Atem, mir auch."

Die Dame, gekränkt: „Ich kann. Aber ich will mich rühren und erbauen lassen, wie in der Predigt.“

Denn das Gesicht Pavels verändert sich wesentlich. Aus bloßer Furchtbarkeit geht es ins Erhabene über. Seine Absicht ist nicht mehr das Grauen, sondern, schwer zu glauben, ein strenges Wohlwollen. Es bleibt das Gesicht des Protektors; um so erstaunlicher wendet es sich zum Guten, ja, falls hier jemand das Wort kennt: zur Güte.

Der getretene Soldat, entgeistert: „Nein! Der tritt nicht.“

Sein Nebenmann, über die Lücke zwischen ihnen: „Kusch!“

Alles Geflüster erlischt. Tiefe Stille.

Pavel, klangvolle Stimme, daraus verschwunden sind Drohung und Schrecken: „Ich zeig euch mein Gesicht, ihr seht es nicht wieder. Ihr hört mich das letzte Mal. Ich verlasse euch, über mich ist höchsten Ortes anders beschlossen. Der Führer macht mich zum Zweiten nach ihm. Unter mir soll die Geheime Staatspolizei ein Werkzeug des Friedens werden. Glaubt es oder glaubt es nicht! Vor mir besteht kein Herren-, kein Schutzvolk. Lauter Herrenvölker! Das Reich, das ich meine, ist nicht von hier, ist weder hindostanisch noch sonst national beschränkt. Diese Erde wird übernational sein!“

Er schöpft Atem: „Das war das. Jetzt ihr Arbeiter!“

Die Arbeiter haben nur gewartet. Schon die physiognomische Veränderung, der sie bei Pavel folgten, hat sie veranlaßt, näher zu rücken. Zwischenräume auszufüllen, sogar, sie mit den Ellenbogen herzustellen. Als Pavel sie aufruft, gelangen sie mühelos bis vor seine Knie.

83

Die Soldaten machen ihnen gutwillig Platz. Die Glieder der Truppe sind aufgelöst. Man sieht allein Individuen, die in Uniform, aber mit der Haltung und dem Ausdruck von Arbeitern, auf Pavel hören.

Der Sturmbannführer, bis jetzt wachsam, gibt seine Unruhe auf, er verzichtet auf jeden Widerstand gegen Ereignisse, die sich nach unbegreiflichen, aber hohen Gesetzen vollziehen. Anzusehen, als nähme er Befehle entgegen, hängt er an den Lippen Pavels.

Pavel spricht zu den Arbeitern – tschechisch.

Die deutschen Teilnehmer des Aktes bedauern ihn, ohne ihn eigentlich zu mißbilligen.

Geheimrat Rumfutsch: „Auch gut, man versteht nicht."

Oberst Schalk: „Die ganze Zeit störte mich ein Gefühl, als wohnte ich unerlaubten Handlungen bei. Aber natürlich, wer nicht versteht, ist entschuldigt."

Präsident Labyrinth: „So viel Tschechisch kann ich: er beschwatzt die Leute bolschewistisch!"

Ein Begleiter der lachlustigen Dame: „Auch ich bin Industrieller. Trotzdem muß man Vernunft annehmen."

Die scharfe Dame: „Sind eh nur Reden."

Der Unbeteiligte: „Mich geht es nichts an, nicht mal ein Industrieller bin ich. Indessen ist mir, als habe euer Führer schon ähnlich geredet."

Präsident Meyer: „Und wie ging es weiter?"

Der Unbeteiligte: „Entgegengesetzt. Wird noch lange so gehen."

Die Arbeiter dort vorn begeistern sich, sie rufen „nazdar!"

Die Soldaten, anstatt die Arbeiter zurechtzuweisen, wiederholen den Ruf – tschechisch; mancher kennt gerade dies eine Wort.

Geheimrat Rumfutsch: „Ohne vorgreifen zu wollen, ich sähe mich lieber anderswo."

Oberst Schalk, in Unruhe: „Ein alter Soldat verläßt nicht heimlich den Ort seiner befohlenen Pflicht."

Geheimrat Rumfutsch: „Wem schulden Sie Gehorsam? Der eine redet bolschewistisch und tschechisch. Der zweite, der Sie hängen wollte, ist selbst geflüchtet."

Oberst Schalk: „Geflüchtet?" Er sucht umher: „Wahrhaftig, wo haben wir Heydrich gelassen!"

Wokurka: „Nur getrost, die Herren! Er ist in guter Obhut. Ich bezeuge: Hauptmann Krach verschwand zugleich."

Der Unbeteiligte: „Und wer noch? Der ganz Unbeteiligte muß es euch sagen: ein Herr von der Gestapo, Pommeranzenöl, oder wie er sich nannte.“

Oberst Schalk: „Blumentopf! Es kam mir hier gleich so leer vor.

Geheimrat Rumfutsch: „Unmöglich. Er war gefesselt. Von Hauptmann Krach sogar.“

Wokurka: „Fesseln Sie mich! Ich zeig Ihnen den Trick. Aber Sie bemerken wohl gar nicht, daß der Protektor unsere schöne deutsche Sprache gebraucht.“

Man schweigt und hört.

Pavel wiederholt, was er den Arbeitern gesagt hatte, für die Soldaten deutsch. Sie hängen an seinen Lippen.

Wokurka: „Er spielt die Szene ganz aus, damit der andere einen Vorsprung bekommt. Er ist der wohlwollendste Protektor, den der Führer zu uns entsenden konnte. Heil Hitler! rufe ich herzhaft.“ Aber er raunt es nur.

Geheimrat Rumfutsch: „Ich habe genug.“ Er macht sich nach dem Ausgang auf.

Oberst Schalk: „Ich endlich auch.“ Er schließt sich an.

Präsident Labyrinth: „Der Skandal entartet.“

Präsident Meyer: „Weder für ihn noch für den anderen geb ich etwas.“

Beide Präsidenten schließen sich an.

Die Begleiter der beiden Damen beraten.

Einer: „Sind nur die Deutschen frei? Er hat das ganze Protektorat für frei erklärt.“

Ein anderer: „Und er ist der einzige noch übrige Protektor.“

Die scharfe Dame: „Wie das Schicksal spielt!“

Einer der Begleiter: „Wird im Kolibri noch etwas los sein? Von uns kann die Welt lernen, wie sie regiert wird.“

Die übrigen Begleiter: „Wie man nicht hingerichtet wird. Wie von oben her die Revolution sich ausbreitet.“

Die Dame mit dem Lachkrampf: „Mein Kavalier hatte geschworen, mit Damen, die lachen, geht er nicht mehr aus.“ Sie lacht; alsbald wird ihr Krampf daraus.

Die Herren können ihn nicht unterdrücken, da die Dame um sich schlägt. Schnell wird sie an den Armen und Beinen aus dem Burghof getragen.

Wokurka, als alle fort sind: „Pst, Herr Sturmbannführer!"

Der Sturmbannführer: „Herr Wokurka?"

Wokurka: „Sehen Sie, daß Sie mich kennen. Ohne mich zu rühmen, bin ich das nächste Freundchen des Protektors."

Der Sturmbannführer: „Von welchem?"

Wokurka, streng: „Es gibt nur einen."

Der Sturmbannführer: „Zu Befehl."

Wokurka, mit Autorität: „Der Protektor befiehlt, daß Sie hinaufgehen und die Dame holen. Es wird abgefahren."

Der Sturmbannführer: „Melde gehorsamst, die Dame steht hinter seiner Exzellenz. Der Kammerdiener hat ein Köfferchen mitgebracht."

Wokurka: „Ein sehr brauchbarer Offizier, Sie werden vorgemerkt."

Der Sturmbannführer: „Heißen Dank."

Wokurka, vertraulich: „In dem Köfferchen ist die Zivilkleidung des Protektors für eine kleine Erholungsreise. Er hat heute sein Letztes hergegeben."

Unbekannt warum, findet der Sturmbannführer dies zum Lachen.

Pavel nimmt die Fröhlichkeit des Sturmbannführers für das Zeichen zum Aufbruch.

Mit Milo Schatzova, die gewartet hat, geht er ohne Eile über den weiten Hof. Der Sturmbannführer trägt das Köfferchen, vom Kammerdiener läßt er es sich nicht nehmen. Er legt es in den großen Wagen, dessen Scheinwerfer noch immer blenden.

Pavel: „Nein. In den Jagdwagen. Hauptmann Krach hat ihn dagelassen."

Milo Schatzova: „Er begleitet uns nicht? Wie kommt er dorthin?"

Pavel: „Du siehst ihn wieder."

Wokurka winkt leutselig zurück.

Der Kammerdiener: „Wenn keine einzige Person historisch wäre, ich bin es!" Stolz in das Haus.

Die Arbeiter und Soldaten, vermischt und verbrüdert, unterbrechen während der Abreise ihren geistigen Austausch, um gemeinsam nazdar zu rufen.

Der Sturmbannführer reibt sich nachdenklich die Stirn.

84

Die winklig verbauten Höfe hinter dem Theater Rococo.

Hauptmann Krach, die Uniform samt der Mütze von einem langen Radmantel verdeckt, läßt Heydrich nicht von seiner Seite.

Heydrich, als fadenscheiniger Schneider, den Hut tief im Gesicht, unter dem Arm das schwarze Bündel: „Sie kennen die Gegend?"

Hauptmann Krach: „Vermeiden wir die Laterne! Es trifft sich, die einen sind abgeblendet, die anderen ausgelöscht."

Heydrich: „Wo ist Blumentopf? Er folgt uns."

Hauptmann Krach: „Kaum glaubhaft. Als Eure Exzellenz hinter dem Gebüsch die Uniform ablegte, kam er eilig vorüber. Er sah uns nicht."

Sie drücken sich, unter Benutzung der schwärzesten Schatten, um eine Ecke. Durch ein Gewirr unbeleuchteter Gassen kreuzen sie, achtsam genug, daß kein Spürhund sie wiederfände.

An einer Biegung liegt auf dem Pflaster ein schwacher Schein.

Hauptmann Krach, hat vorsichtig gespäht: „Ein tschechischer Wachmann."

Heydrich: „Wir kehren um."

Hauptmann Krach: „Melde gehorsamst, ein tschechischer Wachmann ist keine Gefahr. Eure Exzellenz kann seinen Beistand in Anspruch nehmen."

Heydrich: „Ich verwechsele. Personen und Dinge sind jetzt oft zum Verwechseln."

Der Wachmann, grüßt freundlich: „Der Bihalek! Heut ist's aber ganz spät geworden bei euch im Rococo."

Heydrich, hat nicht verstanden, ohne Vorbedacht greift er an seine Schulter nach einem Mantel, der ihn besser vermummen soll, aber er hat keinen.

Der Wachmann: „Zu was brauchen Sie noch einen Mantel, Bihalek, ist eh die schwülste Nacht. Sie sind gerad richtig angezogen."

Heydrich als Zwirn ist im offenen Hemd, das windige Röckchen bedeckt es wenig, auch die gewürfelten Hosen sind viel zu kurz, und die Füße komisch bekleidet mit ausgeschnittenen Schuhen, die Sohlen nach oben gewendet.

Hauptmann Krach: „Sie kennen uns."

Der Wachmann: „Den Garderobengehilfen Bihalek werd ich nicht kennen! Das altmodische Gewand vom Herrn Wokurka, und das schwarze Bündel! In dem Bündel ist noch so eine sonderliche Bekleidung."

Hauptmann Krach: „Auch vom Herrn Wokurka."

Der Wachmann: „Was dachten Sie? Ich hab es schon einmal untersucht. Mir dürfte er jetzt wieder sein Gesicht zeigen –." Flüstert: „Der Pavel Ondracek."

Hauptmann Krach: „Alles in Ordnung. Wir passieren."

Der Wachmann: „Der gewiß, und Sie mit ihm, Herr Hauptmann Krach."

Er tritt weg und salutiert. Als sie wenige Schritte weiter sind, warnt er sie: „Pozor!"

Beide werfen sich unter ein verschlossenes Haustor.

Hauptmann Krach, nach einer Pause: „Achtung, worauf?"

Der Wachmann: „Daß ihr das Gasthaus Tschechischer Löwe findet. Hat schon dunkel gemacht, der Tschechische Löwe. Links herum, bittschön."

85

Vor dem Gasthaus zum Tschechischen Löwen.

Es ist ein schmales, zwischen die Nachbarn eingeengtes Gebäude, die kleinen Fenster liegen dicht übereinander, die Zimmerdecken müssen niedrig sein.

Heydrich: „Da hinein?"

Hauptmann Krach: „Die Burg – ist es nun einmal nicht."

Heydrich: „Die Decke kann man mit den Händen greifen. Nicht einmal Raum ist, sich aufzuhängen."

Hauptmann Krach: „Wozu abkürzen?"

Heydrich: „Die Stunden, bis es hell wird, überlebe ich nicht."

Hauptmann Krach: „Sie fürchten –."

Heydrich: „Mir bangt nach ihr. Sie – nie mehr sehen, das allein hab ich zu fürchten." Er besinnt sich: „Sie wollen sagen, ich sei – merkwürdig."

Hauptmann Krach: „Sie kommen vom Hängen."

Heydrich: „Vom Nichthängen, leider."

Hauptmann Krach: „Das bedauern Sie – und behaupten zu lieben." Er zuckt die Achseln: „Hüten wir uns zu verstehen!" Für Heydrich: „Drinnen wird es noch am sichersten sein."

Er zieht den Draht der Glocke. Heiseres Gerassel hinter dem Haustor. Sie warten.

Heydrich, den Blick am Boden, von dem Hut das ganze Gesicht bedeckt: „Nur wissen! Nur nicht das Geheimnis endgültig werden lassen zwischen mir – und ihr! Wer sagt mir, ob sie noch einmal hinter Schleiern an meinem Bettrand sitzen wird. Mich anlügt, meinetwegen. Mich haßt, aber in meiner Gegenwart. Die Gegenwart, die Ewigkeit, und nirgends, nirgends – wir." Er fährt auf: „Wo bin ich?"

Hauptmann Krach: „Melde gehorsamst, beim Tschechischen Löwen."

Er hat mehrmals geläutet. Dem Rasseln der Glocke folgt endlich ein noch stärkeres Lärmen von Ketten und Riegeln, die entfernt werden.

Heydrich: „Wenn – meine Leute – uns noch nicht aufgespürt hätten, jetzt sind sie benachrichtigt."

Der Hausknecht des Tschechischen Löwen versucht mit seinem Talglicht den späten Gästen ins Gesicht zu leuchten. Nur bei dem einen gelingt es.

Hauptmann Krach, kommt ihm zuvor: „Sprechen Sie meinen Namen nicht aus!"

Der Hausknecht: „Was glaubt der Herr, unseren Verstand haben wir auch."

Er läßt sie ein und sperrt die Tür.

Heydrich: „Wir wünschen ein Zimmer mit einem besonderen Ausgang."

Der Hausknecht: „Daß ich den Herren nicht erst das Tor aufsperren muß, verstanden."

Er führt sie die steile Treppe hinauf und nach der Rückseite des Hauses. Er öffnet ihnen ein Zimmer, das, wie vorhergesehen, sehr niedrig ist. Überdies erstreckt es sich weit in den Hof hinaus. Kaum, daß von fern, auf dem schief gesenkten Fußboden, die wenigen Möbel sich abzeichnen.

Heydrich, unschlüssig: „Hier?"

Hauptmann Krach: „Es liegt nicht ungünstig."

Der Hausknecht, hat seinen Leuchter neben dem Schrank zu Boden gesetzt, kein Lichtschein trifft das Fenster. Heimlich, für den Gast, den er kennt: „Der andere ist ein Deutscher? Na ja, jetzt werden, hör ich, die Deutschen selbst gehängt. Unser Herr Protektor ist gerecht."

Er führt Hauptmann Krach vor das Fenster, die Scheiben sind mit Papier verdunkelt, der Hausknecht öffnet einen Spalt.

Hauptmann Krach: „Ich sehe."

Der Hausknecht: „Draußen ist man gleich auf einem Dach."

Hauptmann Krach: „Das Dach reicht hinüber in den nächsten Hof. Hoch ist es nicht."

Der Hausknecht: „Wer mit den Händen daran hängt, darf sich fallen lassen, der Heuhaufen drunten tut ihm nichts."

Hauptmann Krach, gibt ihm Geld: „Gleich für das Frühstück mit."

Der Hausknecht, sehr befriedigt: „Könnt sein, daß die Herren dann ausgegangen wären. Frühstück haben wir so keins. Er will das Fenster schließen.

Heydrich, Befehlston: „Offen lassen!"

Der Hausknecht, erschrickt: „Zu Befehl."

Heydrich: „Erklären Sie dem Hauptmann Krach, wie man unbemerkt aus dem Viertel entkommt!"

Der Hausknecht: „Zu Befehl. Der Herr Hauptmann werden eh schon wissen." Zum Fenster hinaus beschreibt er mit dem Daumen einige Bewegungen, kreuz und quer.

Hauptmann Krach: „Ich denke, ich finde im Dunkeln."

Der Hausknecht: „Nur im Dunkeln. Unser Herr Protektor hat für die Nacht angeordnet, daß wir keine Beleuchtung haben dürfen, wegen der englischen Flieger –." Stolz: „Und wegen der russischen, was wir erwarten." Im Abgehen: „Eine gute Nacht zu wünschen – aber keine lange. Zwei Stunden, so wird es dämmern."

Heydrich, tritt dem Hausknecht in den Weg: „Wo wohnt ein Astrologe?"

Der Hausknecht steht stumm da, aber an vieles gewöhnt, kratzt er sich den Kopf, hat schon die Auskunft: „Das gibts um diese Stunde nicht. Der Herr muß sonst den Schwanda meinen."

Heydrich: „Schwanda ist jetzt zu sprechen?"

Der Hausknecht: „Sprechen – weiß man nicht, ob er tut. Schlafen tut er nie."

Heydrich: „Die Adresse?"

Der Hausknecht, weicht aus, erreicht die Tür. „Der Herr werden so nicht hingehen."

Hauptmann Krach: „Exzellenz erlauben mir zu antworten."

Der Hausknecht, schließt draußen sehr schnell die Tür.

Heydrich: „Die Adresse des Schwanda?"

Hauptmann Krach: „Totengäßchen."

Heydrich fährt zusammen: „Der Name sagt genug, was wollt ich noch wissen?" Von der Mitte des Zimmers her blickt er aus dem offenen Fenster in die Nacht. Er hat nochmals seine starre Maske. Sie ist furchtbar und ist höhnisch.

Für wen der Hohn – denkt Hauptmann Krach.

Heydrich beantwortet seine eigene letzte Frage: „Nichts."

Er geht schnell zum Fenster, mit einem Fuß ist er schon drüben.

Hauptmann Krach, dringend: „Wenn Sie nichts mehr zu wissen brauchen, wohin Ihr Weg?"

Heydrich ist draußen auf dem Dach. Ein Schuß fällt. Heydrich stürzt hinunter.

Hauptmann Krach: „Dahin ging sein Weg."

Erbittert: „Und ich kann meine Hände in Unschuld waschen."

Im Schutz eines angezogenen Ladens zielt er mit seinem Revolver aus dem Fenster.

Geheimrat Blumentopf, von unten: „Nun also. Gerade hierher bringen Sie ihn nicht umsonst."

Hauptmann Krach: „Um Sie zu treffen."

Geheimrat Blumentopf: „Aber Sie schießen nicht. Erstens wäre ich ebenso schnell. Außerdem sind Sie nicht gemeint. Sie brauchen wir noch."

86

Lidice. Im Wald hinter dem Hof Ondracek.

Der Tag dämmert. – Zwei Wagen, ein altes Modell im Besitz des Bauern und der Jagdwagen des Hauptmanns Krach, warten auf einem fahrbaren Weg. Es stehen und gehen ungeduldig umher: Milo Schatzova und Lyda, Pavel, sein Vater Jaroslav, Doktor Holar, der Komiker Wokurka.

Der Komiker Wokurka: „Abgefahren wird! Wer fehlt, der fehlt."

Doktor Holar: „Den Kaplan sollen wir im Stich lassen?"

Pavel: „Und Hauptmann Krach!"

Milo Schatzova: „Der verspätet sich gewiß unfreiwillig. Ich habe noch keinen Mann von soviel Herz, ich meine Mut, gesehen."

Lyda: „Der Kaplan ist für uns gegangen, nachzufragen, ob unsere Feinde schon gemeldet sind."

Wokurka: „Er hat die edelste Absicht, er opfert sich, denn wie leicht könnten wir inzwischen abfahren, im Wagen des Hauptmanns Krach, den er der Milo geliehen hatte. Meine Herren und besonders meine Damen! Gedenken wir der Pflichten, die wir gegen uns selbst haben! Fahren wir ab!"

Jaroslav: „Aber Herr Wokurka! Mit solchen Reden haben Sie die Leute zum Lachen gebracht?"

Milo Schatzova: „Natürlich. Er redet doch nur, damit wir lachen. Niemals wäre er feig auf Kosten von Hauptmann Krach."

Wokurka: „Milo! Von dir zu meinen Gunsten verkannt zu werden! Ein Held bin ich fürs erste gewesen. Ab durch die Mitte, Held! Wollt ich mich hängen lassen oder nicht? Wollt ich Unschuldige retten? Es waren keine da, aber retten wollt ich sie."

Jaroslav: „Das möchte man gerne von Ihnen glauben."

Milo Schatzova: „Es ist die Wahrheit. Mein Kamerad hat sich dem Heydrich angeboten."

Wokurka: „Aus Ehrgeiz, damit er mich allein hängt."

Doktor Holar: „Heydrich hängt lieber fünfzig."

Milo Schatzova: „Jedenfalls hat mein Kamerad sich angeboten."

Doktor Holar: „Wie sind Sie dann hier?"

Wokurka: „Das ist eines der Rätsel meiner Existenz. Da kann man nichts machen, ich bin hier."

Pavel, der in Nachdenken versunken war: „Die Frage wird eher heißen, wo ist Heydrich?"

Milo Schatzova: „Hauptmann Krach, dem auch ich mich anvertraut hätte, gab acht."

Pavel: „Dem Protektor ist etwas zugestoßen. Wie ich den Rücken wende, gibt es keinen Protektor mehr."

Lyda, bei ihm: „Pavel, vergiß nicht, du hast jetzt andere Sorgen. Wir reisen nach Jugoslawien."

Jaroslav: „Zur Armee, für die Befreiung kämpfen."

Lyda: „Vater, das läßt du Jüngere machen."

Jaroslav: „Ein Scharfschütze wie ich ist nie zu alt."

Doktor Holar: „Wir sind mehrere, die sich für alle Fälle eingeschossen haben."

Wokurka: „Meinen Sie mich, Doktor? Ich habe mich nicht eingeschossen, ich habe mich begeistert. Hier bei uns wird bislang nur gehängt, da mach ich den Helden nicht zweimal."

Jaroslav: „In Jugoslawien ist man nicht nur begeistert, man fällt auch."

Wokurka: „Herr! Halten Sie mich für einen Trottel? Der Deutsche soll fallen."

Jaroslav, reicht ihm die Hand: „Jetzt haben Sie mich überzeugt."

Wokurka: „Hätt es im Rococo auch so lange gedauert, bis ich überzeuge, die Direktion Svoboda und Niemitz wäre längst pleite. Jetzt ist sie es."

Lyda, in merklicher Unruhe: „Ganz sicher gelangen wir über die Grenze, ist doch Professor Napil mit allen den Seinen gereist, und niemand hat ihn aufgehalten."

Milo Schatzova, der nichts anzumerken ist: „Sie halten uns nicht auf."

Doktor Holar: „Wir haben echte Pässe."

Wokurka: „Noch echtere kann niemand ausstellen als der Protektor." Grüßt Pavel mit dem vorgereckten Arm: „Nazdar!"

Jaroslav: „Wenn nicht ein – anderer Protektor unsere Pässe widerruft, bis wir an der Grenze sind."

Wokurka: „Herr! Sie wollen zweifeln, wo sogar ich mich schämen würde?"

Pavel: „Der – andere Protektor kann nicht mehr widerrufen."

Früher als alle hat er zwischen den Bäumen den Kaplan erblickt und geht ihm entgegen.

87

Der Kaplan bleibt stehen, er sieht Pavel ernst in die Augen.

Pavel: „Das kann nur eins heißen. Dem Protektor ist etwas zugestoßen."

Der Kaplan, leise: „Tot. Aber das Gerücht allein weiß es."

Sie ziehen sich hinter eine Biegung des Weges zurück, zwischen ihnen und den übrigen sind Bäume.

Pavel: „Das Gerücht hat noch immer recht gehabt. Nennt es die Stunde? und wo es geschah?"

Der Kaplan hebt die Schultern: „Das ist das Beängstigende, man hat nichts entdeckt."

Pavel: „Nichts erfunden. Wäre ich in der Nacht zur Stelle gewesen, Prag kennte jetzt die richtige Lesart, es hätte eine Gewißheit, gegen sie wäre nicht mehr aufzukommen. Statt dessen werden die anderen bestimmen, wo die Leiche liegen soll."

Der Kaplan: „Die Deutschen selbst hätten –?"

Pavel: „Die Gestapo. Den Mörder hatte ich längst vorher zum Geständnis gezwungen, was hilft das jetzt."

Der Kaplan: „Es ist vergebens. Aber ein Mord bleibt ein Mord."

Pavel: „Er fühlte, was er verdiente. Er gab sich preis."

Der Kaplan: „Du, Pavel, hattest ihn dahin gebracht."

Pavel: „Ehrwürden! Das sind erlaubte Mittel. Ihr alle habt zugestimmt. Von Lidice war ich beauftragt, und war bestätigt von unserem ganzen Land."

Der Kaplan: „Mit mehr Stolz würdest du sagen, daß du selbst gewählt hast."

Pavel: „Ich führte gegen die Gewalt den einzigen Krieg, den wir vermochten."

Der Kaplan: „In Jugoslawien führen sie einen anderen."

Pavel, erschrickt und schweigt. Dann versucht er: „Soll bei uns so viel Blut fließen wie dort?"

Der Kaplan, leidvoll gepreßt, für niemanden weiterhin hörbar, und kaum für Pavel: „Das Blut wird fließen, hier wie dort."

Pavel, furchtbare Not, er wehrt sich: „Nicht in Lidice."

Der Kaplan: „Wo auch immer, den Tod ihres Oberhauptes werden sie rächen."

Pavel: „An dem Täter. Man muß sie den Täter finden lassen."

Der Kaplan: „Einer? Sie haben die unbegrenzte Gelegenheit, die sie sich immer wünschten. Alle unseres Volkes sind seit heute gezeichnet, sind, was die Deutschen vogelfrei nennen."

Pavel: „Als ob die Vögel schon einmal frei wie wir gewesen wären. Ich weiß mir nur den Rat, der Mörder muß ihnen hingelegt, muß unabweislich gekennzeichnet und beglaubigt werden."

Der Kaplan: „Wenn das anginge, bei ihnen, die es besser wissen."

Pavel, schüttelt die ganze Entmutigung ab: „Der Mörder ist vorhanden. War schon immer der Mörder, hält sich dafür und will es nicht anders."

Der Kaplan, setzt heftig an: „Auch den Mörder noch fälschen!“ Über den Zorn siegt sein Erbarmen: „Armer Pavel, denk heute nur an dich, das andere erfährst du über der Grenze früh genug. Mag sein, du erfährst nichts, weil die Deutschen nichts tun.“

Pavel: „Dies ist einer der Fälle, die sie gern vertuschen.“

Der Kaplan: „Wir wollen es hoffen. Nur fort von hier, du und deine Reisegefährten!“

Pavel: „Der erste sind Sie, Ehrwürden. Man hat Sie für den Protektor gehalten und kann es wieder tun.“

Der Kaplan: „Mir geschähe nach Verdienst, ich bin des Falscheides schuldig.“

Pavel: „Eine Schuld war es auch, wenn Sie für sich nur Strenge hätten, für mich Erbarmen.“

Der Kaplan, schweigt.

Pavel: „Gegen Doktor Holar hat man sein Ordinationsbuch mit den falschen Eintragungen, gegen Lyda, daß sie mir offenkundig Beihilfe geleistet hat, gegen meinen Vater das zweitägige Bankett, das geschickteren Verhören schwer standhielte.“

Der Kaplan, unwillkürlich: „Wobei sich herausstellt, gelogen hat das ganze Dorf.“

Pavel: „Kumpeln und Kinder lügen nicht, sie spielen mit.“

Der Kaplan, schnell: „Ich will euch nicht aufhalten, behüte. Du bewährst dich, Pavel, an die ganze vordere Reihe der Bedrohten hast du gedacht. Die beiden Unbekannten werden unter den Wichtigsten sein.“

Pavel: „Milo Schatzova, früher meine Kollegin, jetzt die Kameradin des Komikers Wokurka – edle Menschen, Ehrwürden, Sie haben sich der Gesellschaft nicht zu schämen.“

Der Kaplan: „Ich – keiner Gesellschaft.“

Pavel: „Kommen Sie!“

Der Kaplan: „Zu spät.“

Ein Wagen, tief im Wald, fährt über Zweige, die zerbrechen. Er hält, ohne sichtbar zu werden. Dann nähern sich Schritte.

Hauptmann Krach, unten von Zweigen verdeckt, winkt in einem Ausschnitt des Laubes mit den Armen, er will dringende Mitteilungen machen.

Pavel, für den Kaplan: „Hauptmann Krach ist immer da, und nie zu spät. Vertrösten Sie unsere Gefährten, nur einen Augenblick. Was er mitbringt, ist vielleicht nicht allen bestimmt. Ihnen, Ehrwürden, bericht ich es."

Der Kaplan: „Ich bin unterrichtet." Er biegt um die Waldecke und ist wieder in Sicht der Zurückgelassenen.

88

Pavel, bekommt für Hauptmann Krach, ohne selbst darum zu wissen, die Stimme des Protektors: „Pünktlich wie erwartet. Schnell, berichten Sie!"

Hauptmann Krach: „Wie sprechen Sie denn, Ondracek?"

Pavel: „Sprach ich schon mal anders zu Ihnen, Hauptmann Krach?"

Hauptmann Krach: „Nein. Aber es wird Zeit, daß Sie Ihre Gewohnheiten ändern. Heydrich ist tot."

Pavel, einfach: „Ich bin erschüttert."

Hauptmann Krach: „Sie haben es gewollt."

Pavel: „Ich weiß nicht, ob ich auf sein Ende hinzielte. Es ist auch meines."

Hauptmann Krach: „Nein. Man läßt Sie entkommen. Die Wiederauferstehung des Protektors wäre unerwünscht."

Pavel: „Ich sollte tot sein. Ich haßte ihn – mehr als alle, tiefer als alle."

Hauptmann Krach: „Sie waren in seine Haut geschlüpft. Möchten mit ihm sterben, weil es Ihnen schwerfällt, nicht länger der Verhaßte zu sein."

Pavel: „In meiner letzten Stunde wurde ich geliebt, von Arbeitern, von Soldaten."

Hauptmann Krach: „Seine letzte Stunde war anders."

Pavel: „Wo geschah es? Was ging vor?"

Hauptmann Krach: „Sie fragen, denn Sie wissen nicht. Das alles ist nicht mehr Ihre Zeit."

Pavel, zum letzten Mal die Stimme Heydrichs: „Hauptmann Krach! Sie sind meine Kreatur und Sie verraten mich.“

Hauptmann Krach, bitter: „Übergeben Eure Exzellenz mich Ihrer Gestapo! Wie ich neuestens mit ihr stehe, entzieht sich Ihrer Kenntnis.“ Unwillkürlicher Blick rückwärts in den tiefen Wald, nach dem Wagen, der ihn hergebracht hat.

Pavel: „Sie sind nicht allein gekommen.“ Er will durch die Zweige brechen.

Hauptmann Krach, hält sie vor ihm zusammen: „Keinen Schritt!“ Ganz leise, sehr fest: „Seien Sie vernünftig!“

Pavel: „Sonst fängt er mich? Mein Geheimrat Blumentopf? Ich habe ihm den Mörder fertig in den Turm gesetzt. Ihn aufgepäppelt, bis er reif war. Mich, den falschen und echten Protektor, hat der Eger mehr als einmal ermordet, soviel auf ihn ankommt. Mordet er denn nun den anderen, der aus dem echten ein falscher wurde und jetzt wieder echt ist. Da hat man, was man will.“

Hauptmann Krach: „Ihre Einfühlung in die Gedanken eines Gestapochefs ist nahezu vollkommen.“

Pavel: „Sie sind der Rechte, mir's vorzuwerfen, Sie, der im Polizeiwagen herkommt.“

Hauptmann Krach: „So wird man. Ich versuchte, zuletzt noch auszuweichen, natürlich holten sie mich ein, und das war vorzuziehen. Das Versteck des Eger muß ich niemandem zeigen, man kennt es.“

Pavel erschrickt: „Durch mich.“

Hauptmann Krach: „Aber ich kann Sie warnen, deshalb bin ich hier. Noch ist Ihnen die genaue Frist gewährt, um zu verschwinden. Entdeckt sind Sie, sobald man will. Man übersieht Sie nur.“

Pavel: „Übersehen, mich, indessen die Dinge angelangt sind bei meinem richtigen Schluß, und der wird ausgeführt.“

Hauptmann Krach: „Sie existieren nicht mehr – für die Affäre.“

Pavel: „Die Affäre hätte selbst nicht existiert, ohne mich!“

Hauptmann Krach: „Ondracek, Sie werden sentimental. Wollen Sie über Ihrer Selbstschau nicht vergessen, daß noch andere dank Ihrem Geniestreich in tödlicher Gefahr sind!“

Pavel: „Wer –? Ah! Um die Ecke wartet die ganze Schar." Wieder ruhig und entschlossen: „Es war der Abschied, ich bin darüber hinweg. Kommen Sie!"

Hauptmann Krach: „Ich – werde hier noch erfordert."

Pavel: „Nein, beim Schluß sind Sie entbehrlich – wie ich."

Hauptmann Krach: „Überlassen Sie das mir. Sie haben die vorige Station versäumt."

Pavel: „Nur mit Ihnen wird abgefahren. Besonders Milo Schatzova würde sich weigern, Sie aufzugeben. Milo spricht von Ihnen mit Wärme."

Hauptmann Krach: „Ich hätte sie gern gekannt. Ich folge euch, sobald möglich, in meinem Jagdwagen."

Pavel: „Ihr Jagdwagen wird gebraucht. Das alte Fuhrwerk, das ich aus dem Schuppen gezogen habe, faßt mit Not und Mühe sechs. Einer außer Ihnen muß zurückbleiben."

Hauptmann Krach: „Der Kaplan."

Pavel: „Warum der Kaplan? Sie kennen ihn noch weniger als meine anderen Leute."

Hauptmann Krach: „Eine grundlose Sympathie vielleicht."

Pavel: „Er wird bei Ihrem Wagen auf Sie warten. Sie sind sicher, daß Ihnen Zeit zu entkommen bleibt – mehr als mir?"

Hauptmann Krach: „Viel mehr." Als er schon allein dasteht: „Vorausgesetzt, ich gewinne die Zeit."

Pavel, winkt zurück, ruft leise: „Ihr Wagen holt uns reichlich ein. Aufgepaßt am Kreuzweg!"

Hauptmann Krach, winkt ihm nach, wiederholt – nicht mehr für ihn: „Aufgepaßt am Kreuzweg!"

89

Die Reisegesellschaft fährt ab. Der schwere Wagen bleibt hörbar, solang er noch im Wald ist.

Geheimrat Blumentopf kämpft sich im dichtesten Unterholz bis zu Hauptmann Krach hindurch: „Einen noch unbequemeren Zugang gibt es hier nicht? Sie sabotieren noch immer, Sie hätten aber mehr zu tun."

Hauptmann Krach: „Viel mehr. Ihre Sache ist auch meine."

Geheimrat Blumentopf: „Verwandte Seelen finden sich niemals zu spät. Sie sollen mein Geheimnis wissen. Der nächste Protektor von Böhmen-Mähren heißt Blumentopf."

Hauptmann Krach, ruft Anweisungen für die Beamten, die, den Blicken entzogen, eine bekannte Last durch das Dickicht schleppen: „Rechtsum, im Bogen, das Haus erscheint, wo die Bäume sich lichten. Der Turm überragt seitwärts das Dach."

Er führt seinen Begleiter auf der Fahrstraße.

Geheimrat Blumentopf: „Natürlich den Umweg."

Hauptmann Krach: „Sie haben Eile?"

Geheimrat Blumentopf: „Wie man's nimmt. Dies Geschäft ist eines der weniger reizvollen."

Hauptmann Krach: „Der künftige Protektor wird seine vorigen Funktionen sich selbst nicht nachtragen."

Geheimrat Blumentopf: „Komische Zumutung. Der Umweg durch den Wald mißfällt mir, weil auch unsere Jugoslawen ihn machen. Daß ich sie nur nicht mehr sehe!"

Hauptmann Krach: „Die nehmen eher Abkürzungen."

Geheimrat Blumentopf: „Für mich sind alle tot und erledigt. In der Stunde, wo wir den verblichenen Heydrich wiederfinden, morgen, spätestens übermorgen, muß die Gespensterkutsche aus dem Lande sein. Wie käme ich dazu, Gespenster zu verhaften?"

Hauptmann Krach: „Wie kamen Sie dazu, einen nicht existenten Hauptmann Krach zu verhaften?"

Geheimrat Blumentopf, droht schelmisch: „Zum Schein gingen Sie mir durch. Als wir Sie einholten, waren Sie erleichtert. Wohin auch sonst mit Ihnen."

Hauptmann Krach: „Wohin mit mir."

Geheimrat Blumentopf: „Zur Geheimen Staatspolizei. Uns gehören Sie schon lange. Der erste, der es von Ihnen zu fühlen bekam, war Ihr Kumpan, oder hielt er sich nur dafür. Vorhin, hier im Wald, schüttelten Sie ihn ab – ohne alle Umstände, fehlte gerade noch, daß Ihr Revolver den Schlußpunkt setzte."

Hauptmann Krach: „Sie lesen in mir."

Geheimrat Blumentopf: „Wie in einer tschechischen Bibel. Wär er hiergeblieben, Sie hätten ihn mir ausgeliefert."

Hauptmann Krach: „Auf die Dauer wird alles möglich."

Geheimrat Blumentopf: „Meine Anerkennung. Sie haben den geschicktesten Weg gewählt, um allen unverdächtig zu sein, zuletzt waren Sie es sogar dem Seligen, – alsbald führten Sie ihn in den Tschechischen Löwen!"

Hauptmann Krach: „So muß es gewesen sein."

Geheimrat Blumentopf: „Ihnen dämmert was. Der Neuling weiß über sich nicht gleich Bescheid, eine alte Erfahrung. Jetzt sind Sie so weit."

Ohne die Veränderung seines Partners zu begreifen: „Mensch! was haben Sie?"

Hauptmann Krach, unterdrückt mit äußerster Anstrengung einen Ausbruch von Gewalttätigkeit, es gelingt ihm, nur verstört auszusehen. Er stottert: „Ihre Aufklärung war sehr nötig. Mir wäre verborgen geblieben, bis wohin ich eine problematische Natur bin."

Geheimrat Blumentopf: „Ganz verzeihlich. Vertrauen Sie sich dem Fachmann an, ich arbeitete in unserem psychologischen Laboratorium. Ihnen verspreche ich bei uns eine Sonderlaufbahn, alles was Sie in Ihrem Unterbewußtsein erhofft haben."

Hauptmann Krach, warnt: „Sie! Ich hoffe viel – und bin rachsüchtig."

Geheimrat Blumentopf, faßt seinen Arm unter: „Bange machen gilt nicht. Sie kenne ich seit dem Abend, als Sie Ihren Mitspieler mir allein überließen. Sie erinnern sich an die Wassergasse. Ich stieg zu ihm in den Wagen, ich riß ihm das Bärtchen ab, mit meinem Revolver zwang ich ihn, seine Identität zu bekennen. Er wollte mit einem Bleistift spritzen, aber oho!"

Hauptmann Krach: „Oho!"

Geheimrat Blumentopf: „Natürlich kam es so, daß – ich! ihn! Er saß eine Stunde bewußtlos, während ich Verhaftungen vornahm, nachher hatte er die Zeit vergessen."

Hauptmann Krach: „Damals hätten Sie ihn dingfest machen und entlarven sollen."

Geheimrat Blumentopf: „Das wollten Sie. Aber es wäre dilettantisch gewesen. Ich brauchte ihn, um den anderen hoffnungslos zu verwickeln. Ihr beiden habt mich bedient, der Ondracek aus Dummheit, denn er war nie etwas anderes als ein Dorftrottel mit akademischem Anstrich."

Hauptmann Krach: „Unternehmend, müssen Sie zugeben."

Geheimrat Blumentopf: „Ziellos, daher außerstande, das öffentliche Vertrauen aufrechtzuerhalten. Sie haben wohl nicht bemerkt, daß die Tschechen anfingen, ihn zu bezweifeln."

Hauptmann Krach: „Das Neueste."

Geheimrat Blumentopf: „Er schien auf beiden Schultern zu tragen. Padesat, mein Meisterstück, wurde, nicht ohne einen Schein von Berechtigung, ihm unterschoben. Keineswegs Ihnen, Sie verstanden diesem Völkchen bis ans Ende unverdächtig zu bleiben."

Hauptmann Krach: „Sehen Sie, wie glänzend ich mich bewähre!"

Geheimrat Blumentopf: „Übertreiben wir nichts, eine so wenig begabte Rasse machte es Ihnen leicht. Ich nehme mir ernstlich vor, Sie für schwierigere Aufgaben zu erziehen. Betrachten Sie mich als Ihren Lehrer!"

Hauptmann Krach: „Mit Euch, Herr Doktor, zu spazieren –."

Geheimrat Blumentopf: „Bin weder Fräulein weder schön."

Hauptmann Krach: „Ja seht, dafür ist er nun tot."

Geheimrat Blumentopf: „Wir bleiben im „Faust". Der Führer darf uns nicht hören, Goethe ist ihm unsympathisch. Uns auch."

Hauptmann Krach: „Hier sind wir. Nach dem Haus und Turm gelangen wir am Rande der Wiesen."

Sie treten aus dem Wald ins Freie.

Geheimrat Blumentopf: „Ich bin nicht neu auf diesem saftigen Rasen." Es zieht ihn rechts hinüber.

Hauptmann Krach: „Links, wenn es beliebt."

Geheimrat Blumentopf: „Ich sehe die Stelle wieder, wo ich den unglücklichen Ziegensack lang hinlegte."

Hauptmann Krach: „Unglaubliche Kühnheit, hier vor allen Leuten!"

Geheimrat Blumentopf: „Und General von Fritsch? Wir erschossen ihn an der Front."

Hauptmann Krach: „Über alles die Pflicht."

Geheimrat Blumentopf: „Ziegensack mußte nicht nur fort, weil er nach meinem Posten strebte."

Hauptmann Krach: „Sondern er wußte mehr, als er durfte."

Geheimrat Blumentopf: „Gut, Famulus. Merken Sie sich, daß die verfrühten Wahrheiten bestraft werden, und gleichfalls, was einer spät oder nie begreift. In beiden Fällen empfiehlt sich eine kurzgefaßte Abhilfe, bevor die Gefahr überhandnimmt." Er zielt mit der leeren Hand und macht „Plopp!"

Hauptmann Krach: „Plopp. Die Schule für Fortgeschrittene. Schon weiß ich, wie Ihr Freund damals sich richtig verhalten hätte."

90

Als das Paar beim Turm eintrifft, herrscht drinnen angestrengte Tätigkeit. Die hohe Leiter, mit der allein der obere, halbe Fußboden zu erreichen ist, lehnt unter dem offenen Dach. Auf den Sprossen im mühevollen Gleichgewicht, vereinen drei Gestapogestalten ihre Kräfte, um die mitgebrachte Last emporzuwälzen. Die Last ist ihrer Hüllen entledigt, die sterblichen Reste Heydrichs sind bloßgelegt. Kleidung des windigen Zwirn, Gesicht des Protektors, in seiner Zerstörung noch eindrucksvoller.

Hauptmann Krach, für seinen Begleiter: „Wenn er nun doch die Augen öffnete, möchten Sie seinem Blick begegnen?"

Geheimrat Blumentopf: „Achtung!"

Dies ruft er den Männern auf der Leiter zu, denn der Kopf des Toten ist angestoßen gegen die rissige Kante des überhängenden Bodens.

Der Beamte auf der niedrigsten Sprosse: „Hoppla, nach mir wirft einer mit Steinen."

Geheimrat Blumentopf: „Kenn ich."

Der Beamte weiter oben: „Ein Schub noch, ich hab ihn!"

Der Beamte in der Mitte: „Nur nicht nachlassen! Wenn er abstürzt, mich reißt er mit."

Der Kopf des Toten liegt nunmehr auf der Kante, langsam folgt der Körper. Ein Wutgeheul bricht droben aus. Die erschreckten Beamten machen Miene, von der Leiter zu springen.

Geheimrat Blumentopf: „Oben geblieben!"

Der Beamte in der Mitte: „Melde gehorsamst, der Tote schreit wieder."

Geheimrat Blumentopf: „Esel! Das ist kein Grund. Sie steigen nach!"

Der Beamte auf der niedrigsten Sprosse, in heftiger Versuchung, die Disziplin zu vergessen, entdeckt rechtzeitig am Fuß der Leiter das schwarze Bündel. Für den Augenblick gerettet, ruft er: „Ich muß das Bündel holen. Er braucht sein Bündel."

Geheimrat Blumentopf: „Nehmen Sie es mit! Alle drei, auf den Boden! Oben ist der Attentäter, er würde den Protektor in Stücke reißen."

Das Wutgeheul oben verdichtet sich bis zu Worten, die man allenfalls unterscheidet.

Franticek Eger: „Dort kommt er! Dort stiehlt er sich in das Lokal! Möchte mich wieder einmal zum besten halten! Des Eger Franticek hat er gedacht bei allen seinen Schandtaten, hat gedacht, noch ist Zeit, der Eger Franticek soll Geduld haben. Grüß dich, Pavel, geduldiger war ich als du."

Über dem Rand des Bodens erscheinen ein wahnsinniges Gesicht und zwei gekrallte Hände. Die Krallen packen zu, mit einem Ruck verläßt der tote Körper den Abgrund, die steif wegstehenden Füße verschwinden in der luftigen Höhe.

Franticek Eger, der wohl die Taschen des Zwirn durchsucht: „Hast kein Messer bei dir, du armer Hund, auch meines haben sie geschnappt, deine Leute. Siehst du es, jetzt sind wir zwei auf gleich, wird sich zeigen, wem die Nägel länger gewachsen sind, ha! mir hier oben."

Geheimrat Blumentopf, für seine Beamten: „Achtung! Er darf ihn nicht zerreißen, lieber euch! Rutscht mal gefälligst hinein zu den Brüdern, daß ich eure werte Rückseite nicht mehr sehe, sonst gibt sie ein Ziel ab!"

Er schwingt einen Revolver alten Modells.

Hauptmann Krach: „Der zweite dieser Gattung. Sie verwendeten in der Nacht einen dritten, anständigen, kann ich mich entsinnen. Werden Sie ihn nicht brauchen?"

Geheimrat Blumentopf: „Kommt für diese Affäre nicht mehr in Frage."

Hauptmann Krach: „Sie müssen es wissen."

Geheimrat Blumentopf ersteigt nunmehr selbst die Leiter. Er überreicht die unmoderne Waffe dem letzten, noch sichtbaren, seiner Beamten. Dieser empfängt sie, um alsbald droben wegzurutschen wie seine Vorgänger.

Geheimrat Blumentopf, Befehlsstimme: „Zeigt dem wilden Mann das Bündel mit der Uniform! Er kennt sie, er schießt das Loch, das sonst vermißt wird." Hinunter für Hauptmann Krach spricht Geheimrat Blumentopf: „Jeder Umstand ausgerechnet, lernen Sie, junger Mann! Der Revolver, von der Gattung, wie so einer ihn besitzen kann, enthält eine Patrone. Der Anblick der Uniform reizt den Wüterich, wenn er es noch nötig hat, er durchlöchert sie, an der richtigen Stelle, meine geschulten Leute werden es nicht dem Zufall überlassen."

Hauptmann Krach: „Hoffen wir! Ein Kopfschuß setzt nicht gerade eine durchlöcherte Uniform voraus."

Geheimrat Blumentopf, erbittert durch seinen Irrtum: „Dann eine Kugel in der Mauer. Hier am Tatort wird sie gefunden und erwiesen ist das Attentat."

Hauptmann Krach: „Weil ein Protektor unbedingt bis unter das Dach dieses Turmes kriechen muß, seine letzte Zuflucht – vor euch!" Die letzten Worte sind von herausfordernder Kälte.

Geheimrat Blumentopf: „Ganz recht, was haben Sie dagegen?"

Erschrocken blickt er um: unten steht Hauptmann Krach in einer Haltung, die ihm unbestimmt mißfällt. Oben bleibt der erwartete Schuß noch immer aus, dafür scheint eine Balgerei im Gange zwischen den vier Lebendigen, ohne

Garantie für den Toten, er wird zweifellos in Mitleidenschaft gezogen. Gestein fällt herab.

Geheimrat Blumentopf schwankt vor zwei gleich peinlichen Entschlüssen. Hinunter zum Hauptmann Krach, erscheint ihm im Augenblick nicht wünschenswert. Auch droben gestaltet sich die Lage fehlerhaft, dem Poltern, Schleifen, Schreien und einem Gekeuch, das abnimmt, bis es ganz erstickt, ist zu entnehmen, daß die Gestapo diesmal den kürzeren zieht. Endlich tritt die verdächtigste Stille ein.

Franticek Eger, streckt zum letzten Mal über die Tiefe einen überlang ausgezogenen Hals, daran hängt ein fletschendes Maul, mehr hat er nicht, die Wangen sind schwarze Höhlen, die Augen ausgelöscht. Er wispert nur noch.

Franticek Eger, wispert: „Wer da auch mal will, wer da vielleicht Lust hat! Mit allen bin ich fertig geworden, der Eger Franticek hat sie glücklich hinübergebracht, die Leutchen, die dem Protektor an die Hand gingen, und mein geliebter Protektor mußte mit."

Er wirft einen mittelgroßen Stein.

Geheimrat Blumentopf, auf der Leiter, zieht den getroffenen Kopf ein, klammert sich um so fester und entläßt einen langen Seufzer. Nach dem Beispiel des anderen beginnt er zu wispern: „Hauptmann Krach! Hilfe! Lassen Sie mich diesmal nicht allein!"

Hauptmann Krach, von unten: „Allein fühlen Sie sich, seit Sie Ihren Chef ermordet haben."

Geheimrat Blumentopf, neuer Stein auf den Schädel, neuer ausgedehnter Seufzer.

Franticek Eger, lockt mit zwei Fingern: „Kimm, Taibi, kimm!"

Geheimrat Blumentopf, hiervon unheimlicher berührt als von allem vorher, kreischt auf: „Hauptmann Krach! Schnell! Holen Sie mich herunter!"

Hauptmann Krach, legt mit einem einzigen Zug die Leiter um. Ihr oberer Teil schlägt gegen die Mauer, worin unten der Ausgang offensteht.

Geheimrat Blumentopf verläßt, eh er es gedacht, seine mittlere Sprosse, rückwärts, in einem mäßigen Bogen fliegt er hinaus auf die Wiese.

91

Geheimrat Blumentopf, kommt soweit unbeschädigt aus dem Gras auf, nur daß er seinen Rücken reibt. Zufrieden mit sich: „Ich bin gerettet."

In diesem Augenblick bricht der Turm ein. Er stürzt nicht auf einmal, sondern stückweise. Restliche Teile schwanken, ob sie dem vorangegangenen Gemäuer nachfolgen sollen.

Geheimrat Blumentopf, zuerst vor Bestürzung starr, bekommt Zeit, sich einer rollenden Lawine zu entziehen. Von dem steinernen Staub in etwas wie eine Gipsfigur verwandelt, taumelt er zurück und gegen Hauptmann Krach.

Hauptmann Krach, stößt ihn hart von sich: „Sie waren doch nicht gerettet."

Geheimrat Blumentopf, gehetzt, ohne Atem: „Ich bin es zum zweiten Mal."

Hauptmann Krach: „Das dritte ist das beste."

Geheimrat Blumentopf, findet es nach dem Ton der Stimme nicht rätlich, den Sprecher anzusehen. Zweifelhaft, ob er die Worte verstehen konnte, soeben fällt mit Getöse noch ein Stück Mauer. Geheimrat Blumentopf beginnt zu plappern: „Auf mich war es abgesehen. Der Attentäter! Seinen längeren Aufenthalt dort oben hat er benutzt, um allerhand Steine zu lockern, kein Kunststück bei dem Zustand der Ruine. Jetzt liegt die ganze Gemeinde unter den Trümmern zu Brei zerstampft."

Hauptmann Krach: „Der Protektor hatte vorgesorgt, er war tot."

Geheimrat Blumentopf: „Tot – wäre genug, aber ein Brei, was tu ich damit. Das kann ich nicht unter Glas nach Berlin schicken. Die äußere Hülle aus Kupfer – der Führer wird sie öffnen, um in das Gesicht seines Freundes zu blicken, was sieht er da?"

Hauptmann Krach: „Ihr Werk."

Geheimrat Blumentopf, vermeidet weiter, dem endgültigen Schicksal ins Auge zu sehen. Abgewendet von seinem Gegenüber, ringt er die Hände in der Luft: „Hätte ich nur den zweiten Protektor nicht fortgelassen! Dringender als je schreit der erste nach seinem glücklichen Stellvertreter."

Hauptmann Krach, hart: „Sie müssen ihn schreien lassen."

Geheimrat Blumentopf, tut einen schreckhaften Sprung, möchte laufen, aber die Füße versagen. Ohne merklich vorwärts zu kommen, stammelt er:

„Verzeihen Sie meine Eile! Ich muß ins Dorf, telegrafieren, damit unser Durchgänger vor der Grenze aufgehalten wird."

Da sein Begleiter nichts einwendet, ihm nur auf den Fersen bleibt, beginnt Geheimrat Blumentopf, sich den Schrecken der Umstände anzupassen. Er legt von der Wiese mehr hinter sich, er versucht sogar sein gemeckertes Lachen.

Geheimrat Blumentopf, meckert: „Allein auf weiter Flur, mit meinem guten Hauptmann Krach, wer mir das gesagt hätte!" Plötzlich macht er kehrt gegen seinen Bedränger, gleichzeitig ein Griff in die Brusttasche – und ein Stöhnen der Vernichtung.

Hauptmann Krach: „Ihr Revolver, der richtige, ist herausgefallen, als Sie und der Turm einstürzten. Vergessen Sie ihn, wie alles Begrabene!"

Geheimrat Blumentopf, schnappt, als ob er auch beißen könnte: „Sie wollen befehlen, Sie Schwindler von meinen Gnaden? Was noch?"

Hauptmann Krach: „Nichts. Sie sind am Ziel."

Geheimrat Blumentopf, erkennt die Stelle, wo er angelangt ist: „Oh! Hier hab ich Ziegensack –! Jetzt wollen Sie mich – ? Dafür!" Er hält sich den Magen vor Lachen, die Augen hat er geschlossen.

Hauptmann Krach: „Die Augen auf! Oder ich lasse Sie dastehen bis übermorgen mit all Ihrer Angst."

Geheimrat Blumentopf, Blick des Opfers: „Ein Intellektueller ist denn doch grausamer als wir. Sie für uns zu erwerben, hätte ich als einen Gewinn gebucht. Seien Sie mal ernst! Wir verbleiben, wie vorher."

Hauptmann Krach, holt nicht einmal seine Waffe hervor, er wartet ab, daß Geheimrat Blumentopf sich verausgabt.

Geheimrat Blumentopf, nach außen leicht, mit furchtbarer Spannung im Innern, weshalb Gebärden und Stimme flattern: „Überlegen Sie doch, verehrter Kollege, was Sie da machen, Ihre Rache an mir geht fehl. Wen rächen Sie? Ziegensack – und Heydrich, einen höheren Ziegensack. Sie rächen die Gestapo, schöne Genugtuung für Sie, das intellektuelle Abfallprodukt, um mit dem Führer zu reden."

Auch seine Augen flattern, ihn schwindelt es von der Hoffnung, das Rechte zu treffen: „Ihm, dem Führer, erweisen Sie sich gefällig! Den Mann, der seinen

Freund Heydrich gerächt hat, wird er im dankbaren Herzen tragen, obwohl er Sie natürlich hinrichtet."

Hauptmann Krach, spricht an dem anderen vorbei: „So sieht zuletzt das alles aus."

Geheimrat Blumentopf, frohlockt, wirft die Hand hinauf, umfaßt seinen eigenen verehrten Kopf: „Endlich! Ich, Blumentopf, muß einen Staatsfeind an sich selbst erinnern. Staatsfeind, bin ich vielleicht keiner? Nicht so dumm, daß ich an den Führer glaube. Nun?" Er streckt die Hand zum Einschlagen hin.

Hauptmann Krach mustert ihn mit einem Ausdruck, daß Geheimrat Blumentopf einknickt, als versänke er. Spricht Hauptmann Krach: „Es lohnt nicht."

Geheimrat Blumentopf, beobachtet ihn, er kann dem Frieden nicht mehr trauen. Sehr mitgenommen, aber diesmal unverstellt, bekennt er seine Meinung: „Lohnen? Eure Komödie hätte lohnen sollen, haha! Die Schlacht am Altmarkt, das historische Führergespräch, die Schatzova, die ganze schwierige Protektoren-Doppelrolle, sophisticated sagen unsere englischen Freunde – kein Mensch hätte euch eine Szene, einen Satz geglaubt, wären wir nicht aus diesen und jenen Gründen euch zwei beiden gefällig gewesen!"

Hauptmann Krach, reglos im Angesicht der Wahrheit: „Da sind Sie ein anderer Mann."

Geheimrat Blumentopf: „Ich – ein Schuß durch das Fenster, wohin Sie Ihren Feind gebracht hatten – um ihn zu retten, denn so weit kommt man mit Moral."

Hauptmann Krach: „Sie, ohne Moral –."

Geheimrat Blumentopf: „Drücke ab und habe den Erfolg." Wagt noch einmal die Knie zu erheben: „Drücken jetzt Sie ab, wenn Sie können! Im Tschechischen Löwen konnten Sie nicht."

Hauptmann Krach, rührt sich nicht, er sieht anderswo oder nirgends hin.

Geheimrat Blumentopf: „Sie können noch immer nicht. Somit auf Wiedersehen, Heil Hitler!"

Er geht ab, beginnend im Marschtempo, die Beine wirft er. Schon nach den ersten Schritten findet er, daß genug „geblufft" ist. Richtiger erscheint ihm die offene Flucht, ein unberechenbares Umherspringen, um dem Revolver des Stärkeren, wenn er ihn dennoch gebrauchte, die Richtung zu durchkreuzen. Seit dem Einsturz des Turmes hat er ziemlich die Farbe eines Hasen, jetzt auch die Bewegungen, gewiß würde er Haken schlagen.

Hauptmann Krach, sieht wieder, hat den Entschluß zurück: „Glücklicherweise seid ihr grotesk." Befehlston: „Halt! Ich schieße."

Geheimrat Blumentopf, gehorcht. Er steht hergewendet im verlorenen Profil, einseitig äugt er hinter sich: „Sie haben kein Recht mehr zu schießen, Hauptmann Krach."

Hauptmann Krach, hält die Waffe schußbereit: „Ihr Mörder begreift nie. Laß ich Sie laufen, Sie töten noch heute Pavel Ondracek und alle die Seinen."

Geheimrat Blumentopf, letzte Angst: „Ich schwöre –!"

Hauptmann Krach, öffnet den Mund, um einen Ruf auszustoßen. Ob er gerufen hat oder nicht, darüberhin knallt sein Schuß.

Geheimrat Blumentopf, liegt und hört nichts mehr.

Hauptmann Krach, tritt zu dem Toten, mit untrüglicher Genauigkeit stellt er das Ende fest. Bevor er sich abwendet: „Mein erster. Lohnen soll es – mit der Zeit."

92

Hauptmann Krach geht in den Wald.

Er atmet tief auf. „Ich wollte rufen. Ich unterließ es Heydrich zu Ehren. Einen Besiegten herausfordern? Übrigens müßte man der Sieger sein."

Er findet sich vor einem breit ausgehöhlten Baum. Er spricht: „Die Siegesapotheose war meines Wissens niemals von dieser Welt. Was ich das Böse nenne, es siegt nicht, es herrscht nur. Was ich das Gute nenne, kennt wohl auch Siege – die Mitte hell, an den Rändern beständig Qualm von Niederlagen, der vorigen, der künftigen."

Er horcht auf die Geräusche oben und unten, den Wind in den Wipfeln, die Vogelstimmen, das leichte Krachen im Unterholz, wo Getier schleicht.

Hauptmann Krach, ruft in den hohlen Baum, der seinen Ton verschluckt: „Es lebe die Freiheit, die ganze menschliche Freiheit! Es leben unsere armen Völker, es lebe das ärmste, das deutsche!"

Er beeilt sich fortzukommen, er erreicht die Wegesbiegung, hinter der am frühen Morgen die beiden Wagen hielten. Sein Jagdwagen steht noch da, niemand ist zugegen.

„Der Kaplan hat nicht gewartet. Ich dachte auch nicht, er würde die Geduld haben."

Die Räder des zweiten, abgefahrenen Wagens haben Spuren hinterlassen.

„Alles, was von ihr noch ist. Sie hätte ich gern gekannt."

Seine Gedanken weichen ab. „Die Waldesgründe hüten außerdem die Polizeikutsche, die uns herführte, fünf Personen, ein Toter. Da nur ein einziger noch lebt und ich es bin, was hält mich ab zurückzukehren? Waghalsig war das Spiel von je. Ja, aber das Stück ist aus, versuchen wir kein besseres, nur eines, worin nirgends gezweifelt wird!" Die Zähne zusammengebissen: „Nie mehr zweifeln!"

Hauptmann Krach öffnet den Schlag seines Wagens, auf dem Polster liegt ein Papier. Er liest: „Kommen Sie! Ich hoffe auf Sie. Milo."

Trauriges Nachsinnen: „Das hätte sie dorthin gelegt?"

Er wendet das Blatt: „Ah! Der Kaplan. Er ist ins Dorf gegangen, er bleibt, er gehört, was immer komme, seinem Volk – wie Sie dem Ihren, sagt er mir. Nur gut, seinen Zuspruch hatte ich mir selbst gegeben."

Am Rande entdeckt er die gekritzelte Nachschrift: „Slecna Milo glaubt nicht, was sie hofft. Sie ist traurig – aber tapfer."

Hauptmann Krach nimmt unter dem Sitz gewöhnliche Kleider hervor. Seine Uniform wirft er auf das Gebüsch, ohne Sorge, sie zu verstecken. Er fährt davon – ins Unbekannte.

93

Gebirgige Landschaft in Jugoslawien.

Die Armee der Landesverteidigung steht auf den zerklüfteten Höhen, diese ragen immer höher und ferner, die meisten kahl. Die Platte hier vorn ist auch nur stellenweise bewaldet. Die Fichten, Spitz an Spitze, entsteigen vielmehr den Abgründen. In die Tiefe fällt, zwischen Bäumen und Klippen, der Wildbach, sein

Getöse beherrscht die Schluchten, nichts vermag dagegen das Knattern der Maschinengewehre.

Der Feind schießt von unten, man sieht ihn nicht, und er sieht sein Ziel nicht, die Kugeln, die er ausstreut, prallen gegen glatten Stein, werden zurückgeworfen, und der Bach nimmt sie mit.

Eine Luft, rein, warm und äußerst blau, erfüllt die Welt von Felsen, die ein Land ist und verteidigt wird als eine Heimat. Die Verteidiger halten auf Deckung wie befohlen, verläßt aber ein Soldat die Brustwehr, die die Natur ihm hinstellt, dann zeigt er kein militärisch abgerichtetes Gesicht, nur ein leidenschaftliches. Die Uniform ist selten, allenfalls kennzeichnet eine Binde den nackten Arm, eine Nummer die Brust im offenen Hemd.

Die Stimme, die in dieser lärmenden Wildnis gehört werden will, muß gewohnt sein zu tragen und durchzudringen. Die Stimme des Schauspielers Wokurka, vom Theater Rococo in Prag, bringt es fertig.

Wokurka, aus seiner guten Deckung: „Pozor! Dort unten haben sie, hör ich, schon wieder einen blöden Einfall."

Doktor Holar versucht zu antworten. Er sagt, daß nicht sein Gehör, aber sein Geruchssinn ihn von dem Unternehmen des Feindes in Kenntnis setzt. Der Feind hat tief unten das Dorf angezündet, in der leichten Luft des Gebirges erhebt der Rauch sich schnell, schon wird er verspürt.

Wokurka: „Ihre Rede, Doktor, geht nicht übers Orchester weg. Ich glaub Ihnen alles, was ich nicht gehört habe, weil Sie ein Held sind. Nur eines! Der Held muß sprechen lernen, woran, bitte, erkennt der Laie ihn sonst. Sobald wir den Feind geschlagen haben, werd ich mich ernstlich – ernstlich werd ich mich bemühen, daß Sie die Stimme nach vorn bekommen."

Unerlaubterweise verläßt er seine Deckung, aus bloßer Neugier. Über einen Vorsprung des Felsens gebeugt, betrachtet er drunten den Brand. Die Flammen verblassen, der Tag blitzt heller als sie. Aber der Rauch entwickelt sich nach Wunsch.

Wokurka: „Planmäßig vorgehen tun s' halt."

Eine Kugel prallt von dem Stein neben seinem Kopf, streift ihn – beinahe, und springt in den Räch.

Wokurka: „So war es gemeint? Zuwegen eines einzelnen Komikers zünden die lächerlichen Tragöden ein ganzes Dorf an, damit er falsch auftritt und läßt sich totschießen!“

Ein einheimischer Soldat, brüllt ihm zu: „Gleich gehst du in Deckung, oder Kamerad, ich schau mir dein Gesicht an.“

Wokurka, gehorcht: „Dafür hab ich mein Gesicht. Aber sprechen kannst du, Kamerad.“

94

Das Hauptquartier des Generals ist nahe dem engen Übergang nach anderen Bergen. Maultiere beschreiten den Paßweg. Von Knaben und Frauen geführt, tragen sie den Nachschub der Armee herbei, die Schläuche mit Öl, die Körbe Brotes, die Munition.

Der General und sein Adjutant stehen unter einer vertieften Wölbung der Wand, wo sie am schroffsten aufragt. Ein Adler, den sie nicht sehen, kreist über ihnen.

Ein Soldat, erklimmt die letzten Felsblöcke, tritt stolz vor den General hin.

Der Soldat: „Kamerad General, wir haben gesiegt.“

Der Adjutant: „Der General weiß es.“

Der Soldat: „Der Adler oben weiß es.“ Er erschrickt: „Väterchen!

Du warst unten, bis in den Qualm der Feuersbrunst, dein Gesicht ist davon geschwärzt. Tu das nicht noch einmal! Was wären wir ohne dich.“

Der General: „Ich war nicht in Gefahr.“

Der Soldat: „Die sprechen anders, die dich gesehen haben wollen. Vergib mir; deshalb komme ich!“

Der General: „Ihr ließet den Feind nicht über den Gießbach, ganz unten, wo der Feind in den Rauch seiner Brandstiftung gehüllt und unsichtbar war. Euer Land freut sich über tapfere Söhne, sag es allen!“

Der Soldat, für den Adjutanten: „Ich habe nicht, wie der General, den Maschinen eines verqualmten Feindes standgehalten.“

Der General, fragt den Adjutanten etwas.

Der Adjutant: „Ich glaube, daß es so ist." An den Soldaten gewendet: „Du und dein Feind, ihr wäret sehr sichtbar über dem Abgrund, den er heraufgeschlichen kam, dir im Rücken. Du sähest früher sein Bajonett als ihn, du schlugst es weg, du umarmtest ihn nach Art der Bären. Als er in den Sturzbach fiel, riß der Bach keinen Mann mehr fort, nur Weichteile und die zerbrochene Brust."

Der Soldat wagt nicht, von dem Adjutanten hinweg auf den General zu blicken: „Das sah der Mann, den ich nicht sah!"

Der Adjutant: „Dies und vieles. Er ist überall, Kamerad."

Der Soldat: „Kamerad Ivo, wir sind unbesieglich." Er macht kurz Kehrtum, schon springt er die nächste der Felsenstufen hinab.

95

Der General: „Kamerad Ivo, du erfindest mir eine Legende."

Der Adjutant: „Die Legende erfindet niemand, sie ist da, weil wir alle da sind, die dreihunderttausend Kämpfer im Lande haben alle dieselbe Herkunft."

Der General: „Welche?"

Der Adjutant: „Dich."

Der General: „Glaubst du wohl, daß mir's zu hören manchmal nottut? Besonders, wenn wieder ein Dorf brennt."

Der Adjutant: „Nach allem, was dieser Feind vernichtet hat, bevor du antratest, fühlst du noch heute mit einem kleinen Dorf. Da ist der Ursprung unserer Siege."

Der General: „Siege – sind es, wenn wir einer feindlichen Besatzungsarmee ihren ganzen Generalstab töten, wenn wir die Hauptstadt dieser schwarzen Berge mit einem Handstreich nehmen, wenn wir Triest und Fiume erschrecken, den großmächtigen Feind zu Verhandlungen nötigen. Der Sieg aber, der Sieg in ganzer Gestalt –."

Der Adjutant, da der General schweigt: „Der ganze Sieg hat Raum in einem Tag wie heute."

Der General: „Der Feind herrscht auf den Trümmern dieses Landes, das er nicht erniedrigen kann. Übrigens mißtraut er der Minderheit von Verrätern, so tief sie gesunken sind, in Belgrad und jeder besetzten Hauptstadt des Erdteils. Er verläßt sich noch weniger auf die falschen Besiegten, die überall ihre Stunde erwarten. Mit der Roten Armee, unseren Brüdern, weiß er, woran er ist. Sie kämpft, er kann ihr seine Millionen zum Abschlachten vorwerfen."

Der Adjutant: „Ich verstehe. Er fürchtet die künftigen Sieger. Aber vor den Besiegten hat er Angst."

Der General: „Wie vor diesem Berg. Er erklimmt den Berg im Schutz der rauchenden Brände, die ihn und seine Taten immer begleiten. So geheim er geschlichen kam, der Bach wirft alle seine Toten tosend zu Tal."

Der Adjutant: „Der Feind wird wiederkommen."

Der General: „Aus Angst. Seine Angst erschafft unsere Legende. Wie wenig ein alter Offizier vom Leben erfahren hätte, soviel weiß ich jetzt. Anziehend und allen Armen ein Trost sind die Besiegten, die auferstehen sollen."

Soldaten gehen hin und wider, sie übergeben dem Adjutanten schriftliche Meldungen, er liest sie zwischen den gesprochenen Sätzen, er überreicht das eine und andere dem General, der Kenntnis nimmt und Befehl erteilt.

Von dem Rücken eines Maultieres bringt der Alte, der es führt, einen leichten Packen, er legt ihn auf den Stein zu Füßen des Generals. Der Alte ist ratlos, er möchte dem General den Rocksaum küssen, aber der General trägt keinen Rock. Der General läßt es zum Handkuß nicht kommen, er streicht dem Alten durch die struppigen Haare und schickt ihn weiter.

Der Adjutant, hat unterdessen das Paket mit Zeitungen geöffnet. Dabei spricht er: „Anziehung! Kroaten und Slowenen treffen bei uns ein. Bulgarische Besatzungstruppen sind zu uns übergegangen."

Der General: „Das beste, auch Tschechen finden uns, und wir wissen, ihnen ist das Entkommen schwerer als jedem gemacht."

Der Adjutant: „Noch schwerer seit dem Tode des Protektors. Seither hat der Feind sich bei ihnen im Land auf das Wüten verlegt, er mordbrennt wie sonst hier." Aus der Zeitung: „Ein Dorf namens Lidice, alle männlichen Einwohner erschossen, das Dorf dem Erdboden gleichgemacht."

Der General: „Was sie so nennen. Wird lange kein Gras wachsen auf diesem Erdboden von –."

Der Adjutant, ergänzt: „Lidice. Aber da sie schon vorher die angeblichen Mörder des Protektors in ganzen Massen entdeckt und umgebracht hatten, was suchten sie noch in Lidice?“

Der General: „Ihre Rache, sie ist unstillbar. In Wirklichkeit haben sie gar nichts entdeckt, werden auch nie. Ich kenne meine Tschechen, sie führen tapfer den Krieg, wie er nun ihrer ist. Wir unseren, sie ihren, und beide erhalten den Feind in Angst.“

Der Adjutant: „Seine Angst – unsere Legende. Ihre Legende bekommen jetzt auch die Tschechen.“ Aus der Zeitung: „Die Identität der aufgefundenen Leiche des Protektors wird bezweifelt. Die Deutschen wissen selbst nicht, was sie im verlöteten Sarg ihrem Führer zugeschickt haben, damit er funebren Prunk treiben kann.“

Der General: „Alles verweist darauf, daß sie ihren Heydrich selbst getötet haben.“

Der Adjutant: „Die Reste könnten dennoch einem anderen gehören.“ Aus der Zeitung: „Ein zweiter Protektor soll schon bei Lebzeiten des ersten an seine Stelle getreten sein.“

Der General: „Die Legende, unsre Besiegten-Legende bildet sich so oder sonstwie.“

Der Adjutant: „Die Tschechen, die neu hier ankamen, sind brave, aber harmlose Leute. Schwer zu erraten, warum gerade sie sich getrieben fühlten, die Flucht zu wagen.“

Der General: „Eine Idee. In Köpfen geht mehr vor als je in Schlachten.“

Der Adjutant: „Kamerad General, ich merke es, du hast dir diese Tschechen heute genau angesehen.“

Der General: „Nicht genau genug, Kamerad Ivo.“

96

Das Dorf unten raucht weiter, nachdem der Feind es verließ. Die Armee der Verteidiger hält ihre Stellungen auf diesem Berg, vor den Paßwegen und im fernen Umkreis des Gebirges. Der Feind wird wiederkehren, die Verteidiger werden bereit sein.

Ihre vorgeschobenen Posten richten sich für die kommende Nacht im Tal ein, dort wo der Wildbach anfängt in Strudeln zu fließen und wo die Armee den Feind heute schlug. Seine Toten aus dem Gefecht liegen noch hinter manchem Stein. Männer, die sie lebend nicht gefürchtet hatten, erschrecken, wenn unvermutet ihr Fuß einen toten Feind berührt.

Jaroslav Ondracek, hat einen gefunden: „Das mag ich nicht."

Pavel, bleibt, wo er sitzt: „Ein toter Feind riecht gut, hat einer der vielen großen Männer gesagt."

Jaroslav: „Achtung vor den großen Männern. Dieser Feind aber –."

Lyda: „Riecht nicht, er macht uns nur erbarmen."

Pavel: „Noch peinlicher."

Er läßt die beiden anderen mit ihrem Fund tun, was sie wollen. Sie tragen ihn an das Wasser und werfen ihn hinein, nachdem sie gedämpft bis drei gezählt haben.

Jaroslav: „Getroffen, mitten hinein. Auch diesen nimmt die Strömung noch mit."

Lyda: „Dann wird der Bach ihn in den Fluß führen, und der Fluß in das Meer."

Jaroslav: „In ein Meer, das wir nicht kennen."

Pavel, von seinem Stein her: „Das Mittelländische, was weiter. Haben alle darin Platz, wir auch."

Lyda, geht zu ihm: „Du bist nicht gefühllos, Pavel, du machst den Müden, der zu viel gekannt hat. Vergiß doch!"

Pavel: „Wir sind in Sicherheit. Wozu?"

Lyda: „Um zu kämpfen, auch nicht immer ein sicheres Geschäft. Du kannst es wissen, seit du heute richtig gekämpft hast." Freundliches Lächeln: „Anders als am Altmarkt."

Sie nimmt ihr Gewehr auf. Ihre langen Hosen, ihre kurze Jacke lassen sie größer erscheinen. Die hellen Haare legen um Hals und Wangen eine volle, leichte Welle. Das Gesicht wird durchsichtig vom bleichen Licht des beendeten Tages. Ein letzter Sonnenstrahl, den der Berg herüberläßt, tuscht etwas schwache Röte auf die erhöhten Backenknochen und die wohlausgebildeten

Lippen. Wunderbar belebte Augen strahlen, blau wie nie, das Mädchen ist schön, der Kopf und die Gestalt.

Pavel: „Zum Erstaunen, wie gut der Krieg dir steht!“

Lyda: „Und dir! Ich beobachtete dich in dem Handgemenge, zum Schluß, bevor die Feinde davonliefen. Nennt man es Handgemenge?“

Pavel: „Mit der bloßen Hand tötete ich keinen, das können die Bären hier im Gebirge. Von wo sähest du mich, o Siegerin über mein Herz?“

Lyda: „Du bist neugierig, und ich bin geheimnisvoll. Ein Geheimnis ist nicht nur die süße Komödiantin, die du dir mitgebracht hast.“

Pavel: „Milo – geheimnisvoll, ja, sogar süß, du willst lachen. Von allem, was dir gegeben wurde, hat sie das Gegenteil.“

Lyda: „Kannst du wissen? Was aber war sie – am letzten Tage Heydrichs? Du hattest die beiden allein gelassen.“

Pavel: „Leider.“

Lyda: „Gewisse Umstände berührt sie nicht, verlangt Schweigen, und der Wokurka gehorcht ihr.“

Pavel: „Der ist nicht eingeweiht – in was denn auch. Die Umstände sind meine allein, ich hielt das Schicksal Heydrichs nicht auf, war ich dafür bestellt? Der einzige, der ihm das Ende bereitet hatte, konnte nur zulassen, daß es sich vollzog.“

Jaroslav, hat die letzten Worte gehört, ist unzufrieden: „Dann bereue nicht!“

Pavel: „Bereuen, wenn ich doch berufen war!“

Lyda: „Und überschätze dich nicht! Vielleicht war dein Anteil kleiner als heute in dem – Handgemenge.“

Jaroslav, lenkt schnell über: „Hier hast du dich gezeigt, wie du wirklich bist, offen und brav. Wir, hinter unserem Felsblock oben, vergaßen darüber, das Gewehr zu laden.“

Lyda: „Du, Vater, der Scharfschütze, der keinen verfehlt hat!“

Jaroslav: „Ich, der Scharfschütze, vergaß mich. Als ein Angreifer dem Pavel nach der Brust stieß, fiel aber um und war tot, wer hatte getroffen? Die Schönheit hier, du hättest sie sehen sollen.“

Pavel: „Ich sehe sie.“ Er zieht Lyda hernieder auf den Stein, der ausgehöhlt wie eine Mulde ist: „Ihr, das Ruhebett. Mir, die Kiesel zum Hinknien.“ Er kniet.

Lyda, den Arm um seinen Nacken: „Liebst du mich, mein Pavel?“

Pavel: „Dein wie je.“

Lyda: „Mehr. Du mußt mehr mein sein als in der Zeit, die glücklich aus ist.“

Pavel, entzieht sich ihrem Arm, kniet verlassen auf den Kieseln: „Glücklich aus, finden die paar Geflüchteten. Die Hingerichteten aber, die dem Mörder geholfen haben sollen, als ob den Mörder einer kennte – werden auch sie gesagt haben: Glücklich aus? Das Volk, das Land, was sagen sie? Der Pavel Ondracek, ein feiner Bursche, läuft uns davon, nun wir ihn am nötigsten gebraucht hätten.“

Jaroslav: „Schon wieder bei der alten Geschichte. Sag, wenn du kannst, was du dort noch gemacht hättest, nun Heydrich tot ist.“

Pavel: „Das kann ich dir sagen. Vor meinem Abschied sprach ich zu Arbeitern und Soldaten – tschechischen Arbeitern, deutschen Soldaten, aber es war kein Unterschied mehr. Vereint hätten sie die Revolution gemacht.“

Jaroslav: „Man erwartet sie zuweilen. Dein Heydrich, wenn er lebte, hätte sie niedergeschlagen.“

Pavel: „Er durfte nicht sterben, das ist es. Sein Tod, wo und wie er ihn auch betroffen hat, ungeschickt war sein Tod, als war ich selbst ums Leben gekommen.“

Lyda: „Woher nimmst du die Weisheit? Dein Hauptmann Krach könnte dir wohl erzählen, was er sah und du nicht sähest.“

Pavel: „Hauptmann Krach ist seiner Wege gegangen, er war dort fertig. Das aber erfährt er nie, und erfährt niemand leicht, leicht schon gar nicht, wie man ein anderer wird. Ich – und der verhaßte Feind waren derselbe geworden, für jeden, der mich hört, ist's ohne Sinn.“

Jaroslav, mitleidig: „Es ist ohne Sinn.“

Pavel, leidvoll: „Er – ich, er – hätte eines Tages das Zeichen gegeben, die Waffen auszugraben. Die Befreiung! Unser Land war aufgebrochen nach der Befreiung.“

Jaroslav: „Der Henker – dir beistehen?“

Lyda, sanft: „Unser Land, nicht seines. Besinne dich, du Lieber!“

Jaroslav, nur für Lyda: „Er hat denken gelernt, wir nicht. Sein Geist begeht sinnreiche Fehler, unserer erzeugt weder Unsinn noch großen Sinn. Laß Pavel ausruhen!"

Lyda: „Er denkt weit voraus, was wirklich geschieht, ist ihm zu langsam." Über Pavel geneigt: „Habe Geduld! Von uns wird nun einmal verlangt, daß wir warten können."

Pavel: „Im fremden Land verteidigen wir Berge, die morgen wieder angegriffen werden."

Lyda: „Hör auf! Du willst nicht warten, aber wie lange warte ich – daß wir heiraten?"

Pavel, schnell auf: „Das hab ich nicht vergessen."

Lyda: „Nur überschlagen hast du es."

Pavel: „Die Kirche dort unten ist nicht mit verbrannt, sie steht abseits vom Dorf. Komm! Wir suchen den Kaplan."

Lyda: „Wenn ein Kaplan da ist. Sie sollen oft erschossen werden."

97

Über ihnen auf der Felswand erscheint Milo Schatzova, begleitet von ihrem Kameraden Wokurka und Doktor Holar. Sie sehen in eine andere Richtung, scheinbar haben sie ihre Freunde hier unten noch nicht bemerkt, sprechen aber laut vernehmlich.

Milo Schatzova: „Das heißt ein friedliches Tal. So friedlich haben sie es sogar bei uns zu Hause."

Wokurka: „Friedlicher, viel friedlicher. Erst dreihundertsechsundzwanzig erschossen oder aufgehängt."

Doktor Holar: „Wegen des einen Getöteten."

Wokurka: „Aber der zählt für tausend."

Doktor Holar: „Fehlen noch reichlich sechshundert, um ihn zu bezahlen."

Wokurka: „Werden nicht lange fehlen, kommen alle dran."

Milo Schatzova: „Weil sie dem Mörder geholfen haben, eine Unmenge Leute, bei jedem hat er genächtigt, macht drei Jahre, daß er täglich woanders unterkroch."

Doktor Holar: „Das wunderbarste, den Mörder kennt niemand."

Wokurka: „Nur die Deutschen, von ihnen hab ich die höchste Meinung."

Miro Schatzova: „Keine Ursache. Ihr Heydrich ist tot, ihr Führer hat zwei Tage in Prostration gelegen."

Wokurka: „In was? Du meinst eine Isolierzelle."

Doktor Holar: „Erschlafft war er, es ist der Zustand von überanstrengten Genies –."

Wokurka: „Die plötzlich merken, daß sie ein Scherben sind."

Milo Schatzova: „Doktor, ihm müssen Sie nichts erklären, er stellt sich gern dumm."

Wokurka: „Wer verstellt sich? Ich hab nie was gelernt. Wollt ich euch zum Beispiel hier aus der englischen Zeitung vorlesen –."

Milo Schatzova, nimmt ihm die Zeitung ab: „Versuch's nur, italienisch hört ich dich auch schon reden."

Doktor Holar: „Sie haben eine englische Zeitung?"

Wokurka: „Von einem Maultiertreiber bekommen. Das Maultier ist, hör ich, die ganze Strecke von England gelaufen. Könnt aber auch sein, daß englische Flieger hierzuland Zeitungen abwerfen."

Doktor Holar: „Was steht darin?"

Wokurka: „Bis jetzt übersetz ich mir nur ein einziges Wort, auf englisch schreiben sie es Lidice."

Pavel, springt über Blöcke, auf halber Höhe ruft er: „Her damit! Wenn noch so schrecklich, ich muß lesen."

Wokurka: „Sie werden sehr gelobt, Pavel, oder daß ich's genau sage, alle Tschechen bekommen ein gutes Zeugnis, weil sie den Protektor umgebracht haben. Das soll mehr sein als manche gewonnene Schlacht."

Pavel: „Falsch. Die Tschechen waren es gar nicht."

Milo Schatzova, steigt abwärts zu ihm: „Das behauptest du. Aber beim Ende warst du nicht dabei."

Pavel: „Ich hätte es aufgehalten, mitsamt den Folgen!"

Milo Schatzova: „Ich nicht. Ich kann hassen."

Pavel muß sie hinab auf seinen vorigen Platz begleiten. Sie gibt ihm die Zeitung und bleibt bei ihm.

Wokurka und Doktor Holar folgen, sie unterreden sich leise mit Jaroslav und Lyda.

Pavel liest, er zittert vor Erwartung. Er möchte sprechen, die Stimme versagt ihm mehrmals: „Eine Verschwörung, das ist veraltet. Man weiß von mir nichts."

Milo Schatzova: „Sei froh! Man weiß nie alles, am besten, wir bleiben unbekannt."

Pavel: „Aber jeder einzelne kennt uns doch, ganz Prag, zu schweigen von Lidice." Er schreit auf.

Milo Schatzova: „Hast du den Namen gefunden?"

Pavel, läßt die Zeitung fallen, er bricht auf den Steinen zusammen. Sein Gesicht ist im Begriff, die Maske Heydrichs anzunehmen, die Augen öffnen sich einem Anblick des Grauens, starr und trocken.

Wokurka, bei Jaroslav und Lyda, das Gesicht so ernst, wie er seine komischen Sätze bringt: „Da muß etwas ganz Schlimmes dringestanden sein."

Jaroslav: „Sagen Sie es doch!"

Lyda: „Sie wissen es doch!"

Wokurka: „Werdet ihr mir auch glauben? Lidice ist dem Erdboden gleichgemacht. Die Frauen und die Kinder haben sie – na, was sie ihrem Brauchtum gemäß den Wehrlosen antun, verschleppt, versklavt. Die Männer sind hin."

Jaroslav: „Erschossen, die Männer von Lidice?"

Lyda: „Alle Männer?"

Wokurka, bestätigt mit einer Miene voll Energie, als hätte er es selbst getan.

Jaroslav, senkt stumm den Kopf, seine Tränen brauchen Zeit, bis sie fließen.

Lyda, schluchzt.

Wokurka, schlägt blindlings um sich. Er würde fallen, macht einen äußersten Versuch abzugehen.

Doktor Holar, hält den Schwankenden: „Sie haben sich nichts vorzuwerfen, aber ich. Die anderen tot, und ich hab sie verlassen, meine Kumpeln, meine Bauern. Oh, der Kaplan. Auch der Kaplan!"

Wokurka, stützt seinerseits den anderen, der schwankt: „Doktor Holar! Sie sind bittschön ein Soldat der jugoslawischen Befreiungsarmee. Da gibt's keinen Kaplan allein. Da brennt mehr als ein Dorf. Wollen Sie Lidice sehen? Schauen Sie hinter sich!"

Doktor Holar: „Der Komiker will stärker sein. Ihnen graust es doch."

Wokurka: „Gegraust hat mir's im Leben immer, je komischer es war. Wer das nicht kennt, sitzt jetzt da wie der Pavel Ondracek."

98

Pavel, auf seinem Stein, starrt tränenlos.

Milo Schatzova und Lyda stehen zu seinen beiden Seiten.

Pavel: „Das tat ich, und das ist alles, was ich konnte."

Lyda: „Ich liebe dich, Pavel. Verzeih dir selbst, wie ich dir verzeihe, und nur mir nicht, daß ich dich damals die Fratze schneiden ließ."

Milo Schatzova: „Wovon sprecht ihr? Heydrich ist tot, und damit Schluß. Kein Untergang eures Dorfes macht ihn wieder lebendig. Die Folgen? Das sind nicht die tausend Unschuldigen, die heute sterben. Das werden seine Mitschuldigen sein, sie trifft es um so gewisser."

Sie hat sich hoch aufgerichtet. Ihre weißlich graue Kleidung, die Jacke wie die Hose zeigen Flecken von Schlamm und von Blut. Dennoch läßt das Abschiedslicht von jenseits der Berge ein Flimmern entstehen in ihrer groben Tracht, schwache Wiederholung der indirekten Beleuchtung, einst auf der Bühne. Sie hält das Gewehr waagerecht von sich und blickt halb aufwärts.

Pavel: „Milo Schatzova – die Heldenjungfrau Johanna, Retterin des Vaterlandes. Ich nicht, ich rette nichts."

Bevor die beiden Mädchen seine Absicht erkennen, ist er auf den Füßen und läuft in Richtung des brennenden Dorfes. Die Flammen, vorher blaß, bekommen im abnehmenden Tag ein tieferes Rot.

Doktor Holar: „Das ist ein Verzweifelter. Aufhalten! Pavel, halt!"

Er setzt dem Flüchtling nach.

Wokurka, überholt Doktor Holar: „Was der will, das will er. Ich laufe, damit Sie sehen können, Doktor, was eine Schauspielerlunge hergibt."

Ein Schuß fällt aus der Richtung der Brandstätte. Pavel, im vollen Lauf, wird jäh zum Stehen gebracht von einem unsichtbaren Hindernis. Er dreht sich um sich selbst, stürzt zusammen und liegt auf der Seite.

Wokurka, wirft sich nieder, aber seine Stimme trägt bis zum Feind. Italienisch und deutsch ruft er: „Das sieht euch ähnlich. Vor einem Selbstmörder fürchtet ihr euch!" Er legt das Gewehr an und zielt.

Jaroslav, am Boden, nicht zu unterscheiden von den Steinen, hat schon geschossen. Drüben, gegen die Flammen gesehen, tut eine schwarz umrissene Gestalt den Luftsprung, der ihr letzter war. Jaroslav trifft gleich noch einen zweiten.

Wokurka, meldet rückwärts seinen Leuten: „Planmäßig geht der Feind bis hinter seine Linie vor. Da kann man nichts machen." Er erkundigt sich bei Doktor Holar: „Wie steht es für den Patienten?"

Doktor Holar: „Seien wir froh, daß er lebt!"

Wokurka: „Wird er froh sein? Ein nicht aufgeklärter Fall."

Doktor Holar, hat Instrumente hervorgeholt und arbeitet an der Wunde. Seine Worte kommen einzeln: „All und jedes klärt sich auf, nur leben muß man. Das Leben erhalten – ist wichtig."

Lyda, trifft früher als Milo Schatzova und Jaroslav hier ein, sie geht auf ihren Knien und Händen. Am Boden legt sie ihr Gesicht neben den Kopf des Verwundeten, sie bittet inständig: „Pavel! Sprich ein Wort!"

Pavek, stöhnt vor Schmerzen laut.

Wokurka, für Lyda: „Sei zufrieden, Kind, das war sein erstes vernünftiges Wort."

Doktor Holar hat Pavel verbunden: „So tragen wir ihn hinauf!" Er faßt an.

Wokurka, greift zu.

Jaroslav nimmt, mit der Autorität des Stärksten, die Last an sich. Auf seinen beiden ausgestreckten Armen trägt er seinen Sohn vor sich her. Er spricht ihm ins Ohr: „Mir wirst du nicht sagen, daß alles nur schlecht war. Ich weiß, es war auch gut."

Voll Kraft übersteigt er die Felsblöcke. Die anderen folgen. Bei der ersten bewaldeten Stelle angelangt, betten sie Pavel auf das Erdreich. Dann sitzen alle um ihn her. Es dunkelt unter den Bäumen.

99

Milo Schatzova und Lyda lehnen Schulter an Schulter. Zwischen ihnen und den drei gesunden Männern, die schon schlafen, liegt der Verwundete und scheint zu schlafen.

Lyda: „Ich möchte dir meine Decke geben."

Milo: „Aber du hast keine. Es bleibt auch warm in der Nacht, sonst müßtest du selbst die Decke behalten, wenn wir sie hätten." Lyda: „Ich bin eine Bäuerin."

Milo: „Aber zart." Sie deutet mit dem Kopf auf Pavel. Leise: „Heirate ihn nicht! Die erste Geburt würde dir gefährlich werden."

Lyda: „Bist du eifersüchtig?"

Milo: „Nein. Medizinerin. Genaueres sage ich dir nach der Untersuchung."

Lyda: „Ich will es nicht wissen. Ärztin bist du. Er sagte, Schauspielerin."

Milo: „Beides. Soldat, ist mein dritter Beruf."

Lyda: „Auf dich war ich eifersüchtig!"

Milo: „Jetzt scheint es dich zu wundern."

Lyda: „Du hättest ihn nie verliebt gemacht."

Milo: „Ich bin wohl kalt."

Lyda: „Er braucht Sanftmut."

Milo: „Ich bin wohl hart."

Lyda: „Ich meinte, für ihn nicht schwach genug."

Milo: „Dein Geliebter will, daß du um ihn wirbst, daß du schwach und sogar stürmisch bist."

Lyda: „Du und ich sind sehr verschieden. In der Zeit, bevor wir auswanderten, ging er nur noch zu dir."

Milo: „Er hatte dich vergessen."

Lyda: „Das ist nicht wahr. Bei dir war er, ohne daß er an dich dachte." Sie will ihre Schulter von Milo trennen.

Milo, zieht sie an sich: „Mich mußt du nicht strafen, Kind. Dein Geliebter ist nun einmal vergeßlich. Er hat Anwandlungen von Kühnheit und Kraft, ich tat gut, sie ihm niemals einfach zu glauben. Als wir Studenten waren, reizte unser Kamerad Pavel die deutschen Tyrannen, bis ich sagen hörte, er gebe ihnen absichtlich den Anlaß, die Universität zu schließen."

Lyda: „Die es sagten, schämen sich heute!"

Milo: „Vielleicht. Du weißt nicht, daß die Menschen immer alle recht behalten? Das erste Mal setzte er sich selbst ins Unrecht, als er dem Aufstand der Studenten auswich. Er saß auf dem Land in Sicherheit, den Gehsteig deckten die Leichen seiner Freunde."

Lyda, drängt sich enger an Milo, unterdrückt ein Schluchzen.

Milo: „Du liebtest ihn – damals?"

Lyda: „Aus Erbarmen liebte ich ihn – mehr als zuvor."

Milo: „Du wurdest belohnt, dann kam sein Protektor."

Lyda: „Das hätte keiner getan, von denen auf dem Gehsteig!"

Milo: „Keiner. Es war ein außerordentlicher Ausbruch der Phantasie – die natürlich nicht lange auf dieser Höhe bleibt. Das sei ihm verziehen. Ein Wesen, mit Mut und Tatkraft nicht geboren, greift weit über sich hinaus durch den Antrieb des Geistes allein. Ich bewundere ihn."

Lyda: „Nachher sogar bewundert ihn eine große Frau wie du!"

Milo: „Ja, auch ich habe Theater gespielt und wurde am Abend die große Frau, wie du es nennen gehört hast. Das erlaubt mir noch keinen Vergleich mit seiner – Verwandlung, wenn es eine war. Meine Einsicht reicht nicht da hinein. Ich bewundere, ohne zu begreifen."

Lyda: „Du sprichst von ihm, als ob du ihn abweisest."

Milo: „Ich darf nicht. Wohin denkst du. Er hat von seiner Identität ganz Prag überzeugt, seine Feinde und Freunde, was praktisch bedeutet, alle Feinde des Protektors mußten ihm helfen, wie auch ich tat."

Lyda: „Ich fürchte, daß es dich reut."

Milo: „Erfolg ist Erfolg. Das Haus klatscht Beifall, ein schlechtes Gefühl, das ich im Nacken habe, ändert nichts."

Lyda: „Die Folgen wirfst du Pavel nicht vor?"

Milo: „Erfolg ist Erfolg. Ich bewundere."

Lyda: „Du wärest ihm nahe, und heute nacht bin ich dir lieb. Sprich doch!"

Milo: „Du willst es. Er ist geflüchtet vor vollbrachter Tat." Da Lyda antworten möchte: „Warte, es war nicht Feigheit. Die eigene Tat im Stich lassen, meinetwegen. Unverzeihlich ist ein einziges Versagen, das Gefühl, wenn es ermattet, der Haß, der abweicht."

Lyda, beugt sich über Pavel, sie findet seine Augen offen. Geflüstert: „Pavel, du hast gehört. Alles?"

Pavel, wendet das Gesicht gegen Milo: „Genug, um Milo zu tadeln, weil sie mich bewundert. Sie möge sich hüten zu bewundern, was sie nicht begreift. Es kann ihr geschehen, daß sie das Unverzeihliche mit hinnimmt und anstaunt."

Milo: „Daß du ihn nicht gehaßt haben willst?"

Pavel: „Falsch! Ich haßte ihn – je länger je mehr. Aber ich hab ihn erlebt. Das sondert mich ab. Einen bösen Menschen nicht töten mögen, ist konstitutionelle Schwäche."

Milo: „Du gibst dich preis, das heißt, jetzt kommt die Reihe an mich."

Pavel: „Du bist vollkommen."

Milo: „Nimm mich ernst, ich habe dich ernst genommen."

Pavel: „Verzeih! Du bist im Haß vollkommen, kein Bruch, kein Zweifel."

Milo, schweigt und wartet.

Lyda, betrachtet sie und erschrickt: „Wie schlimm für sie, wenn sie liebte!"

Pavel: „Sei unbesorgt um meine Kameradin!"

Lyda: „Sie darf nicht lieben, es wäre um sie geschehen."

Milo, allein, den Oberkörper aufrecht gegen den Baum: „Warum?"

Lyda, von unten, nur für sie: „Du findest nicht den Mann, den du nie verachten müßtest."

Milo: „Es scheint, daß wir es ertragen. Du erträgst es gut."

Lyda: „Ich bin selbst nur einfach und gering. Er darf schwierig sein."

Pavel, verändert seine Lage, die Wunde schmerzt ihn, sein leibliches Leiden beschäftigt ihn allein, er hört nicht mehr.

Milo: „Nicht meiner. Schwierig, mein Geliebter? Er ist fanatisch wie ich. Er hat ohne Bedenken getan, um was Heydrich selbst ihn bat. Sie müssen darum bitten."

Lyda, atemlos, tonlos: „Du warst zugegen?"

Milo: „Es geschah später. Er hat sich mir nicht anvertraut. Nachher, wäre nicht stolz gewesen. Vorher, war seine Sorge, mich in Sicherheit zu bringen."

Lyda: „Ich weiß, von wem du sprichst. Der ist gewiß unschuldig – wie Pavel." Sie berührt seinen Arm: „Pavel!"

Pavel: „Melde gehorsamst, Soldat Ondracek vom Patrouillengang zurück."

Lyda, für Milo: „Er ist – beinahe bei Besinnung, so frag ihn!"

Milo, sitzt aufrecht, ihr Gesicht verschwindet im Dunkel der Nacht und der Bäume. Sie schweigt.

Lyda: „Sie will, daß Hauptmann Krach ihn getötet habe."

Pavel: „Wenn sie es will." Mit Anstrengung wendet er sich Milo zu: „Du hast recht, daß er stark ist. Auch einfach? Er wird es werden, nun er nicht mehr der Hauptmann Krach des falschen Protektors ist. Warum bist du ihm nicht gefolgt in sein unbekanntes Schicksal?"

Milo: „Weil ich hier für mein Land kämpfe."

Pavel: „Überall wird für unser Land gekämpft. Wir hier kämpfen für alle Länder." Sehr weich: „Du hast immer das Recht, ihn zu lieben."

Milo: „In meinem armen Kopf."

Lyda, kniet vor Milo, sie bedeckt das unsichtbare Gesicht mit Küssen.

Pavel: „Du tust dir leid, Milo, es kommt allein daher, daß dein Geliebter dich dauert. Er könnte vielleicht schwach gewesen sein – wie ich, mit dem du keine Gnade kanntest."

Lyda: „Schweig! Gerade dafür liebt sie ihn."

Die Nacht ist tief. Wohl möglich, daß jetzt alle schlafen.

Pavel schlummert unruhig. Dazwischen suchen seine Glieder nach Erleichterung, seine Gedanken nach Tröstung. Er seufzt: „Schlechter Anfang in diesem heroischen Exil, weil auch mein Protektor nichts taugte. Wer wird sich so wenig einfache Aufgaben stellen. Nur das Einfache hält stand, nur der Einfache siegt. Ein Glück, daß ich jung bin."

Hiernach schläft er besser.

100

Es wird Morgen. Alle wachen.

Doktor Holar verbindet die Wunde neu.

Lyda, reicht ihm das Verbandszeug, sie fragt leise: „Kein Fieber mehr?"

Doktor Holar, erstaunt: „Das wäre viel verlangt. Sie wissen noch nicht –."

Lyda: „Des Nachts sprach er so sehr erhitzt, daß davon auch wir beiden", sie zeigt Milo, „fiebrig redeten." Während Doktor Holar weiterarbeitet: „Sagen Sie nur, was ich noch nicht weiß!"

Doktor Holar: „Oh! Nicht viel. Das Herz wäre getroffen worden, wenn dieser begabte Jüngling sich fest entschlossen hätte, in das brennende Dorf zu rennen. Zuletzt machte er eine Wendung, ganz unbedeutend, nach dem reißenden Bach, auch der Bach hätte den Zweck erfüllt, und das rettete ihn."

Lyda: „Nichts von Zufall! Pavel soll leben."

Doktor Holar: „Auch Sie, mein Kind. Wir alle, und das ist keine kleine Aufgabe, wo wir stehen."

Jaroslav: „Heute wird unser Berg neu angegriffen."

Milo Schatzova: „Oder besser, wir erobern das ausgebrannte Dorf."

Wokurka: „Warum besser? Ich bin der brave Soldat Wokurka oben wie unten. Du, Milo, fällst nicht. Fang dir mit dem Fallen nichts an, Heldenjungfrau! Reich mir die Thermosflasche!“ Milo: „Kaffee gibt es keinen mehr.“

Wokurka: „Da hört alle Rechtschaffenheit auf. Lieber leg ich mich auf die faule Haut, wie Pavel.“

Pavel: „Nur aufstehen und kämpfen! Wann werd ich es können, Doktor Holar?“

Doktor Holar, hat die bewaldete Stelle verlassen, auf einem felsigen Vorsprung ruft er den Berg hinan: „Wer da?“

Eine kräftige Stimme, von oben: „Gut Freund!“

Hervor tritt eine gedrungene Gestalt, rauhe Jacke, die Hosen in grobe Schuhe gesteckt, auf dem Kopf die Fellmütze, denn der Sommermorgen ist frisch, und der Mann hat vielleicht keine Haare mehr.

Doktor Holar, ruft: „Bleibt, wo Ihr seid!“

Der Mann legt nur die Hand an das Ohr, geht aber weiter.

Jaroslav, ruft stark: „Im Tal wird geschossen.“

Wokurka, ohne sich anzustrengen: „Es ist Krieg.“

Dies hat der Mann verstanden, er lächelt und steigt vollends herab, bis auf den Platz der Tschechen.

Wokurka: „Aber das ist ja mein entfernter Bekannter, der Maultiertreiber! Der hat mir die englische Zeitung gegeben, glaubte wohl, lesen kann sie eh keiner. Nazdar.“ Er wirft flüchtig die Hand über den Kopf, eine nur angedeutete Begrüßung, mehr ist der Mann ihm nicht wert.

Der Mann, seinerseits, betrachtet Wokurka genau, mit einer Ironie, die Wohlgefallen nicht ausschließt. Er hat unter überhängenden Brauen, die schwarz geblieben sind, einen durchdringenden Blick.

Wokurka, für jeden, der es hören will: „Stechende Augen, eine Gewitterstirn, die Nase scharf gekrümmt, auf ihrem Sattel die Spur von einer Brille, steckt gerad im Futteral – da haben wir den herben Alpenbewohner, hart umrissen und nackt gleichwie ein heimischer Fels. Die Vegetation beschränkt sich bei dem Kahlkopf auf Büschel in den Ohren.“

Er redet mit der gewohnten befehlshaberischen Energie, während aber der Blick des Mannes ihn fesselt. Auszuweichen verbietet ihm sein Ehrgeiz. Er reißt die Augen herausfordernd auf, wie wenn er ein Publikum zwingt, ihn und sich selbst zu belachen. Schluß der Rede, und der vorgeschobene Schmollmund, der die gewagtesten Sätze wiedergutzumachen pflegt.

Der Mann, mit deutlichem Wohlgefallen: „Der Herr ist wahrscheinlich ein Schauspieler."

Wokurka, nach den anderen gewendet: „Was sagt man, das Naturkind!"

Der Mann: „Sie könnten sogar der berühmte Wokurka sein."

Wokurka, stampft auf, errötet über und über: „Das ist ekelhaft. Da reist man eigens in diese wildromantische Gegend, um schlicht und gerade zu kämpfen für die diversen Vaterländer. Das erste, was man hören muß, ist, Sie kleiner Komödiant! Wenn es so schon bei den Maultiertreibern anfängt, was steht mir von dem General bevor."

Der Mann: „Ich bin der General."

Wokurka, keineswegs eingeschüchtert: „Meine verdammte Menschenkenntnis hatte mich gewarnt. Eure Exzellenz wird Nachsicht üben mit meinen beruflichen Versuchungen, künftig will ich nach Kräften widerstehen."

Der General: „Es wäre schade. Da Sie mich aber erraten haben, machen Sie mich mit Ihren Landsleuten bekannt!"

Wokurka: „Zu Befehl!" Mit der Hand über seine Freunde hin: „Der ist ein Bauer, der ein Doktor. Diese ist meine Kollegin von der Bühne, hat am Abend immer geflimmert, jetzt schießt s'. Die andere Schönheit hat keine zahlenden Zuschauer auf die Weide geführt, nur Milchkühe, deswegen schießt sie nicht schlechter. Der Mann am Boden ist ihrer."

Lyda: „Herr General, er ist so schwer verwundet."

Der General: „In der Nacht, hier auf Vorposten, wie kam es?" Da sie schweigen: „Sprecht nicht alle auf einmal!" Er faßt Jaroslav bei der Brust an: „Wir sind Altersgenossen, was tut Ihr hier, Freund?"

Jaroslav, Bewegung nach Pavel: „Er ist mein Sohn."

Der General: „Nur weiter!"

Jaroslav: „Das Unglück – hat er selbst verschuldet. Eine befehlswidrige Unvorsichtigkeit. Sie hätten bald einen tapferen Soldaten verloren.“

Der General: „Und Ihr den Sohn. Aber Ihr sprecht nicht klar genug.“

Doktor Holar, gehorcht einem Blick des Generals: „Der Sohn wäre zweifellos gefallen, hätte nicht der Vater zwei feindliche Soldaten weggeschossen.“

Der General: „In dem Dorf, als es noch brannte? Den Vorgang im Dorf erkannte ich von oben, der Feind hält seine alte Stellung. Um anzugreifen, wartet er, wie gewöhnlich, daß wir die Sonne in den Augen haben. Ich werde ihm zuvorkommen.“

Milo Schatzova: „Gelobt sei Jesus Christus, ich soll kämpfen.“

Der General sieht sie scharf an: „Aller Ehren wert. Gemeint ist, Slecna Milo, daß Sie siegen wollen, nicht fallen. Sonst verwende ich Sie besser im Lazarett.“

Milo Schatzova, betrachtet ihn erstaunt.

Lyda: „Pavel muß in das Lazarett! Herr General, lassen Sie ihn hinbringen, nein, ich trage ihn auf dem Rücken, gleich, bitte!“

Der General: „Gleich nachdem wir das Lazarett erobert haben. Es ist im Dorf.“ Blick auf Doktor Holar: „Der Chirurg wird zur Stelle sein.“

Jaroslav, faßt seinerseits den General bei der Brust an: „General! Wenn Ihr nur Leute hättet wie uns, Ihr nähmet Belgrad.“

Der General: „Alles kommt rechtzeitig für den, der warten kann. Eine Armee wie meine, hat allerdings merkwürdige Mitkämpfer – auch Verzweifelte.“ Er blickt im Kreise.

Wokurka: „Verzweifelt, wie macht man das? So?“ Er zieht ein eindrucksvolles Gesicht.

Jaroslav, steht stramm: „Wir sind biedere Tschechen und kämpfen für dies Land wie für unseres, dort geht es bis jetzt nur auf Umwegen.“

Der General: „Kühne Umwege. Ich bewundere euch Tschechen.“ Er fragt im Kreise: „Aus der englischen Zeitung wißt ihr, daß euer Protektor tot ist?“

Milo Schatzova, bitter: „Aus der Zeitung.“

Pavel, windet sich am Boden, stöhnt: „Und daß ganz Lidice tot ist, nur wir nicht.“

Der General: „Doktor! Ein Beruhigungsmittel für Ihren Kranken. Bei seiner Schwäche unterschätzt er das Ereignis selbst, nur die Umstände, die es notwendig begleiten, erregen ihn."

Pavel: „Notwendig. War der falsche Protektor notwendig, damit Heydrich fallen konnte?"

Jaroslav: „Wie denn sonst? Der andere hat ihn reif gemacht."

Milo Schatzova: „Soviel ist wahr, und niemand bereut."

Der General: „Ihr sprecht von der Legende, die Zeitung erwähnte sie nebenbei."

Milo Schatzova, entrüstet: „Legende!" Für Wokurka: „Du, der mitten darin war in der Legende, sprich doch!"

Wokurka, macht sein verschlossenstes Gesicht.

Pavel, stützt sich beschwerlich auf, bringt den Kopf in Haltung.

Lyda, schreit unterdrückt: „Nicht die Fratze! Nur die Fratze nicht!"

Pavel, Stimme Heydrichs, aber schwach und wenig überzeugend: „Achtung! Der Protektor."

Jaroslav: „Doktor Holar! Er ist krank, man muß ihn aufhalten!"

Doktor Holar: „Es sieht aus, als wäre er geheilt." Pavel hat angefangen, sich zu verwandeln, stößt an eine Grenze und kommt nicht weiter. Sein Gesicht fällt in die natürlichen Züge zurück.

Der General: „Ihr Tschechen seid interessante Leute. Dieser Mann ist, abgesehen von seiner befehlswidrigen Unvorsichtigkeit, unter euch der harmloseste. Er wird, einmal wieder auf den Füßen, ein rechter Soldat sein."

Er grüßt und geht. Auf einer Felsenstufe, rückwärts gewendet: „Natürlich inspiziere ich einfach die Vorposten, nur daher mein Besuch bei euch. Eine Nachricht der englischen Zeitung, etwas weiterhin, ist euch scheinbar doch entgangen. Es handelt sich um einen Auftrag, den dieser Heydrich erhalten hatte. Der Auftrag würde zweifellos ausgeführt werden, wenn nicht das Attentat, wenn nicht der falsche Protektor –. Was rede ich. Heydrich ist tot."

101

Wokurka, gerät in Bewegung: „Wo ist die Zeitung?“

Lyda: „Pavel liegt darauf, Papier hält warm.“

Doktor Holar: „Ich habe sie unter ihm weggezogen, sie war zerrissen. Auch Sepsis ist von Zeitungen zu befürchten.“

Jaroslav: „Aber Doktor, was die Engländer schreiben! Ich hätte es aufgehoben.“

Milo Schatzova: „Ich habe die Fetzen hinunter in den Bach geworfen.“

Wokurka: „Aus.“ Aber er sucht um so eifriger.

Doktor Holar: „Sehr schade. Etwas kann darin stehen, was die Dinge verändert.“

Lyda, über Pavel: „Dein Angesicht bleibt auf immer, wie es ist. Du wirst nie wieder ein anderer.“

Pavel: „Lyda! Ich werde sterben, denn ich verdiene es. Erinnere dich, wenn alles verfehlt war, ich hatte doch das Glück, dir wahrhaft gut zu sein.“

Jaroslav: „Neuigkeiten versäumen ist oft das beste, diesmal hält man es nicht aus. Slecna Milo, warum mit der Neuigkeit in den Bach?“

Milo Schatzova: „Oh! hätt ich den Ozean gehabt, fort damit! Ich danke für historische Aufklärungen. In dieser Geschichte war ich drin, und verstehe sie noch weniger als jede andere.“

Wokurka: „Was lügst du so schrecklich, Milo?“ In seiner Hand erscheint die Zeitung. „Hinter deinem Lager in der Baumwurzel steckte das Blättchen, einen Meter 20 ist es hoch, und aufgeschlagen war die Stelle, die wir lesen sollen. Du kennst sie schon!“

Milo Schatzova: „Ich glaube kein Wort. Nimm dir nicht die Mühe!“

Wokurka, hat in die Zeitung gesehen, er teilt das Gelesene frei mit: „Der Protektor Heydrich, kurz und gut, er hatte von seinem verwahrlosten Führer den Auftrag gehabt, eine tschechische Legion gegen die Sowjetunion aufzustellen. Schon fertig.“

Ein Schweigen, das keinem zu lang wird.

Doktor Holar: „Da sagt man vernünftigerweise nichts. Wenn Heydrich gewagt hätte, die Tschechen zu bewaffnen, sie wären dem Feind natürlich schon in Prag begegnet. Wer sie an die russische Front zu schicken denkt, muß wahnsinnig sein."

Jaroslav: „Heydrich war wahnsinnig. Der ihm die tschechische Legion zumutete, ist es auch."

Lyda: „Ihr überseht das Nächste. Pavel! Sag ihnen, wie es gekommen wäre – ohne das Attentat auf Heydrich."

Pavel: „Lidice stände noch. Keine Unschuldigen hätten für mich gebüßt."

Lyda: „Für dich – büßt keiner. Die Toten von Lidice – retten unser Land."

Jaroslav: „Soll das Mädchen klüger als wir alle sein? Wir sagen eigensinnig, kein Tscheche wird auf seine russischen Brüder schießen. Schön, werden sie nicht schießen. Aber an die Maschinengewehre gekettet wie üblich, wären sie vorgetrieben, und wären niedergemacht, eh daß die meisten sich ergeben können."

Doktor Holar: „Das muß richtig sein, weil Erfahrungen es bestätigen. Ich wundere mich nicht, daß Lyda, ein Kind, meinem Verstand zuvorkommt. Immer noch erträglicher, Lidice, mit allen, die wir liebten, verschwindet vom Erdboden, als daß die tschechische Jugend ohne einen Überrest geopfert wird."

Wokurka, bleich und bebend, nur die Stimme unerschüttert: „Das hätte gefehlt. Es ist, meiner Seel, nahe an uns vorbeigegangen. Jetzt, nach tausend Morden für den einen, muß auch ein Wahnsinniger auf die tschechische Legion verzichten."

Milo Schatzova: „Wenn der Protektor sie je gewollt hat."

Wokurka: „Der falsche Protektor war's, der hat es dahin gebracht, daß Heydrich Furcht vor der Legion bekam, lieber ließ er sich auf die Legende ein, die Legende vom falschen Protektor."

Lyda: „Da war kein falscher Protektor – nie!"

Milo Schatzova: „Da war keiner. Glaube, wer Lust hat, an die tschechische Legion. Der Protektor ist nur Legende. Die Geschichte soll aus sein."

Pavel: „Die Geschichte soll aus sein, und hat noch ein glückliches Ende – glücklich, unglücklich, man unterscheidet nicht." Er sitzt aufgerichtet und weint bitterlich.

Wokurka: „Das Unglück und das Glück treten oft in einer Person auf, wie ein Komiker, dem es traurig ist."

Jaroslav, nimmt die Hand, hinter der Pavel weint, von dem Gesicht des Sohnes fort und behält sie.

Lyda, gibt dem Vater von selbst ihre Hand.

Aus der fernen Höhe, wohl von dem Paßweg her, wird ein einzelnes Hornsignal vernommen, hier klingt es schwach, bis in das Tal gelangt es schwerlich.

Doktor Holar: „Der Angriff."

Milo Schatzova und Wokurka, aus einem Mund: „Darauf wart ich gerade."

Lyda: „Müßten wir nur Pavel nicht hier verlassen!"

Jaroslav: „Getrost, Kind, wir erobern das Lazarett."

Doktor Holar: „Ich hoffe, er muß nicht mehr hinein."

Pavel: „Weil auch hier oben die Granaten einschlagen."

Wokurka: „Gelebt wird, bittschön."

Den Berg herab naht das Geräusch vieler Schritte und beförderter Maschinen. Einige Minuten noch, bis ein Trupp von Guerillamannschaften die tschechischen Soldaten in sich aufnehmen und sie talwärts tragen wird. Bis jetzt halten drei der Personen einander bei der Hand. Pavel ist aufgestanden. Die übrigen drei schließen sich der Kette an. Ihre Hände alle sind verbunden im Namen des gemeinsam Vollführten, das hinter ihnen zurückbleibt, und der vorne, dort vorne, von den Kämpfern verlangten Taten.

Jaroslav:

„Wenn wir alle tot sein werden,
Ist doch unsre Heimat frei."

Milo:

„Denn so wollen sie's auf Erden,
Daß im Glück das Unglück sei."

Doktor Holar:
„Schlachten wären längst nicht mehr erlaubt,
Gleichwohl lieber Held als hingerichtet –."

Pavel:
„Als der Schrecken über jedem Haupt,
Trost sind nur Legenden, ungeglaubt –."

Wokurka:
„Aber doch nicht schlecht erdichtet."

Jaroslav:
„Unser Volk kann niemals unterliegen."

Lyda:
„Dafür zeugt die Ondracek-Legende."

Milo:
„Viele Völker sollen draußen siegen –."

Wokurka:
„Auch zu Hause, hör ich."

Pavel: „So das Ende."